AF301038

LEONA BOLT

Erstausgabe Dezember 2023

Copyright © 2023 dp Verlag, ein Imprint der
dp DIGITAL PUBLISHERS GmbH
Made in Stuttgart with ♥
Alle Rechte vorbehalten

LOST IN YOUR GAME

ISBN 978-3-98778-723-2
E-Book-ISBN 978-3-98778-732-4

Covergestaltung: Jasmin Kreilmann
Umschlaggestaltung: ARTC.ore Design
Unter Verwendung von Abbildungen von
depositphotos.com: © vishstudio, © stokkete, © Wavebreakmedia,
© Hintau_Aliaksey
Lektorat: : Mareike Westphal
Satz: dp DIGITAL PUBLISHERS GmbH
Druck und Bindung: Books on Demand GmbH, Norderstedt

Dieser Roman enthält potentiell triggernde Inhalte:

Explizite Darstellung körperlicher, sexueller und see-lischer Gewalt

Wenn du mehr erfahren willst, dann gehe ans Ende des Romans (Achtung Spoiler!).

WENN DU ZWEI SEKUNDEN NACHGEDACHT HÄTTEST

OLIVER

Das hier, dachte Oliver, war das beste Gefühl der Welt. Wintersonne auf der Haut, Adrenalin in seinen Adern und der Jubel der Fans in allen Zellen seines Körpers. Und ja, sicher, es gab noch andere Annehmlichkeiten, die den Job des NFL-Profis zum besten der Welt machten – Geld, Ansehen, die hingerissenen weiblichen Fans –, doch das hier, das war, wofür er es tat. Für diese Minuten auf dem Feld, direkt nach dem Abpfiff. Wenn er die Verbindung so deutlich spürte, zu den Kollegen und zu dem Publikum, nachdem sie wieder einmal gewonnen hatten. Er hatte schon immer von der Energie gezehrt, die von den Rängen zu ihm herunterschwappte, und seit er vor drei Jahren als Rookie für die *Portland Peaks* gedraftet worden war, hatte er nie aufgehört, diese Wirkung zu genießen.

Ein muskulöser Arm schlang sich um seine Schultern, und Oliver grinste und korrigierte sich in Gedanken. *Das hier* war das beste Gefühl der Welt: die Atmosphäre im Stadion und sein bester Freund direkt neben ihm. Er kannte Cookie seit dem College, doch erst seit dieser Saison spielten sie in derselben Mannschaft. Es war die sportlich beste Saison, die Oliver je erlebt hatte, mit der so reellen Chance auf die Playoffs – weil Cookie auf dem Feld Yards fraß so wie manch andere Menschen Fast Food."

„Na, Träumer?" Cookie kannte sein kleines Ritual nach Spielende ganz genau, und trotzdem – oder vielleicht deshalb – hatte er ihn dabei gestört. Es machte Oliver nicht im Geringsten etwas aus. Sein Leben war besser, wenn Cookie in seiner Nähe war, nicht nur auf dem Platz. Oliver drehte den Kopf und grinste seinen Freund an, dessen rote Locken schweißnass waren. Das Trikot hatte er lässig über eine Schulter geworfen und die Schulterpads abgenommen, sodass der muskelbepackte Oberkörper sichtbar blieb.

„Schon wieder bereit für die Realität?", fragte Cookie, und die Sommersprossen auf seinen Wangen verschoben sich, als er grinste. „Oder brauchst du kurz?"

„Schnauze." Oliver schubste ihn, doch sein Freund wich ihm lachend aus. „Ist halt geil hier, was will ich machen?"

Cookie strich Oliver eine Strähne seines weißblond gefärbten Haars aus dem Gesicht und grinste schon wieder. „Jaja, schon klar, Momo. Portland ist die schönste Stadt der Welt. Gibt nichts Besseres."

Die Stadionregie spielte ein neues Lied an, und sie setzten sich in Bewegung und schlenderten Arm in Arm auf die Stadionränge zu. Dort hüpften und tanzten ihre glücklichen Fans, eine dunkelgrüne Wand der Euphorie. Mit genau denen wollten sie jetzt feiern.

„Ist so. Die einzige Möglichkeit, das noch besser zu machen, ist deine Anwesenheit gewesen, und guck, wohin uns das gebracht hat." Oliver zwinkerte seinem

Freund zu und wies mit dem Kinn ins Stadionrund, wo die Fans die erfolgreichste Saison seit der Team-gründung vor fast drei Jahrzehnten feierten. „Jetzt gibt es kein Steigerungspotenzial mehr."

„Och", machte Cookie und hob die Hand, um daran abzuzählen. „So spontan würde ich sagen … eine bessere Theaterszene … eine U-Bahn … bessere Pizza – au!" Diesmal war er Olivers Hieb nicht rechtzeitig ausgewichen.

Der schüttelte in gespieltem Entsetzen den Kopf. „*Bessere Pizza*, sagt er, als ob das, was ihr da in Chicago esst, mit dem mithalten kann, was unsere Foodtrucks so zaubern. Glashaus, Steine, mein Lieber. Aber wenn es nach mir geht, bleibst du für immer hier, da hast du noch genug Zeit, dich – ja?" Er wandte den Kopf, als ihn jemand antippte, und Cookie blieb notgedrungen mit ihm stehen.

Nora Lopes, die die Öffentlichkeitsarbeit für das Team verantwortete, stand in ihrem typischen Outfit aus Jeans, dunklem Blazer und gestresstem Gesichtsausdruck vor ihnen. „Mosley, du bist für ein Interview eingeplant, denkst du da bitte dran?"

„In Cookies Anwesenheit vergesse ich alles andere", behauptete Oliver und grinste, als beide gleichzeitig mit den Augen rollten. „Sorry, Lopes, komme schon." Er klopfte Cookie zum Abschied kurz auf die Schulter, dann folgte er ihr dorthin, wo Fernsehkameras und Reporter schon warteten.

„Denk an dein letztes PR-Training und halt dich ans Skript", sagte Nora. „Bitte, ich flehe dich an. Ich weiß, wie schwer es dir fällt, dich normal zu benehmen. Aber tu es für mich." Ihr Ton war nur halb scherzhaft, und nun war es an ihm, mit den Augen zu rollen. Oliver war schon immer ein beliebter Interviewpartner gewesen. Nicht nur, weil er der Quarterback war, nicht nur, weil er von hier kam und nie wirklich weg gewesen war. Ein großer Teil des Reizes war, dass er manchmal schneller redete, als er dachte, und das gelegentlich zu Sprüchen führte, nach denen die Medien lechzten. Oliver konnte nicht abstreiten, dass er die Aufmerksamkeit genoss – doch dank zahlloser Trainings, zu denen er von General Manager Hammond verdonnert worden war, geschahen diese Momente mittlerweile nur dann, wenn er sie bewusst provozierte.

Dennoch blieb Nora in seinem Blickfeld, schräg hinter dem Reporter, als ob sie ihm nicht vertraute. Pf. Oliver gab den Musterprofi und beantwortete alle Fragen zum Spiel und zu ihrem anhaltenden sportlichen Höhenflug so exakt entlang der PR-Richtlinien, wie Walt Hammond selbst es nicht besser gekonnt hätte. Statt sich selbst als Erfolgsfaktor anzuführen, wie er es einmal im Überschwang der Gefühle getan hatte, verwies er auf die tolle Teamleistung. Und als der Reporter ihn auf die allseits bekannten Spannungen zwischen ihm und Kapitän Carter ansprach, wiegelte er die mit seinem charmantesten Lächeln ab.

„Henry Cook war heute mal wieder der herausragendste Spieler", sagte der Reporter dann und Oliver nickte grinsend. „Wie froh sind Sie, dass die *Peaks* ihn diese Saison getradet haben?"

„Er bringt genau das mit, was uns als Mannschaft gefehlt hat, um endlich erfolgreich zu werden", sagte Oliver, wie es sich gehörte. „Den kann man aufs Feld stellen und von Tag eins an fängt er einfach jeden Ball.

Deswegen lieben wir ihn ja alle so." Noras Augen verengten sich und Oliver dachte genervt an ihre Aussage von vorhin, er könne sich nicht normal verhalten. Nun, wenn das so war, würde er ihr beweisen, dass sie recht hatte. Er grinste und fügte hinzu: „Und ich ganz besonders."

Noras Augenbrauen schossen nach oben, ihr Gesicht blass, und der Reporter machte große Augen und hakte nach. „Sie lieben Henry Cook?"

„Na, ich glaube, das ist kein Geheimnis, zumindest für niemanden, der uns kennt." Er fuhr sich durch die schweißnassen Haare und warf seinen unschuldigsten Blick in die Kamera. „Das mit uns, das ist eine richtige Liebesgeschichte."

Der Mann räusperte sich und tauschte einen hektischen Blick, erst mit seiner Kamerafrau, dann mit Nora. „Entschuldigung, da muss ich kurz nachhaken. So, wie Sie das sagen, klingt es sehr missverständlich. Ist da mehr als nur Freundschaft zwischen Ihnen beiden?"

Hinter dem Journalisten hatte Nora die Augen weit aufgerissen und schüttelte heftig den Kopf. Jetzt wäre der perfekte Zeitpunkt, um zurückzurudern. Er sah Cookie zwar als viel mehr als nur einen Freund, doch der Journalist wollte natürlich auf etwas anderes hinaus. Gleichzeitig konnte er der Versuchung nicht widerstehen, Nora zum Ausflippen zu bringen. Also räusperte er sich und sah sein Gegenüber wieder an.

„Nein, da haben Sie etwas falsch verstanden. Wir sind natürlich nur Freunde." Dann schenkte er ihm das auffälligste Zwinkern, das er hinbekam, und ignorierte

Nora, die in einer beeindruckenden Pantomime klarmachte, dass sie ihm den Kopf abhacken würde.

„Das … ist eine unerwartete Aussage." Der Journalist räusperte sich schon wieder. „Gerade im Umfeld der NFL."

„Na ja." Oliver war gelangweilt. Wie lange stand er schon hier? Er wollte endlich zu den Fans und zur Mannschaft, um den Sieg zu feiern. „Finde ich nicht. Dass Cookie nach Portland gekommen ist, ist das Beste, was mir je passiert ist. Das können ruhig alle wissen."

Die Pause, die darauf folgte, wurde lang und bedeutungsschwer, auch wenn Oliver nicht verstand, weshalb. Was er gesagt hatte, konnte für niemanden eine Überraschung sein – es war allgemein bekannt, dass Cookie und ihn schon seit Jahren eine enge Freundschaft verband. Natürlich hatte Oliver keinerlei Einfluss auf den Trade gehabt, doch er hatte getan, was er konnte, um ihm die Stadt und das Team schmackhaft zu machen. Und ja, vielleicht war seine Wortwahl ein wenig überspitzt gewesen, aber an sich hatte er doch nichts Außergewöhnliches gesagt, oder?

Sicher, Noras Gesicht hatte eine ungesund rote Farbe angenommen und ihre Augen schossen förmlich Blitze auf ihn ab, aber das war nicht ungewöhnlich für sie. Er schätzte sie für ihren unermüdlichen Einsatz für das Team, aber sie war übervorsichtig. Auf ihre Meinung gab er nichts. Und Journalisten witterten hinter jedem Pups, den er von sich gab, eine Sensation, die sie ausschlachten konnten.

„Danke, Oliver Mosley", sagte der Journalist, und Oliver schenkte ihm keine weitere Beachtung. Schnell drehte er sich weg, bevor Nora ihm erklären konnte, was er wieder alles falsch gemacht hatte. Sie würde es ihm spätestens beim nächsten Training vorhalten. Stattdessen joggte er zur Mannschaft, um sich dort in die Feierlichkeiten mit den Fans zu stürzen.

***

Wie nach jedem Heimspiel in den letzten Wochen saßen Oliver und seine Freunde aus der Mannschaft im *Bikini Martini,* einer der angesagtesten Bars in Portland. Siege mussten gefeiert werden, und jetzt, da sie eine solche Serie erreicht hatten, konnten sie die keinesfalls gefährden, indem sie mit dem Feiern aufhörten. So jedenfalls hatte Oliver es den anderen erklärt, und obwohl niemand von ihnen mit dem gleichen Enthusiasmus an die wöchentlichen Eskapaden heranging, kamen sie mit. Der Aberglaube steckte tief in ihnen allen.

Perez, den er schon seit gemeinsamen Sommercamps in ihrer Jugend kannte, saß neben ihm und nickte gelangweilt im Takt der Musik. Cookie war natürlich auf seiner anderen Seite und trank wie immer einen Virgin Mojito. Kaminski, der Jüngste in ihrem Kleeblatt, sah interessiert einer der Tänzerinnen zu, die sich kunstvoll um eine Stange herum drehte. Wenigstens er schien sich ansatzweise über diese Abende zu freuen.

„Noch zweimal gewinnen und wir sind in den Playoffs!" Es war nicht das erste und vermutlich nicht das letzte Mal an diesem Abend, dass Oliver das sagte, und doch hoben alle brav ihre Gläser und stießen darauf mit ihm an. Das wäre der größte Erfolg in der

Geschichte des Teams, und dass sie alle Teil davon sein durften, ließ Olivers Brust anschwellen.

Er stürzte den Rest seines Wodka-Sodas hinunter und betrachtete Cookie, dessen Miene so freundlich-nichtssagend war, dass Oliver wusste, er war in Gedanken weit weg. Sein bester Freund hatte seit jeher kaum Alkohol getrunken und ging nur feiern, wenn Oliver ihn mitschleifte – umso mehr bedeutete es ihm, dass er heute, wieder mal, an seiner Seite war.

Er legte den Kopf an seine Schulter und grinste schief zu ihm nach oben. „Meiko ist ja nicht eifersüchtig, oder?", rief er und angelte blind mit der Hand nach der Wodkaflasche im Kühlbehälter ihres Tisches.

Cookie kannte ihn viel zu gut, um nicht sofort argwöhnisch zu werden. „Warum fragst du?" Er war noch nicht lange in seiner Beziehung und hielt seine Freundin, so gut es ging, aus der Öffentlichkeit.

Oliver füllte sein Glas mit einem großzügigen Schluck Wodka, dann grinste er und drückte Cookie einen feuchten Kuss auf die Wange. „Weil ich dich so lieb habe", erklärte er.

Cookie seufzte und schüttelte den Kopf. „Jaja, ich weiß. Aber das ist okay. Wenn Mei wegen jedem deiner Küsse eifersüchtig wäre, käme sie zu nichts anderem mehr." Er machte ein leidendes Gesicht, aber im Grunde seines Herzens genoss er Olivers Aufmerksamkeit. Da war er sich sicher.

„Ja, aber heute habe ich unser Geheimnis gelüftet", sagte er und füllte sein Glas mit Soda auf. Und als Cookie ihn nur verwirrt ansah, fuhr er fort: „Im Interview heute habe ich dir eine Liebeserklärung gemacht."

Urplötzlich setzte Cookie sich aufrecht hin, und Oliver wurde von seiner Schulter geschüttelt. „Ich hoffe, ich habe dich falsch verstanden." Cookie presste die Lippen zu einem schmalen Strich zusammen und Oliver lachte.

„Nee, wirklich! Du hättest Noras Gesicht sehen sollen, die hat fast ein Ei gelegt. Eine richtige Liebesgeschichte ist das mit uns zwei, habe ich gesagt." Die freie Hand beschrieb einen Bogen, um die Worte zu unterstreichen.

Cookie war leichenblass geworden, und noch ehe er etwas hätte sagen können, verpasste ihm Perez, der ihn offenbar gehört hatte, einen unsanften Klaps auf den Hinterkopf.

„Au!" Oliver fuhr zu ihm herum und rieb sich die schmerzende Stelle. „Bist du bescheuert?"

„Nee, Mosley. Bist *du* bescheuert?" Perez sah ihn aufgebracht an. „Bei den ganzen Spekulationen, ob zwischen euch was läuft, bringst du so eine Ansage? Geht's noch?"

Oliver starrte ihn an, dann flackerte sein Blick zu Cookie, und dessen Augen voller Panik bestätigten ihm mehr als Perez' harsche Worte, dass er einen Fehler gemacht hatte. „Wer spekuliert so was?", fragte er, seine gute Laune verschwunden. „Das höre ich ja zum ersten Mal."

Cookie schüttelte stumm den Kopf, seine Lippen weiter strichdünn zusammengepresst. Seine Finger, die den Mojito umklammert hielten, wirkten so, als wollten sie das Glas jeden Moment zerdrücken.

Nun mischte sich auch Kaminski ein. „Das hast du ernsthaft nicht mitbekommen? Du hängst doch den ganzen Tag am Handy, hast du noch nie nach deinem eigenen Namen gesucht? Seit Cookies Wechsel geht das so."

„Was glaubst du, wie Hammond das findet?", machte Perez weiter, und Oliver fühlte sich in die Enge getrieben.

„Ich wusste nicht, dass das so ein großes Ding ist!", verteidigte er sich. Als er wieder Cookie ansah, der so gequält wirkte, fiel seine Abwehrhaltung in sich zusammen. „Scheiße, Mann. Sorry." Er legte ihm einen Arm um die Schultern und zog ihn eng zu sich, sodass sie Stirn an Stirn saßen. „Ich wollte nur die Lopes ein bisschen ärgern, du weißt doch, wie schön sie sich aufregen kann. Aber ich würde nie was machen –" Er hielt inne und verbesserte sich dann reumütig. „Ich würde nie *absichtlich* was machen, was für dich blöd ist. Es tut mir leid. Echt."

Cookie seufzte und nickte. „Jetzt ist es schon passiert. Hoffen wir, dass das niemand ernst nimmt, denn sonst sehe ich nicht nur für meine Beziehung schwarz."

Oliver nickte und sah ihn flehend an. „Bist du mir sehr böse?"

Cookie rollte mit den Augen und machte sich los. „Du bist der nervigste Mensch, den ich kenne", sagte er, „ganz ehrlich. Wenn du zwei Sekunden nachgedacht hättest, bevor du etwas sagst, hättest du das ganz einfach vermeiden können. Meinst du, das lernst du in diesem Leben noch mal?"

Oliver machte ein bedröppeltes Gesicht und nickte, und im Gegensatz zu seinen Worten spielte ein ergebenes Lächeln um Henrys Lippen.

Perez legte ihm die Hand auf die Schulter und zog ihn von Cookie weg. „Na komm, lass ihn mal in Ruhe", sagte er. „Trink lieber noch einen mit mir. Wenigstens kommt bei uns beiden niemand auf die Idee, da könnte was laufen. Ich habe nämlich besseren Geschmack."

„Ah ja?" Oliver zog ihn an sich und drückte ihm einen Kuss in die dichten schwarzen Haare. „Glaub ja nicht, dass du sicher bist!"

Perez lachte und schob ihn von sich. Der Moment verging, doch das Bauchgrummeln, das die Reaktionen seiner Freunde hinterlassen hatte, konnte Oliver nicht komplett verscheuchen.

***

HENRY

Im Nachhinein tat es ihm immer leid, wenn er sich von Oliver zu einer Partynacht hatte überreden lassen. Er mochte Routine und hatte sein Leben darum aufgebaut, und jedes Steinchen im gut geölten Getriebe seines Alltags sorgte für innere Unruhe. Bis nach Mitternacht wach zu bleiben, seine Stretching-Routine nach dem Spiel zu vernachlässigen, manchmal sogar Alkohol zu trinken, waren mehr als nur Steinchen. Doch er brachte es nicht übers Herz, seinem Freund seinen Aberglauben madig zu machen und die Siegesserie in Gefahr zu bringen. Außerdem hatte er meistens Spaß – wenn Oliver dabei war, wurde es selten langweilig.

Die andere Seite der Medaille war, dass der manchmal nicht wusste, wann er aufhören sollte. Und öffentliche Liebesgeständnisse, wie scherzhaft sie auch gemeint waren, waren definitiv eine Grenze, vor der er hätte aufhören sollen. Der Football reagierte allergisch auf alles, was auch nur eine Abweichung von der heterosexuellen Norm andeutete – und Oliver posaunte so etwas in die Welt, als interessierte es niemanden.

Sein bester Freund war schon immer impulsiv gewesen und hatte über Konsequenzen oft erst dann nachgedacht, wenn sie ihn bereits ereilt hatten. Wenn er Lust hatte, sich die Haare weißblond zu färben, sodass er aussah wie ein Boyband-Verschnitt aus den Neunzigern, dann tat er es und begriff gar nicht, warum der GM ihn nach dem fünften Frisurenwechsel in einer Saison zu sich zitierte. Und wenn er Lust auf einen Scherz hatte, dann gab er den auch zum Besten, ohne zu ahnen, welche Auswirkungen das für Henry hatte.

Vermutlich sollte er ihm deshalb böse sein. Nicht wegen Mei – die kannte ihn mittlerweile gut genug –, aber wegen der Gefahr, die ein solcher Spruch für sie bergen konnte. Auch wenn Oliver seine Aussage natürlich nur platonisch gemeint hatte, bedeutete das nicht, dass der Rest der Welt es ebenso sah. Henry wusste auch von den Gerüchten, hatte sich mit rasendem Herzen Fanvideos angesehen, mit romantischer Musik hinterlegte Montagen der diversen Küsse, die Oliver ihm gern aufdrückte. Doch es war nie etwas zwischen ihnen gelaufen und es wunderte ihn, dass sich die Gerüchte so hartnäckig hielten. Wer Oliver auch nur kurzzeitig unter die Lupe nahm, stellte schnell fest, dass er ein Schürzenjäger vor dem Herrn war.

Gestern Abend war er mit einer dunkelhaarigen Schönheit abgezogen, während Henry sich im Taxi auf dem Weg nach Hause wieder und wieder das Video des

Interviews angesehen hatte. Der Schalk blitzte in Momos Augen, während er redete, doch Henry bezweifelte, dass viele sich die Mühe machen würden, so genau hinzusehen.

Also, ja, vermutlich sollte er ihm böse sein, doch das konnte er nicht. Er war schon immer hilflos gewesen gegen Olivers Charme und seine grundehrliche Art, die nie böse Absichten verfolgte und doch hin und wieder Chaos auslöste. Niemand außer Oliver hätte ihm eine Stunde nach ihrem Kennenlernen seinen Kindheitsspitznamen verraten und ihm angeboten, ihn so zu nennen. Henry hatte erst sehr viel später herausgefunden, dass niemand außer seiner Familie Oliver „Momo" rufen durfte. Der Gedanke machte ihn immer noch stolz.

Er mochte ihn viel zu sehr, als dass er ihm böse sein könnte. Viel, viel zu sehr. Und ein wenig Chaos hin und wieder tat ihm gut.

Seine eigene dunkelhaarige Schönheit wurde so abrupt aus ihrem Schlaf gerissen wie er aus seinen Gedanken, als sein Festnetztelefon klingelte. Er lächelte, denn seine Mutter war zuverlässig wie ein Schweizer Uhrwerk. Die Liebe zu Routinen hatte er definitiv von ihr. Jedes Wochenende rief sie ihn am spielfreien Tag an, und zwar um Punkt zehn Uhr.

Meiko, die mit Kommilitoninnen unterwegs gewesen und erst nach ihm nach Hause gekommen war, stöhnte und vergrub den Kopf im Kissen. „Kann sie nicht nachmittags anrufen?", grummelte sie. Henry grinste und gab ihr einen Kuss auf die schwarze Mähne, die das Kopfkissen überflutete.

„Bin schon weg“, sagte er und schlug die Decke zurück. „Schlaf ruhig weiter.“ Die Grübelei brachte ja doch nichts, das Interview war schon gegeben. Schnell angelte er nach einem Shirt und einem Paar Shorts, dann schnappte er sich das Telefon, das er nur hatte, damit seine Mutter ihn anrufen konnte. „Hey, Mom.“

Wie bei jedem ihrer Wochenendtelefonate ging er mit dem Telefon am Ohr in seine große offene Küche, um sich einen Tee zu machen. Frühstücken würde er später, wenn Mei wieder unter den Lebenden weilte. Auch so eine Gewohnheit, die sich in sein Leben geschlichen hatte.

„Hallo, Sweetheart.“ Seine Mutter hatte ihren üblichen Tonfall aufgesetzt, fröhlich und doch unterschwellig besorgt, so wie es niemand außer ihr hinbekam. „Geht es dir nicht gut?“, fragte sie prompt. „Du klingst nicht so fit?“

„Doch, doch“, versicherte er, während er den Wasserkocher einschaltete, Tee aus dem Schrank holte und Milch bereitstellte. „Wir waren nur gestern unseren Sieg feiern. Die Tradition verlangt danach, weißt du doch.“ Er grinste. „Der Aberglaube diktiert, dass wir nichts an unseren Abläufen ändern.“

„Glückwunsch zum Sieg“, sagte sie, und ihre Stimme war weich. Er wusste, sie war stolz auf ihn, beide Eltern waren das. Sie hatten nie eine sportliche Laufbahn für ihn vorgesehen, so weit weg von ihrer eigenen, akademischen Welt, doch sie verfolgten seine Erfolge mit großer Hingabe. „Deine Performance war mal wieder spektakulär.“ Dann schwieg sie einen Moment lang, und er wusste, was kam, bevor sie es sagte, denn seit seinem Wechsel nach Portland war es Teil der

Tradition geworden: ihre Kritik an seinem Lebenswandel. „Du weißt, dass du nicht alles tun musst, was dieser Junge von dir will, ja, Sweetheart?"

„Mom", sagte Henry mit sanftem Tadel in der Stimme, während er heißes Wasser auf den Teebeutel goss. „Tu nicht so, als ob du Momo nicht kennst, nachdem er so oft in den Semesterferien bei uns gewesen ist. Und ja, natürlich weiß ich das. Ich kann immer Nein zu ihm sagen." Obwohl er das ehrlicherweise selten tat. Es gab wenig im Leben, das er mehr liebte als Momos Augen, die vor Freude aufblitzten, weil er Henry zu etwas überredet hatte. „Ich bin ein erwachsener Mann und entscheide selbst, was ich tun will."

Diese Aussage bezog sich nicht nur auf seine Partynacht, was sie beide wussten. Seit er nach Portland gezogen war, hatte sich das Verhältnis zu seinen Eltern abgekühlt. Sie lebten schon ihr ganzes Leben lang in Chicago, und er war dort aufgewachsen und als Rookie für die *Bears* gedraftet worden. Seine Eltern nahmen ihm übel, dass er das alles zurückgelassen hatte. Momo brüstete sich gern damit, dass es seine Überredungskünste gewesen waren, die seinen besten Freund dazu überredet hatten, an die Westküste zu wechseln. Es hatte eine Rolle gespielt, denn Henrys Leben war schöner, wilder und aufregender, wenn Momo in der Nähe war, und er genoss die zusätzliche Zeit, die sie zusammen verbrachten.

Doch auch wenn er bisher ein paar gute Saisons gespielt hatte, war er noch lange nicht berühmt genug, um darauf Einfluss zu nehmen, wohin die Trades ihn verschlugen. Es war ein schöner Zufall gewesen, dass er ausgerechnet hier gelandet war, doch nichts, das er sich ausgesucht hätte. Auch wenn er dem Schicksal insgeheim schon öfter gedankt hatte, dass es ihn zurück zu Momo gebracht hatte. Obwohl seine Mutter das auf rationaler Ebene wusste, nahm sie es ihm dennoch übel.

Sie schwieg und er ebenfalls, während er Milch aufgoss, bis der Tee karamellfarben war, und die Tasse vorsichtig mit sich ins Wohnzimmer trug, das sich direkt an die Küche anschloss. Er störte sich an der Missbilligung seiner Eltern, obwohl Momo ohne Zweifel ein schlechter Einfluss auf ihn war. Der letzte Abend hatte das mal wieder mehr als deutlich gezeigt. Doch sie verstanden nicht, dass er das genoss. Nicht, dass er es Momo gegenüber jemals zugegeben hätte. Er wusste, dass er ein wenig zu brav war, wenn man ihn sich selbst überließ, und er liebte die atemlose Wildheit, mit der Momo ihn so mühelos mit sich riss.

Er wechselte das Thema, ehe das Schweigen zwischen ihnen zu unangenehm wurde. „Meiko hat ihre Hausarbeit zurückbekommen. Und sie hat sich umsonst Sorgen gemacht, es ist eine 2,1 geworden.“ Er setzte sich auf sein großes, weiches Sofa, vergrub die Zehen unter einem Kissen und zog dann zusätzlich eine Decke über die Beine.

„Das ist schön zu hören.“ Der Ton seiner Mutter wurde prompt wieder freundlicher. „Ihr müsst bald zu uns kommen“, fügte sie noch hinzu, wie jedes Mal, wenn sie miteinander sprachen.

Oder ihr kommt endlich mal zu mir, lag es Henry auf der Zunge, denn seine Eltern hatten definitiv einen entspannteren Terminkalender als er. „Vielleicht schaffen wir es nach unserem Urlaub“, sagte er aber nur, ohne es ernst zu meinen – ebenso wie jedes Mal. Wenn die

Saison sowie Meikos Blockpraktikum vorbei waren, würden sie zwei Wochen nach Costa Rica fliegen – danach konnten sie nach Chicago kommen, falls sie beide Lust darauf haben würden.

„Das wäre schön", sagte seine Mutter, obwohl sie sicher ahnte, wie unehrlich er ihr gegenüber diesbezüglich war.

Henry hatte sich längst damit abgefunden, dass ihre Unterhaltungen immer so sein würden: seicht und nichtssagend. So sehr sie ihn liebte, sie hatte nie weiter nachgefragt bei den Themen, die ihn wirklich beschäftigten. Seiner Arbeit, seinen Touchdowns. Der Person, der sein Herz gehörte.

„Wie war deine Woche?", fragte er also, lehnte sich in seinem Sofa zurück und sah hinaus in den halbverwilderten Garten, den er so liebte. Es musste ja nicht immer um ihn gehen.

WENN DU IHN DOCH SO LIEB HAST

HENRY

Während Meiko schlief, bereitete Henry ein opulentes Frühstück vor: Waffeln, Omeletts, Obst, Kaffee für Mei und Tee für sich. Sie so zu verwöhnen, diente, wenn er ehrlich mit sich selbst war, vor allem dazu, sein schlechtes Gewissen zu beruhigen. Er wusste, dass er ihr nicht der Freund war, den sie verdiente, nicht nur, weil sein Job so viel von seiner Zeit und Energie in Anspruch nahm.

Momo forderte ebenfalls Aufmerksamkeit. Obwohl Henry wusste, dass das nicht fair war, verbrachte er seine Zeit lieber mit Momo als mit Meiko, wenn er die Wahl hatte. Er kannte ihn schon so viel länger, und Momo war einer der wenigen Menschen, von denen Henry nie eine Pause brauchte.

Mit einem Seufzen machte er sich daran, die Küche aufzuräumen, und dachte darüber nach, mit welcher Leichtigkeit Momo am gestrigen Abend mal wieder eine Frau abgeschleppt hatte. Es war nicht fair, wie leicht ihm das fiel, während Henry sich trotz des guten halben Jahrs, das er Mei nun schon kannte, manchmal unbeholfen ihr gegenüber fühlte. Doch er würde sich eher die Zunge abbeißen, als seinen Freund um Rat zu fragen. Außerdem fürchtete er, dass das, was Momo so unwiderstehlich machte, nichts war, das man lernen konnte. Es hatte vermutlich nichts mit dem Aussehen zu tun, denn nicht mal Henry fand seine aktuelle Boyband-Frisur sonderlich attraktiv an Momo. Es waren müheloser Lausbubencharme, frech blitzende dunkle Augen und das intuitiv richtige Level an Intensität in seinen Blicken und Gesten, das Manager Hammond ebenso mühelos um den Finger wickelte wie die Damenwelt von Portland. Und Henry.

Arme schmiegten sich von hinten um seine Mitte, und er fuhr zusammen, hatte über seine Gedanken an Momo glatt die Existenz von Mei vergessen. Nicht zum ersten Mal, leider. Ein weiterer Punkt auf der Liste an Dingen, die ihn zu einem schrecklichen Freund machten.

„Ich glaube, der Kaffeeduft hat mich geweckt", murmelte Meiko und drückte einen Kuss auf den dünnen T-Shirt-Stoff über seinem Rücken. „Du bist so toll", sagte sie dann, als sie den Rest der Küche in Augenschein nahm und sah, was alles vorbereitet war. „Ich kenne keinen anderen Mann, der so was für seine Freundin macht."

Henry drehte sich in ihren Armen und drückte ihr einen Kuss auf die vom Schlaf verwuschelten Haare. „Für dich jederzeit", sagte er. „Für die beste Freundin, die ich mir wünschen könnte." Denn das war sie, schon allein deshalb, weil sie ihn trotz all seiner Unzulänglichkeiten ehrlich liebte.

Ihre Hände strichen abwärts, von seinem Rücken zu seinem Po, schlüpften unter den Bund seiner Pants. „Wollen wir uns ein bisschen Appetit erarbeiten?", fragte sie, ihr Ton einladend.

Henry versteifte sich unwillkürlich und atmete langsam aus, um sich bewusst wieder zu entspannen. Es war ein ewiges Thema zwischen ihnen. Mei mochte Sex und wollte oft mit ihm schlafen, doch was Henry auf dem Platz so leichtfiel, schien im Bett ein Ding der Unmöglichkeit zu sein: Leistung abliefern. Das Wissen, dass Mei eine attraktive Frau war, half leider nur theoretisch. Seinen Körper interessierte das nicht, denn seine Erregung blieb nie lange bestehen.

Mei verdiente einen besseren Mann. Einen, der ihr Aufmerksamkeit und Begierde und Zeit schenkte, denn sie war eine tolle Frau. Er war dankbar, dass sie trotz allem bei ihm blieb.

„Ich würde gern, Mei, aber du weißt, ich –"

Weiter kam er nicht, denn sie stellte sich auf die Zehenspitzen und verschloss seinen Mund mit einem Kuss. „Ich weiß. Du denkst wieder mal nur das Schlechteste von dir. Aber ich möchte dich auch verwöhnen, so wie du es für mich machst." Sie sah erst auf die Frühstücksvorbereitungen, dann wieder in sein Gesicht. „Mach die Augen zu und lass mich machen, und dann sehen wir, wohin uns das führt. Wie klingt das?"

Henry verkniff sich ein Seufzen, denn das wäre nicht fair. Auch wenn er am liebsten direkt gefrühstückt hätte. Stattdessen lächelte er und versuchte, es echt wirken zu lassen. Er würde sich mental in den Tunnel begeben, wie er es oft tat, ähnlich wie vor einem Spiel – denn das schien zu helfen. Für ihn führte das zwar nicht zu einem schönen Ergebnis, aber immerhin Mei schien zufrieden zu sein. Sie durfte nur nicht herausfinden, dass er seine Erektion nur beibehielt, weil er in Gedanken weit weg war.

„Das klingt großartig", log er also und ließ sich von ihr zurück ins Schlafzimmer ziehen.

***

Zu seinem Entsetzen fand Meiko Momos Interview, ehe Henry eine Chance gehabt hatte, ihr davon zu erzählen. Nachdem sie miteinander geschlafen hatten – wenn man es denn so nennen konnte –, waren sie wieder in die Küche gegangen. Während er Waffeln und Omeletts zubereitete – Tätigkeiten, mit denen er sich wesentlich wohler fühlte als mit denen im Schlafzimmer –, scrollte sie durch die sozialen Medien.

„Ähm", sagte sie, gerade als er eine neue Ladung Waffelteig ins Eisen gab, und ihr Tonfall ließ ihn aufsehen. Sie starrte mit hochgezogenen Augenbrauen auf ihr Handy, dann zu ihm. „Honey … das Internet sagt, du bist mit Oliver zusammen."

Henry stand einen Moment wie versteinert da. Dann explodierte etwas in seinem Bauch, heiß und unangenehm, Panik oder Angst oder Entsetzen oder alles auf einmal. Er keuchte und schob schnell ein schwaches Lachen hinterher, um seine Reaktion abzumildern.

„Ach, scheiße", sagte er schließlich. „Momo hat gestern ein Interview gegeben, in dem mal wieder die Gäule mit ihm durchgegangen sind … Ich bin gar nicht dazu gekommen, dir davon zu erzählen."

Sie sah ihn unsicher an. „Und gibt es etwas, das du mir zu diesem Thema sagen willst?"

„Nein." Er lächelte sie an. Es fühlte sich seltsam an, während gleichzeitig in seinem Bauch ein Sturm tobte. „Ich bin doch hier, oder nicht? Momo hat mal wieder nicht nachgedacht, ob andere das, was er sagt, genauso lustig finden wie er.“

Sie warf ihm einen skeptischen Blick zu. „Geht es dir gut? Dein Verhalten ist merkwürdig, wenn ich das mal so sagen darf.“

Er lachte wieder, atemlos, dann fuhr er sich mit den Händen übers Gesicht. „Mei ... weißt du, wie konservativ Football ist? Weißt du, was uns passieren kann, wenn irgendwer das ernst nimmt? Das kann meine ganze Karriere in Gefahr bringen.“ Und das war nicht gelogen. Das war ein großer Teil dessen, was ihn so in Panik versetzte. Wahrscheinlich sogar der größte. „Sorry, dass das nicht gut wirkt gerade. Ich verspreche dir, Momo und ich sind kein Paar und nie eins gewesen.“

Kurz herrschte Schweigen zwischen ihnen, dann stand sie auf und zog ihm sanft die Hände vom Gesicht. „Ich glaube dir“, sagte sie leise und legte die Arme um ihn. „Und ich bin sicher, es wird nicht so schlimm, wie du denkst. Das Internet hat jetzt eben ein bisschen Spaß damit, aber in ein paar Tagen haben sie es vergessen.“

Henry atmete tief durch und presste sie an sich. „Ja. Bestimmt.“ Auch wenn er das leider nicht glaubte.

***

OLIVER

Er war zu spät dran, wieder mal, und wusste jetzt schon, dass seine Familie ihn mit spöttischen Kommentaren empfangen würde. Dabei war es nicht seine

Schuld, dass sie ihre gemeinsamen Essen gern auf Uhrzeiten legten, zu denen er viel lieber noch schlief. Der weiße Kies auf dem Zugangsweg zum *Malt & Flame* knirschte unter seinen Sneakern, als er ihn entlangeilte.

Für niemanden außer seiner Familie – okay, und für Cookie, doch der war ja quasi Familie – wäre er an einem spielfreien Tag so früh aufgestanden. Die Frau in seinem Bett, an deren Namen er sich beim besten Willen nicht mehr erinnerte, hatte er ebenfalls aus seiner Wohnung komplimentiert, statt noch eine Runde einzulegen.

Schnell noch ein Autogramm und Foto für einen kleinen Jungen im Portland-Trikot, dann schob er die schwere Eingangstür des Gastropubs auf und ließ sich nonchalant neben seinem großen Bruder auf die hölzerne Sitzbank fallen, drückte ihm einen Kuss in die Haare und grinste in die Runde. „Morgen.“

Charlie hob demonstrativ den Arm, um auf seine Uhr zu sehen. „Fast ein Uhr und Momo wünscht guten Morgen. Alles wie immer.“ Er grinste und stieß Oliver in die Seite, was der sofort zurückgab.

„Kleiner Mann, du siehst mächtig verkatert aus“, sagte seine Mutter, bevor sie ihren Begrüßungskuss auf die Wange entgegennahm. „Und du bist mal wieder zu spät.“

Sein Vater nippte an seinem Bier, dann grinste er das flegelhafte Grinsen, das beide Söhne von ihm geerbt hatten. „Tja, Frankie“, sagte er und zog seine Frau an der Schulter zu sich. „Wer gut spielt, darf gut feiern, so sind die Regeln.“

Oliver grinste zurück. „Siehst du, Mom, war alles genehmigt.“

„Mhm“, machte sie, nahm einen Schluck von ihrem Bier und sah ihn durchdringend an. „Gibt es irgendwas, was du gestern gemacht hast, das nicht genehmigt gewesen ist?“

Oliver dachte an die Frau in seinem Bett, doch seine Mutter hatte sich längst damit abgefunden, dass er vermutlich niemals sesshaft werden würde.

„Irgendwelche Interviews, zu denen du dich äußern möchtest?“, fragte sie weiter, ihr Ton unschuldig, doch die hochgezogenen Augenbrauen machten klar, dass sie genau wusste, was los war.

„Ahhh“, sagte er. „Ja.“ Er verzog das Gesicht und kratzte sich am Hinterkopf. „Das habt ihr mitbekommen, ja?“

Sein Vater schnaubte belustigt. „Oliver, das ganze Internet hat es mitbekommen. Wie kann es sein, dass du nicht im Bilde bist?“

„Ich war beschäftigt.“

Charlie hustete übertrieben, doch seine Mutter warf ihnen beiden strenge Blicke zu und kam wieder auf das Thema zurück, das Oliver so gern ignoriert hätte. Er hatte verstanden, dass das Interview keine so lustige Idee gewesen war, wie er in dem Moment gedacht hatte. Aber mussten sie jetzt alle darauf herumreiten? „Willst du uns irgendwas sagen zu Cookie und dir?“

„Ja, kannst du in Zukunft erst uns Bescheid sagen, bevor du der ganzen Welt erzählst, dass du mit jemandem zusammen bist?“ Charlie war heute in bester Stänkerlaune.

Oliver verdrehte die Augen. „Dass ausgerechnet ihr das glaubt. Klar habe ich Cookie lieb, aber doch nicht *so*." Er wedelte mit der Hand, als würde das helfen, das alberne Gerücht zu zerstreuen. „Außerdem ist es die Schuld unserer PR-Tante. Die ist immer so zugeknöpft und traut mir nichts zu in Interviews."

„Ja, komisch, Kleiner, woher das kommt." Der Ton seines Vaters triefte förmlich vor Sarkasmus. „Okay, also: Das war richtig blöd von dir, aber wir hoffen das Beste, ja? Sogar eine Talkshow wollte dich direkt einladen, habe ich heute Morgen gelesen." Er seufzte. „Versuche beim nächsten Interview, nicht direkt den ersten Gedanken rauszuhauen, der dir einfällt, wie wäre das?"

„Und vielleicht gehst du am Abend nach so einem Interview nicht mit Cookie in einen Club und knutschst ihn da ab", schlug seine Mutter vor. „Ja, natürlich hat euch jemand fotografiert, was glaubst du denn?", ergänzte sie auf seinen ungläubigen Blick hin. „Das ist ein brandheißes Thema gerade. Du weißt doch selbst, wie das in der NFL ist."

„Man sollte meinen, die Gerüchte über euch hätten gereicht, damit du vorsichtig bist." Charlie, natürlich. „Kannst froh sein, dass die *Peaks* das bisher ignoriert haben. Aber ich bin nicht überrascht, dass du die Klappe nicht halten konntest."

„Ernsthaft?" Oliver starrte ihn empört an. „Du kennst die Gerüchte auch? Und hast nie was gesagt?"

Charlie lachte. „Ich dachte, dein Riesenego muss alle Artikel kennen, die über dich kursieren. Ich wäre im Traum nicht darauf gekommen, dass das für dich neu ist."

Genervt rieb Oliver sich die Stirn. „Das ist doch alles Quatsch, Mann. Cookie und ich, als ob. Die Frau, mit der ich nach Hause bin, hat wahrscheinlich niemand fotografiert, oder? Würde ja nicht in die Story passen." Er verschränkte die Arme vor der Brust und grummelte vor sich hin.

„Warum? Zum hundertsten Mal das Gleiche interessiert niemanden." Seine Mutter brachte es fertig, in einem einzigen kurzen Satz ihre Missbilligung über seinen Lebensstil ebenso wie ihre Abscheu über den Medienzirkus unterzubringen.

Oliver seufzte. Offensichtlich hatte er diesmal so richtig Scheiße gebaut. Ein so großes Echo hatte noch keiner seiner Sprüche ausgelöst. Hoffentlich merkten sie alle bald, dass das, was sie da berichteten, Bullshit war. Er und Cookie – das konnte auch nur jemand glauben, der sie nicht kannte.

Und als hätte er seine Gedanken gelesen, griff sein Vater über den Tisch und nahm seine Hand. „Aber, Sohn, ich hoffe, eins ist dir klar", sagte er mit plötzlich weicherer Stimme. „Wenn du irgendwann merkst, dass du Cookie doch *so* lieb hast, wie gerade alle denken ... dann kannst du ihn immer gern mitbringen. Ja?"

Oliver war genervt, auch wenn der rationale Teil seines Hirns zu schätzen wusste, wie offen seine Eltern waren. „Mein Gott, nicht du auch noch, echt. Ja, danke, Dad. Ist notiert. Ich sage euch Bescheid, falls es jemals relevant wird." *Was es nicht wird*, fügte er in Gedanken hinzu, doch er sagte es nicht, und nachdem die Bedienung an den Tisch getreten war und seine Bestellung aufgenommen hatte, wandte sich das Gespräch zum Glück unverfänglicheren Themen zu.

WENN DAS EUER WEG IST, EUCH ZU OUTEN

OLIVER

Kein einziger Tag in Olivers Leben als Footballprofi war jemals dadurch besser geworden, dass er zum General Manager gerufen worden war. Man sollte meinen, ein so vielbeschäftigter Mann, der die Geschicke des gesamten Teams lenkte, hätte Besseres zu tun, als einen einzelnen Spieler immer wieder einzubestellen. Doch Walter Hammond schien einen Narren an ihm gefressen zu haben.

Mittlerweile kannte Oliver den GM so gut, dass er meist ahnte, wann der ihn einbestellen würde. Neue Tattoos, neue Frisuren, neue Pressefotos, die ihn betrunken im Club zeigten.

Es überraschte ihn daher nicht, dass am Montag schon Hammonds Assistentin Conny auf ihn wartete, als er den Trainingskomplex betrat. Ausnahmsweise konnte er es sogar verstehen. Die Aufregung war so groß, dass er die Benachrichtigungen für seine Social-Media-Kanäle abgestellt hatte.

Conny sah ihn mit mütterlicher Strenge an, als wäre er ein Welpe, der trotz Ermahnung schon wieder auf den Teppich gepinkelt hatte. „Kommst du denn nie pünktlich?", fragte sie anstelle einer Begrüßung und wartete keine Antwort ab, sondern zeigte nur mit einer Kopfbewegung, dass er ihr folgen sollte, und setzte sich in Bewegung.

Oliver seufzte wieder, denn was hatte er schon für eine Wahl? „Conny", sagte er zu ihrem schmalen Rücken, während sie vorauseilte, als würde er den Weg zu diesem Büro nicht längst im Schlaf kennen. „Verrätst du mir wenigstens, wie sauer er diesmal ist?"

Sie warf ihm durch ihre großen Brillengläser unter der Dauerwelle einen unergründlichen Blick zu. „Pünktlich zu sein, hätte vermutlich geholfen", sagte sie nur und ging entschieden weiter. Oliver war sich sicher, dass sie ihn mochte – hin und wieder ließ sie es durchblicken –, doch meistens prallte er bei ihr ab, wie sehr er den Charme auch aufdrehte.

Tatsächlich war er ein kleines bisschen spät dran, aber was sollte er auch machen? Immerhin hatten auf dem Parkplatz junge Frauen auf ihn gewartet, die völlig atemlos und aufgeregt Autogramme von ihm gewollt hatten. Hätte er sie stehen lassen sollen? Fans enttäuschen? Das konnte doch niemand im Team wollen.

Er warf einen verstohlenen Blick aus den großen Fenstern, die den Flur zu Hammonds Büro säumten und den verwaisten Trainingsplatz zeigten. „So spät kann ich nicht dran sein, wenn noch keiner da ist", murmelte er rebellisch und lief beinahe in Conny hinein, die abrupt vor der Tür des Büros angehalten hatte und klopfte.

„Das liegt daran, dass der Head Coach hier ist, statt das Training zu leiten", sagte sie und sah ihn schon wieder so an. „Genauso wie Cook." Damit ließ sie ihn stehen und ging weiter zu ihrem Büro, das direkt neben Hammonds lag.

„Cookie?" Oliver erstarrte. Shit. Das konnte nur eins bedeuten. Sein blödes Interview vom Wochenende hatte auch seinem Freund Ärger eingebrockt. Okay, verdammt, das war nie sein Plan gewesen. Er musste zusehen, dass er Cookie da unbeschadet wieder rausbekam.

Die Tür öffnete sich, und Walt Hammond stand vor ihm, das Gesicht hinter den schmalen Brillengläsern entnervt.

„Mosley", begrüßte er ihn im Oliver bestens bekannten Tonfall, halb resigniert, halb erzürnt, „wie schön, dass Sie sich schon zu uns gesellen." Er machte einen Schritt zurück und gab den Blick frei auf Cookie, PR-Frau Lopes und Head Coach Thompson, die schon am Besprechungstisch in der Ecke des großen Büros mit Kaffeetassen vor sich saßen.

Oliver schämte sich, obwohl noch kein Wort gesagt worden war. Cookie war der ernährungsbewusste, zuverlässige, hochprofessionelle Traum eines jeden NFL-Verantwortlichen – er verdiente es nicht, hier sein zu müssen. Er verdiente Besseres, als von Oliver in die Scheiße geritten zu werden.

Eine Wand des Raums bestand komplett aus bodentiefen Glasscheiben, die perfekte Sicht auf das gesamte Trainingsgelände der *Peaks* boten, und fahle Januarsonne fiel durch sie hindurch, ließ Cookies rote Locken ebenso leuchten wie den omnipräsenten Trainingsanzug des Coachs. Ein Stapel Papier lag neben einer Zeitung auf dem Tisch vor ihnen, und Oliver unterdrückte ein weiteres Seufzen. Die verdammte Lokalpresse, die in dieser Stadt anscheinend nichts Interessanteres als sein Privatleben fand, liebte es, ihn in prekären Situationen zu erwischen. Beim Feiern, mit Frauen im Arm, einmal mit einem Joint in der Hand. Er hätte wissen müssen, dass sie sich auf sein Interview stürzen würden wie die Aasgeier.

Er setzte sich neben Cookie und stupste ihn zur Begrüßung unter dem Tisch mit dem Fuß an. Der Streber war schon komplett umgezogen und saß in Trainingsklamotten da, doch er wirkte in sich gekehrt und fast schon verängstigt.

„Machen wir es kurz." Hammond seufzte, ein Laut, der Oliver deprimierend vertraut war. „Ms. Lopes war so nett, mir etwas zusammenzutragen, damit wir es besprechen können." Er wies auf den Papierstapel, während Oliver sich vorbeugte. „Hören Sie jemals zu, wenn Ihnen jemand etwas sagt? Unser PR-Coach zum Beispiel? Oder Ms. Lopes?"

Oliver sah zu Nora, die eine kleine Grimasse schnitt, dann auf den Papierstapel vor sich. Unwillkürlich musste er lachen. „Haben Sie das Internet ausgedruckt?" Es waren definitiv Screenshots von Social-Media-Posts, die da fein säuberlich auf Letter-Format angeordnet und ausgedruckt waren. Er schob die Papiere so vor sich, dass Cookie mitraufschauen konnte.

Liebesgeschichte, las er wieder und wieder. *Mookie* – was auch immer das sein sollte. Und ... *schwul*. Immer wieder.

Schwules Paar! Endlich Outing! Gerüchte bestätigt!

Oliver zog scharf die Luft ein. Scheiße. Er hatte nicht erwartet, dass so ein paar dahingelaberte Sätze solche Wellen schlagen würden.

„Fuck, Mann." Er hatte Cookie noch nie so gehört – gepresst und ängstlich. Sein Gesicht war verschlossen, die Augen fest auf die Papiere vor ihnen gerichtet.

Hammond räusperte sich und Oliver sah zu ihm. „Herrgott, Mosley. Genau deswegen schicke ich Sie doch ständig ins PR-Training. Damit Sie eben keine Sätze von sich geben, die dann zu solchen Artikeln führen. Von der Social-Media-Aufregung ganz zu schweigen. Wie sind Sie nur auf die Idee gekommen, ausgerechnet so etwas zu sagen? Sie wissen doch genau, zu welchen Tumulten das führt. Gerade dieses Thema. Das ist brandgefährlich. Und die Aufregung können wir gerade wirklich nicht brauchen."

„Wenn das euer Weg ist, euch zu outen –", setzte Thompson an, doch Cookie unterbrach ihn sofort.

„Ich möchte klarstellen, dass an der Sache nichts dran ist", sagte er und warf erst Hammond, dann Thompson ernste, bittende Blicke zu, sah dann zu Nora, wie um sich abzusichern. „Wir sind kein Liebespaar. Ich habe eine Freundin und Oliver –" Er brach ab, offenbar unsicher, wie er das taktvoll formulieren sollte.

Hammond winkte ab. „Jaja, was Mosley ist, wissen wir alle. Ein verdammter Schürzenjäger."

Oliver biss sich auf die Lippe. Er wollte protestieren, fand nicht schön, dass sie so über ihn sprachen, doch es war schwer, dem etwas entgegenzusetzen, wenn alle wussten, dass es stimmte. Auch wenn *Jäger* so nach Absicht klang, und das war es selten. Doch wenn sich eine

Gelegenheit bot, sollte er sie dann wirklich ausschlagen?

„Auch wenn", mischte sich Thompson ein, der bisher ungewohnt still geblieben war, „es niemanden überraschen würde, falls doch etwas Wahrheit dahintersteckte. Mit der ständigen Küsserei."

„Dann müssten aber auch Perez und ich ein Paar sein", protestierte Oliver. „Und Kaminski. Und Deacon. Und –"

„Mosley." Hammond klang genervt und – so gut kannte Oliver ihn mittlerweile – ein klein wenig amüsiert. Er setzte die schmale Brille ab und massierte mit Daumen und Zeigefinger den Nasenrücken, bevor er Oliver wieder ansah. „Haben Sie mal einen Gedanken daran verschwendet, nicht alle Menschen in Ihrem Umfeld ständig abzuküssen?"

Nora gab ein Geräusch von sich, das wie ein Niesen klang, doch Oliver ahnte, dass sie ein Lachen verbarg, und warf ihr einen bitterbösen Blick zu. Als sie sprach, klang sie professionell. „Ich gebe der Zeitung Bescheid, dass es ein Scherz gewesen ist, und spreche mit Steve, damit er auf Social Media eine Klarstellung postet."

Hammond nickte ihr dankbar zu und sah Oliver erwartungsvoll an.

Der biss sich auf die Lippe. „Ich kann mit Sicherheit sagen, dass ich bestimmt achtzig Prozent des Teams noch nie geküsst habe", sagte er dann, als wäre es ein Friedensangebot.

Hammond und Thompson tauschten einen Blick. „Weiten Sie diesen Kreis der Privilegierten in den nächsten Wochen etwas aus, bis hier wieder Ruhe einkehrt, ja?", schlug Hammond vor. „Damit wir die Saison vernünftig beenden können. Und jetzt raus mit Ihnen.“ Er wedelte, wie um eine Fliege zu verscheuchen, und Thompson sprang erstaunlich behände für seine Körperfülle auf.

Er klatschte in die Hände. „Auf zum Training, Männer. Die *Sirens* schlagen sich nicht von selbst!“

Oliver und Cookie tauschten einen stummen Blick, erhoben sich und trotteten hinter dem Coach her nach draußen.

***

Vor dem Training hatte sich keine Gelegenheit mehr ergeben, miteinander zu reden, denn dank des Termins bei Hammond waren sie im Verzug, und Thompson und sein Team gaben ihnen keine ruhige Minute. Das war auch gut so, denn es waren nur noch zwei Spiele bis zu den Playoffs, und die mussten sie gewinnen. Doch Oliver wünschte, mit Cookie reden zu können – sein besorgtes Gesicht, sein ängstlicher Tonfall, so kannte er ihn nicht. Das schlechte Gewissen nagte an ihm.

Bevor er dazu kam, seinen Freund anzusprechen, bekam ihn auf dem Rückweg zur Umkleide ein kopfschüttelnder Perez in die Finger. „Habe ich es dir nicht gesagt?“ Er stupste ihn in die Seite, härter als unbedingt nötig gewesen wäre. „Kein Mensch glaubt, dass es ein Witz war, und jetzt seid ihr die Lovestory im Internet.“

Oliver zuckte mit den Schultern, lässiger als er sich fühlte. „Halb so wild, haben wir längst mit Hammond geklärt. Das Team hat schon alles dementiert, du bist nicht auf dem aktuellen Stand.“

Sein Blick suchte Cookie, wie er es immer tat, doch er fand ihn erst, als sie den Umkleideraum erreichten. Der Raum war noch nicht komplett gefüllt, da seine Kollegen alle in ihrem eigenen Tempo vom Trainingsplatz zurückkehrten. Henry hatte das verschwitzte Trainingsshirt schon in den großen Korb in der Mitte des Raums geworfen und war eben dabei, eine Banane vom kleinen Buffet zu verspeisen, das an einer Seite der Umkleide aufgebaut war. Olivers Herz setzte einen Schlag aus. Cookies Gesicht war ungewöhnlich blass und dadurch fühlte er sich so gar nicht besser. Am liebsten hätte er ihn in den Arm genommen und fest an sich gedrückt, doch offenbar machte ihn das seit Neuestem schwul? Plötzlich war das, was bisher die normalste Sache der Welt gewesen war, ein Minenfeld, durch das er unfallfrei zu navigieren versuchte. Außerdem wollte er Cookies offensichtlichen Stress nicht noch verschlimmern. Also stellte er sich nur dicht zu ihm und sah ihn besorgt an. „Ist alles gut zwischen uns?"

Cookie sah hoch und zog um die Banane herum eine Grimasse, die ein Grinsen ebenso wie ein Flunsch hätte sein können. „Klar", sagte er jedoch nur, auch wenn seinen Augen ihr üblicher Glanz fehlte. „Inzwischen sollten alle wissen, wie wenig ernst man dich nehmen kann."

„Ey!" Oliver war ihm dankbarer, als er es hätte in Worte fassen können, dass sie miteinander umgehen konnten wie bisher. Dass Cookie ihn offenbar nicht hasste, auch wenn er wirklich allen Grund dazu hätte. Er holte aus, um Cookie einen Klaps zu verpassen, doch der blieb unbeeindruckt, als Olivers Hand auf muskelharte Haut traf.

„Kaminski, guck hin!", rief Perez mit übertrieben ehrfürchtiger Stimme. Der Kollege hatte eben die Umkleide betreten und gesellte sich zu ihnen, ein vollgeschwitztes Handtuch in Händen. „Mookie in Aktion, und wir dürfen live dabei sein."

„Das habe ich vorhin schon gelesen. Was zur Hölle soll das sein?" Oliver riss sich von Cookies Anblick los, dem dunklen Ausdruck in seinen Augen, und sah fragend zu den Kollegen.

Kaminski lachte und strich sich die hellbraunen Haare aus dem Gesicht. „Er kennt seinen eigenen Hashtag nicht! Du bist nicht auf der Höhe der Zeit. Mosley und Cookie – zusammen Mookie. Gibt es schon ewig, aber seit dem Spiel trendet es natürlich richtig."

„Mhm, aber klick lieber nicht drauf", warf nun wieder Perez ein. „Die Reaktionen sind, ich würde mal sagen, gemischt."

Cookie wurde noch eine Spur blasser, und das gefiel Oliver ganz und gar nicht. Er hatte es immer als seine Aufgabe angesehen, seinen Freund glücklich zu machen. Und nun war er schuld daran, dass das Gegenteil der Fall war. Alles andere war ihm egal. Sollten die Zeitungen und Leute im Internet doch schreiben, was sie wollten. Das interessierte ihn herzlich wenig. Aber Cookie – dass er ihn verletzt hatte, ihm Sorgen bereitete mit seiner Unbedachtheit, das tat ihm leid.

„Guck, wie er Cookie ansieht", sagte Perez neben ihm. „Der Beweis, dass es trotz aller Frauen doch nur Cookie gibt für unseren Mosley." Die beiden lachten. Oliver grinste, immer noch schuldbewusst, und der Anflug eines Lächelns zerrte an Cookies Mundwinkeln.

Perez schien zu bemerken, dass seine Scherze nicht komplett ankamen, und legte Oliver eine Hand auf den Rücken. „In drei Tagen interessiert es kein Schwein mehr. Spätestens, wenn wir die *Sirens* vermöbeln, gibt es wichtigere Themen. Zum Beispiel wieder ein schöner Touchdown von Cookie.“

Ihr Gelächter hatte trotz der Geräuschkulisse in der Umkleide Deacon angelockt, den Defensive Captain und seit seinem ersten Tag bei den Profis Olivers Vertrauter. Der große, schwarze Mann sah fragend von einem zum anderen, und Oliver traf die Entscheidung, die negativen Gefühle aktiv hinter sich zu lassen. „Deacon!“, rief er. „Hast du gesehen, warum ich demnächst schon wieder zum PR-Training darf?“

„Es war schwer, dem Ganzen zu entkommen.“ Deacons tiefe Stimme schwankte zwischen Entsetzen und Belustigung. „Immerhin ist es mal keine Frau, mit der du in den Medien bist.“

„Na, hör mal.“ Oliver sah ihn unschuldig an, dann machte er den Schritt auf Cookie zu, den er schon die ganze Zeit hatte machen wollen, drückte ihm einen Kuss auf die Wange und fuhr ihm mit der Hand durch die Locken. Scheiß doch drauf, was die anderen dachten. „Ihr wisst ganz genau, dass die Frauen nur Platzhalter sind, bis Cookie mich endlich erhört.“

Deacon schüttelte nachsichtig den Kopf. „Cookies Gesicht nach zu urteilen, passiert das in diesem Leben nicht mehr“, stellte er trocken fest, und Oliver drückte seinen Freund noch einmal an sich.

„Sorry“, flüsterte er. „Ich wollte das mit dem ganzen Chaos nicht. Wirklich.“

Cookie warf ihm einen kurzen Blick zu und lächelte, bis Kapitän Carter die Szene unterbrach. „Genug jetzt mit Rumschwulen", sagte er mit seinem Südstaatenakzent und ruckte sein Kinn in Richtung der Duschen.

Oliver und er hatten von Anfang an auf Kriegsfuß gestanden. So brillant Carter auf dem Feld war, so schwierig war er manchmal im direkten Umgang. Offenbar witterte er seine Chance, seiner Antipathie endlich freien Lauf zu lassen, denn bisher hatte er noch nie etwas gegen ihre enge Freundschaft gesagt.

„So was brauchen wir hier nicht. Macht euch lieber fertig. Und kein Betatschen unter der Dusche!"

Cookie spannte sich unter seinen Fingern an. Oliver spürte die Blicke der Kollegen, die sie streiften. Blöde Kommentare waren ihnen noch erspart geblieben, doch jetzt schien der perfekte Moment dafür zu sein.

Und dann murmelte Perez: „Sätze, von denen ich nicht gedacht hätte, sie in dieser Umkleide mal zu hören", und Oliver kicherte mit den anderen wie ein Schuljunge.

WENN NUR NIEMAND ETWAS MERKT

HENRY

Henry war duschen gegangen, hatte mit Kaminski herumgeflachst und ein paar Fotos mit wartenden Fans gemacht – *nach* dem Training, so wie es sich gehörte. Nun war er erleichtert wie schon lange nicht mehr, endlich allein in seinem Auto zu sitzen. Er fuhr mit einem letzten Lächeln für die Fans vom Parkplatz, doch statt zu seinem Haus einfach weiter – geradeaus und immer weiter geradeaus, beinahe ohne sein Zutun, bis er in einem Industriegebiet landete und sein Auto auf einem leeren Parkplatz abstellte.

Seine Hände waren so verkrampft, dass er sein Lenkrad nicht loslassen konnte, umringt von Containern und Beton, sein hektischer Atem überlaut in der Stille um ihn herum. Sein Herz raste, gleichzeitig hatte er das Gefühl, sein Brustkorb würde immer enger werden, denn er bekam furchtbar schlecht Luft.

Fuck. Fuck. Fuck.

Er wusste, er durfte nicht ausrasten, er musste cool bleiben, aber das war leichter gesagt als getan.

Mit Meiko und sogar im Umkleideraum hatte er es irgendwie geschafft, alles auf die leichte Schulter zu nehmen. Doch jetzt, allein in seinem Auto, konnte er sich nicht mehr gegen das Gefühl der Panik wehren, das in ihm aufstieg und von dem er gedacht hatte, es längst besiegt zu haben. Denn Momo konnte blödeln, so viel er wollte, und erklären, dass er Henry liebte, und ihn abknutschen, als gäbe es kein Morgen, und all das nicht ernst meinen. So war er eben, so war ihre Freundschaft schon immer gewesen, und es war ebenso selbstverständlich für ihn wie seine regelmäßigen Frauengeschichten.

Doch für Henry war es mehr als das.

Für Henry hatte die Schlagzeile seinen tiefsten, geheimsten Wunsch getroffen.

Sein gefährlichstes Geheimnis.

Seine auf ewig unerfüllte Sehnsucht.

Er hatte so viel dafür getan, dass niemand jemals erriet, wie es in ihm aussah. Es hatte ihm alle Selbstdisziplin abverlangt, sich nie etwas anmerken zu lassen. So viel Training, um mit Momos ständiger körperlicher Nähe gut umzugehen.

Er hatte sich sogar eine Freundin zugelegt. Das musste doch reichen.

Und dann machte Momo einen flapsigen Kommentar, ohne weiter darüber nachzudenken, und brachte urplötzlich alles ins Wanken. Das Schlimmste war, dass Henry nichts tun konnte, um das zu ändern. Oder es in Ordnung zu bringen. Es wieder verschwinden zu lassen. All seine Arbeit, all seine Selbstkontrolle, sein Leid über die letzten Jahre – egal geworden.

Es war immer seine größte Furcht gewesen, dass jemand die Wahrheit herausfinden könnte. Seine Freundschaft zu Momo beenden, denn der würde sicher nicht weiter so mit ihm umgehen, wenn er die

Wahrheit wüsste. Seine Karriere zerstören, in diesem Footballbusiness, das sich so offen gab und es doch im Herzen nicht war.

Er wusste nicht, welcher Verlust schlimmer wäre. Auf keins von beidem konnte er verzichten.

Seine Hände zitterten, und als er das Lenkrad losließ, stellte er fest, dass er schwitzte. Mit Mühe zog er seine Trinkflasche aus seiner Tasche auf dem Beifahrersitz und nahm einen Schluck Wasser. Er schloss die Augen und konzentrierte sich darauf, wie sich die Flüssigkeit in seinem Mund anfühlte, wie sie kühl seine Kehle hinabrann. Wie weich der Sitz unter seinen Beinen war, wo die Shorts nach oben gerutscht waren. Erinnerte sich an Atemtechniken, um sich zu fokussieren. Vier Sekunden einatmen, sieben Sekunden halten, acht Sekunden ausatmen.

Es wirkte, wenn auch langsam.

Als er die Augen wieder öffnete, sah er klarer und atmete wieder etwas freier. Mit einem kleinen Schnauben nahm er noch einen Schluck Wasser, dann ließ er die Stirn gegen das Lenkrad fallen.

Fuck.

Und er schaffte es nicht einmal, Momo dafür böse zu sein, dass er ihm das hier angetan hatte. Wie auch, Momo hatte ja keine Ahnung, wie verdammt nahe er der Wahrheit gekommen war.

Henry selbst hatte lange gebraucht, um zu verstehen, was diese Wahrheit war. Er hatte nie einen Aha-Moment gehabt, in dem er bemerkt hatte, dass er in seinen besten Freund verliebt war. Es war viel mehr eine schleichende Entwicklung gewesen, von ihrem ersten Aufeinandertreffen bei der Orientierung im College bis heute. Dazwischen lagen regelmäßige gegenseitige Besuche in den Semesterferien, unzählige Nachrichten auf diversen Plattformen, Spiele gegen- und nun miteinander. Atemloses Lachen und wild kieksende Aufregung, wenn Momo ihn mal wieder zu einem Streich mitgerissen hatte. Adrenalin und blindes Verständnis auf dem Platz. Küsse in seine Haare, Arme um seine Schultern. Und nun hauste es tief in Henry, vergraben und ignoriert, groß und dunkel und angsteinflößend.

Er hatte von Anfang an gewusst, dass es aussichtslos war. Hatte Momo dabei zugesehen, wie der schon als Freshman bei den Mädchen gut angekommen war, mit seinem verwegenen Charme und seinen blitzenden, kaffeebraunen Augen. Damals hatte er noch nicht verstanden, warum es ihn so störte, wenn Momo mal wieder flirtete. Hatte nachts in sein Kissen geheult vor lauter Frustration und masturbiert zu Fantasien, die so nahe an seiner Realität gewesen waren und doch unerreichbar. Hatte irgendwann begriffen, was es war, das er fühlte, und es ab diesem Moment in die dunkelste Ecke geschoben, die seine Seele zu bieten hatte.

Er hatte gehofft – gebetet –, dass es vergehen würde. Hatte abgewartet, auf die Zeit gebaut, die doch angeblich alles heilte. Nur ihn hatte sie nicht geheilt.

Er war noch immer verliebt. Nicht mehr so wie mit achtzehn, nicht mehr atemlos und mit Herzrasen und ständigen, mühevoll versteckten Erektionen. Es war dumpfer geworden, das Gefühl, ein Teil dessen, was er war. Manchmal vergaß er es sogar, lebte damit, so wie er nicht weiter an seine Sommersprossen dachte, außer wenn er sich im Spiegel sah. Er hatte aufgehört, jede Frau zu hassen, die Momo abschleppte, fragte sich nicht länger voller Verzweiflung, warum er es nicht sein konnte, den Momo erwählte. Lebte mit dem, was er nicht ändern konnte.

Vor ein paar Jahren hätte er mit einem solchen Gerücht, und in Momos Gegenwart über sie als Paar zu sprechen, nicht umgehen können. Oder von seinem Chef darauf angesprochen zu werden. Wenn er so darüber nachdachte, war eine kleine Panikattacke unter Ausschluss der Öffentlichkeit ein verdammt großer Fortschritt im Vergleich dazu, wo er emotional schon mal gewesen war.

Er dachte an Meiko, die so wunderbar war und die nicht einmal ahnte, dass er nie für sie fühlen konnte, was sie verdiente. Weil sein Herz vergeben war. Doch er hoffte, ihr trotzdem ein guter Freund zu sein, aufmerksam und liebevoll und großzügig. Vielleicht wäre sie schon zu Hause, wenn er gleich dorthin fuhr, und dann konnten sie zusammen etwas kochen und sich danach auf dem Sofa aneinanderkuscheln, wie sie es so gern taten. Und Henry konnte vergessen, was ihn so aufgewühlt hatte, sich auf das konzentrieren, was er hatte, und dankbar sein.

Niemand hatte eine Ahnung.

Und das würde auch so bleiben.

***

OLIVER

Oliver war genervt. *Mookie* war überall. Auf jeder Social-Media-Seite, die er besuchte, in jeder Zeitung, auf YouTube. Sogar in einer Boulevardsendung, auf die er beim Durchzappen im Fernsehen zufällig gestoßen war. Wie aufgeregt alle waren. Man hätte meinen können, sie hätten öffentlich geknutscht. Dabei müssten sie ihn doch alle gut genug kennen, um zu wissen, dass das nicht sein Ernst gewesen war.

Er saß auf seinem Sofa, eine Pappbox mit gebratenen Nudeln in der einen, Stäbchen in der anderen Hand. Es war spät geworden, und er hatte den Abend genau hier zugebracht, damit beschäftigt, wegzuschalten, wenn er wieder sein Gesicht im Fernsehen gesehen hatte, auf sein Handy zu schauen, nur um weitere Nachrichten zu ignorieren, die ihn alle das Gleiche fragten. Irgendwann hatte er sich Essen bestellt, in der Hoffnung, ein gut gefüllter Magen würde seine Laune heben.

Das hatte nur kurzfristig geholfen, denn er war bei einer Sendung hängen geblieben, bei der es – natürlich – um Cookie und ihn ging. Im Hintergrund dieser Talkrunde war eine Bildercollage, die er sich genauer ansah. Er wollte endlich verstehen, woher die Gerüchte kamen, von denen er keine Ahnung gehabt hatte.

„Wir haben einen kleinen Ausschnitt an Material zusammengestellt", sagte die Moderatorin. „Lassen Sie uns das gemeinsam ansehen."

Gegen seinen Willen war Oliver angespannt – unsicher, was da auf ihn zukam. Was sie gegen ihn in der Hand hatten. Das erste Bild wurde eingeblendet und er atmete erleichtert aus. Es war harmlos, absolut harmlos, und wenn das alles war, was sie hatten, war es zum Lachen. Ihr erstes gemeinsames Mannschaftsfoto, zwei Freshmen im College, ein kurzhaariger, aber dennoch unverkennbarer Cookie und er selbst, picklig und mit naturbelassenen Haaren, beide breit grinsend nebeneinander.

Ein Lächeln schlich sich auf seine Lippen. Vielleicht würde es ja doch nicht so schlimm werden. Das Lächeln überdauerte auch das nächste Foto, auf dem sie lachend und Arm in Arm vor *The Bean* standen. Es war Olivers erster Besuch in Chicago bei Familie Cook gewesen, damals in den Semesterferien. Sie mussten es irgendwann einmal öffentlich gemacht haben.

Schlag auf Schlag ging es weiter, Playoffs, als sie Sophomores gewesen waren. Er erinnerte sich noch genau an ihre Aufregung. Sie standen nebeneinander, während die Hymne gesungen wurde, Cookies Haare ein undefinierbarer Wust an Locken, seine eigenen raspelkurz geschoren, eines seiner ersten Haarexperimente. Es war ein bisschen wie ein Ausflug in gute alte Zeiten, und Olivers Lächeln wurde breiter.

Beim nächsten Video gefror es ebenso wie die Hand, die gerade dabei war, Nudeln in seinen Mund zu schaufeln. Jubel nach einem Touchdown, Oliver mit einer langen, innigen Umarmung und einem dicken Kuss auf die Stirn für Cookie, dessen Helm achtlos beiseite geworfen. Er hatte darin nie etwas anderes gesehen als einen Ausdruck ihrer Freundschaft und fand noch immer nichts Verwerfliches daran. Doch so zusammengeschnitten und präsentiert wurde ihm zum ersten Mal bewusst, was Außenstehende darin lasen.

Cookie und er, Stirn an Stirn, Nase an Nase, die Hände ineinander verschränkt – ein seltener Moment der Stille zwischen ihnen, eingefangen nach einem Spiel.

Oliver, der einem breit grinsenden, oberkörperfreien Cookie einen Kuss in die Locken drückte, sein Trikot nachlässig in die Hosen gesteckt.

Olivers Arme von hinten um Cookie geschlungen, sein Kinn auf Cookies Schulter, die Köpfe dicht zusammen, glückliches Lächeln auf beiden Gesichtern.

Cookies Hand in Olivers, seine Augen weit aufgerissen, sein Mund breit lachend, und Oliver, der ihn zu sich zog, die freie Hand einladend winkend.

Ein Kuss auf Cookies Wange, während Oliver seine Taille umklammert hielt, auf dem Weg vom Training zurück zur Umkleide.

Es war eine Chronik ihrer Freundschaft, die Olivers Angewohnheit bewies, seine Zuneigung durch körperliche Nähe auszudrücken, eine Reise durch die letzten Jahre. Und ja, okay, wenn man es so zusammenschnitt, dann sah man schon, dass sie sich nahestanden. Wenn sie lange genug suchten, würden sie vermutlich auch Fotos von ihm und Perez finden, die ähnlich aussahen. Vielleicht nicht ganz so viele, aber das lag daran, dass Cookie schon seit Ewigkeiten sein bester Freund war.

Natürlich liebte er Cookie.

Platonisch.

Warum war das für sie alle so verdammt schwer zu begreifen?

Entnervt schaltete er ab und stierte ins Nichts, während er sich die verbliebenen Nudeln einverleibte. Schließlich zog er sein Handy heran und öffnete seine Kontakte. *Adriana* stand ganz oben, und das brachte ihn auf eine Idee. Ausgehen sollte er heute definitiv nicht, nicht mit der Aufmerksamkeit, die ohnehin schon auf ihm lag, aber das hieß ja nicht, dass er keinen

Spaß haben konnte. Und auch wenn es vermutlich niemand erfahren würde – wenigstens für ihn selbst wäre es ein kleines Zeichen an die Welt da draußen. Er war an Frauen interessiert. Nicht, dass es schlimm war, wenn jemand das nicht war. Aber er war eben nicht schwul, auch wenn die Welt das plötzlich dachte. Er schlief mit Frauen.

Jedenfalls hoffte er das, denn Adriana wusste noch nichts von ihrem Glück. Dann grinste er und biss sich auf die Lippe, denn direkt unter ihrem Namen standen Amaya, Annabelle und Aylin, und darunter ging die Liste weiter. Irgendeine würde schon Ja sagen.

Mit deutlich besserer Laune schrieb er eine schnelle Nachricht, und keine zehn Minuten später hatte er eine Antwort von Adriana.

***

Er hatte die Zeit zwischen seiner Nachricht und Adrianas Ankunft genutzt, um Ordnung zu schaffen – sein Bett gemacht, durchgelüftet, die weiße Sofalandschaft auf Vordermann gebracht, die sein großes Wohnzimmer dominierte. Nun wirkte alles einladend, der Whirlpool auf seiner Dachterrasse lief schon, der Sekt war kaltgestellt, das Licht gedimmt. Es fehlte nur noch die richtige Begleitung für den Abend.

Oliver schnaubte, als er daran dachte, dass die Welt zu denken schien, die richtige Begleitung für ihn wäre Cookie. Kein weicher, weiblicher Körper neben ihm im Whirlpool, unter ihm im Bett, sondern Cookies muskulöser, durch und durch männlicher. Sommersprossige Haut unter seinen Lippen, weiche Locken zwischen seinen Fingern, starke Beine, die sich um seine Hüften schlossen.

Oliver blinzelte, überrascht von den plötzlichen Bildern in seinem Kopf. Cookie hatte verdammt attraktiv ausgesehen in seiner Vorstellung. Na ja, er war ein hübscher Kerl, das konnte Oliver neidlos anerkennen. Hübscher als er selbst, mit breiten Schultern, schmalen Hüften und hellgrauen Augen.

Es klingelte und dankbar riss Oliver sich von diesen seltsamen Gedanken los. Ein letzter Blick durch den Raum, dann eilte er zur Tür, zog sie auf und lehnte sich abwartend in den Türrahmen. Seine Wohnung befand sich in einem sanierten ehemaligen Lagerhaus im nie schlafenden Pearl District und nahm dort das gesamte oberste Stockwerk ein. Sie lag nahe am Willamette River und an Old Town und war perfekt, um Ruhe zu haben, wenn er sie wollte, und gleichzeitig fußläufig zu all den Ausgeh-Locations, die er so gern mochte.

Der altmodische Aufzug ratterte, als er in seinem Stockwerk ankam, und eine junge Frau trat heraus. Sie hatte bernsteinfarbenes, glänzendes Haar, das ihr offen über den Rücken fiel, eine schlanke Figur und trug unter dem offenen Mantel ein Kleid, dessen einladender Ausschnitt seinen Blick unwillkürlich anzog.

„Hallo", sagte sie und lächelte selbstbewusst, die hellen Augen mit einem offenen, beinahe herausfordernden Blick.

Oliver grinste sie an und verschränkte die Arme.

„Eigentlich hättest du jemand ganz anderen hier gewollt, wenn man dem Internet glauben kann", sagte sie mit einem Augenzwinkern und hauchte ihm einen Kuss auf die Wange, als sie vor ihm stand.

Es dauerte einen Moment, bis Oliver verstand, worauf sie anspielte, dann stöhnte er. „Bitte, nicht du auch noch!" Er nahm ihre Hand und zog sie in die Wohnung, und sie lachte glockenhell und ließ sich bereitwillig von ihm mitreißen.

Zu belanglosem Geplauder leerten sie die Sektflasche in Rekordzeit, und danach schaffte Adriana es zuverlässig, alle Gedanken an die blöde öffentliche Reaktion aus seinem Kopf zu vertreiben. Nur einmal, als er das warme Licht im Wohnzimmer gedimmt hatte und sie sich über ihm bewegte, da schimmerten ihre Haare rötlich und ungebeten waren in seinem Kopfkino wieder die Bilder von vorhin. Er änderte die Position, drehte sie herum, sodass er über ihr war, grinste sie verwegen an und vergrub den Kopf an ihrem Nacken. Denn wenn er nackt war, konnte er Gedanken an Cookie wirklich nicht gebrauchen.

***

HENRY

Es passierte nicht oft, dass Henry seinem Zeitplan hinterherhinkte, doch wenn, dann meistens an Tagen, an denen Meiko vorlesungsfrei hatte und ihn nicht aus dem Bett lassen wollte. Sie liebte es, morgens zu kuscheln und zu knutschen, und weil sein schlechtes Gewissen ihn ohnehin die ganze Zeit auffraß, machte er dann eben mit. Nun, als er mit Tee im Thermosbecher vom Haus in die direkt anschließende Garage hastete, ärgerte er sich über sich selbst. Nicht nur, weil er generell nicht gern spät dran war, sondern weil es jetzt, da ohnehin so viel negative Aufmerksamkeit auf ihm lag, so eminent wichtig war, einen guten Eindruck zu machen. Und Momo war das beste Beispiel dafür, dass ein Mangel an Pünktlichkeit dafür nicht förderlich war.

Er war so sehr in Gedanken versunken, dass ihm die Menschen auf der Straße vor seinem Haus erst auffielen, als am Rande seines Blickfelds ein Blitzlicht aufleuchtete. Sein Kopf flog herum und instinktiv trat er auf die Bremse. Es war so absurd, dass er es nicht glauben konnte, doch er war einigermaßen sicher, sich das hier nicht einzubilden. Paparazzi. Es waren ernsthaft Fotografen hier, warteten vor seinem Haus auf ihn, lichteten ihn ab, wie er im grünen *Peaks*-Hoodie mit unordentlichen Haaren in seinem Auto saß. Er lachte, weil das besser war, als in Tränen auszubrechen. Das konnte doch nicht wahr sein. Es waren nicht viele, doch sie waren aufdringlich, und erst als der Erste von ihnen die Fahrertür schon fast erreicht hatte, begriff Henry, dass er hier wegmusste.

Also gab er Gas, dass die Reifen quietschten, und sah zu, dass er wegkam. Fuck. Fuck! Was zur Hölle hatte Momo da angerichtet mit seinem losen Maul?

Momo.

Scheiße.

Hoffentlich ging es dem gut. Er friemelte sein Handy aus der Mittelkonsole und schickte ihm eine Sprachnachricht. „Momo, bei mir waren fucking Paparazzi, pass auf dich auf, ja? Bis gleich.“

Scheiße, das konnte doch alles nicht wahr sein. Scheiße, scheiße, scheiße. Er dachte an gestern, seinen kleinen *Zwischenfall* auf dem Parkplatz. Er durfte nicht zulassen, dass es ihn noch einmal so mitnahm.

Nicht, wenn er gleich der Mannschaft, dem Coach, den Fans am Trainingskomplex gegenübertreten würde. Niemand durfte etwas ahnen. Er stand über dieser Sache. Er würde weder seine Freundschaft zu Momo noch seine Karriere gefährden, weil er seine albernen, unerwiderten Gefühle nicht unter Kontrolle hatte. Und alle Angst, alle Sorge, würde er für sich behalten. Das ging niemanden etwas an.

Am Trainingskomplex war mehr los als gewöhnlich. Als er ausstieg, waren vereinzelte Pfiffe zu hören, gemischt mit aufgeregten Rufen. Henry zog unwillkürlich den Kopf ein und eilte ins Gebäude, wollte nichts mehr, als von der Meute wegzukommen. Gott. Würde das jetzt den Rest der Saison so gehen? Wie es schien, wurden jene, die glaubten, was das Internet ihnen vorsetzte, immer mehr. Das Gegenstatement des Teams hatte überhaupt nichts gebracht.

Der Eindruck, in einer Parallelwelt zu stecken, verdichtete sich, als er die Tür zur Umkleide aufstieß, denn Momo war vor ihm da. Henry blinzelte irritiert, denn das war noch nie vorgekommen. Dann musste er unwillkürlich grinsen, denn Momo steckte offensichtlich fest, Kopf und Arme in seinem Shirt verheddert, sein von Tattoos überzogener Oberkörper wie auf dem Präsentierteller. Henry ließ den Blick hungrig darüber wandern, über die starke Brust, den muskelbepackten Bauch. Den Sixpack, der in dieser Position wie ein Relief aussah.

So sehr Momo darüber scherzen mochte, Henry übertreibe mit dem Training, so sehr achtete er selbst auf seinen Körper. Sie waren nur unterschiedlich. Henry musste schnell und wendig sein, sich um Verteidiger herumwinden und Bälle fangen. Momo brauchte einen muskulösen Oberkörper, um die Bälle übers Feld schleudern zu können, stark und sehnig.

Henry schluckte und dann machte er schnell einen blöden Spruch, wie er es immer tat, wenn er nicht wusste, wie er sonst mit seinen Gefühlen umgehen sollte. „Na, das nenne ich mal 'ne Begrüßung. Wäre nicht nötig gewesen, aber ich weiß es zu schätzen."

Momo fuhr zusammen, dann wurden seine Bewegungen hektisch und schließlich zog er sich das Ding über den Kopf, das Gesicht rot und die weißblonden Haare in Unordnung geraten. „Nur für dich, Sweetheart", sagte er und klang so cool, als hätte er alles genau so geplant. „Du hast ein bisschen mitgenommen ausgesehen gestern, da habe ich gedacht, du kannst 'ne Aufmunterung vertragen."

Henry grinste und ging zu ihm, ließ sich auf die Bank fallen, wo sein Spind direkt neben Momos lag. Für den Moment war die Welt da draußen vergessen. Betont abschätzig ließ er den Blick über Momos Körper wandern, sah ihm dann wieder ins Gesicht. „Na ja", machte er mitleidig, „ein bisschen erheiternd ist der Anblick wirklich."

Ein Blick tiefster Empörung machte sich auf Momos Gesicht breit. Schnell zog Henry seinen Hoodie und sein Shirt aus und warf beides in seinen Spind, um sein Grinsen zu verbergen. Momo war ein sehr gutaussehender Mann, doch aus irgendeinem Grund löste Henry Komplexe in ihm aus. Es war so leicht, ihn zu ärgern. Und gleichzeitig war das eine gute Ablenkung, eine Möglichkeit, ihn offensichtlich anzusehen und doch seine wahren Gefühle zu verstecken.

„Ey!", machte Momo jetzt prompt, während Henry in seinen Spind griff, um die bereitliegenden Trainingsklamotten hervorzuholen. „Ich glaube, es hackt!"

Mit dem Trainingsshirt in der Hand tauchte Henry wieder aus seinem Spind auf und grinste ihn an, zerzauste ihm wie beiläufig die Haare. Eine weitere Sache, die Momo ärgerte und die Henry deshalb umso lieber tat. Dass er Momo so nahe sein konnte, war ein angenehmer Nebeneffekt.

„Schon gut, Momo." Meist wusste Henry die Ehre zu schätzen, Oliver so nennen zu dürfen, doch hin und wieder eignete der Name sich hervorragend dafür, ihn zu ärgern. Es schwang immer ein Hauch von Kleinkind mit Sprachfehler darin mit, und Momo hasste es, wenn man ihn in einem bestimmten Tonfall aussprach.

Entsprechend schnaubte er nun wütend und schlug Henrys Hand beiseite. Gott, er war so berechenbar. „Spinnst du, manche von uns geben sich Mühe mit ihrer Frisur, ja?"

Nun musste Henry wirklich lachen. „Das ist das Ergebnis, wenn du dir Mühe gibst?", fragte er, denn sonderlich beeindruckend war der verwuschelte Schopf wirklich nicht. „Wie siehst du denn dann bitte aus, wenn du frisch aus dem Bett gefallen bist?"

Wie so oft wechselte Momo die Taktik und tat, was am besten funktionierte, um Henry aus dem Konzept zu bringen; er wurde anzüglich. „Wenn du das wissen willst, sag Bescheid", sagte er und zwinkerte ihm zu. „Lässt sich einrichten."

Es war ein Geplänkel, wie sie es schon Tausende Male geführt hatten, und normalerweise wäre Henry jetzt rot und verlegen geworden und hätte das Thema gewechselt. Heute hingen die Worte noch einen Moment zwischen ihnen, bekamen mit jedem Wimpernschlag, der verstrich, mehr Gewicht. Als Henry den Blick hob und Momo in die Augen sah, stand die Luft zwischen ihnen unter Spannung. Etwas war anders als sonst in Momos Blick und der hatte über die Jahre schon wirklich viele Anspielungen gemacht. Diesmal wirkte er zum ersten Mal so, als steckte mehr als nur ein Scherz dahinter.

Die Tür öffnete sich und ausgerechnet Kapitän Carter kam herein. Sie zuckten beide zusammen und fuhren auseinander, und das sah nun natürlich richtig beschissen aus. Der Moment war so schnell vorbei, wie er gekommen war, und während Carter sie mit missbilligenden Blicken traktierte, fragte Henry sich, ob er ihn sich nicht eingebildet hatte.

WENN SIE ÜBER UNS REDEN

OLIVER

Oliver war schlecht gelaunt. Nein, das stimmte nicht, er war ... seltsam gelaunt. Definitiv nicht gut. Er hatte ungewohnte, sehr sexuelle Träume gehabt, in denen Cookie die Hauptrolle gespielt hatte. Das war neu und komisch und es nervte ihn, dass all das, was um sie herum passierte, sein Unterbewusstsein so beeinflusste.

Und dann gab es da noch das andere Thema, das zu seiner nicht-schlechten-aber-seltsamen Laune beitrug: die unfassbare öffentliche Aufmerksamkeit, die sich auf Cookie und ihn konzentrierte. Auch heute hatten Fotografen vor seinem Haus gewartet, sogar ein Fernsehteam – was erwarteten sie? Dass er händchenhaltend mit Cookie nach draußen trat?

Am Trainingskomplex war die Menschenmenge sogar noch größer, so groß, dass der teameigene Security-Dienst begonnen hatte, Bereiche abzusperren. Oliver wollte ihnen ein lässiges Lächeln schenken – den einen frech hochgezogenen Mundwinkel, der immer funktionierte und den er über die Jahre perfektioniert hatte – , doch es ging nicht. Er war zu überwältigt.

Gestern war ihm alles noch unwirklich vorgekommen, doch nun wiederholte sich der Irrsinn und er begriff, dass es wirklich passierte – dass er eine Lawine losgetreten hatte. Er hob eine Hand, hoffte, dass es aussah wie ein Gruß, nicht wie eine abwehrende Geste. Als ihm das Zittern auffiel, ließ er sie schnell wieder sinken und eilte zur Umkleide.

Plötzliche Stille senkte sich über den Raum, als er eintrat, und er atmete tief durch. Es nahm also auch hier kein Ende. Natürlich lästerte das Team jetzt über Cookie und ihn. Hatte er ernsthaft gedacht, es wäre nicht so? Natürlich ließen sie sich von dem Wahnsinn anstecken, obwohl es bisher niemanden gestört hatte. Er ließ den Blick durch den Raum schweifen, blieb an Cookies noch leerem Spind hängen, dann an Carter, der ihn süffisant angrinste. „Da ist ja der Mann der Stunde", sagte er, als ob Oliver das hier gewollt hatte, als ob er es *genoss*.

„Was ist eigentlich dein Problem, Mann?", schnauzte er ihn also an, und als Carter nur lächelte, machte er einen Schritt auf ihn zu. „Hm? Willst du es mir nicht wenigstens ins Gesicht sagen?"

Colbert, ihr Cornerback – fast einen Kopf kleiner als Oliver, aber arrogant für zwei –, machte ein abfälliges Geräusch und Oliver wirbelte zu ihm herum. Er hielt eine Zeitung in der Hand, *Sizzle*, das verdammte Hetzblatt. Eine nationale Zeitschrift, die sich für keine reißerische Überschrift zu schade war. Sein eigenes Gesicht lachte ihm von der Titelseite entgegen; *Gerüchte bestätigt!* prangte darüber. Oliver wurde augenblicklich schlecht. Wenn sich diese Aasgeier des Themas angenommen hatten, war es kein Wunder, dass die Aufregung immer größer wurde. Scheiße.

In dem Moment betrat Cookie den Raum, schon umgezogen, sein Gesicht blass, die Augen voller Sorge. Er gab sich alle Mühe, gelassen zu wirken, doch Oliver durchschaute ihn sofort. Augenblicklich ließ er Colbert stehen und ging zu Cookie. Scheiß doch auf die anderen. „Hey", sagte er und sah Cookie in die Augen. „Bist du –"

Doch er kam nicht dazu, den Satz zu beenden, denn Carter stieß ein leises, verächtliches Lachen aus. „Also stimmt es, ja?"

Oliver schaffte nur einen einzigen tiefen Atemzug, dann holte ihn die Wut ein. Er drehte sich wieder zum Kapitän um, die Faust geballt. „Was ist dein Scheißproblem, Mann? Glaubst du den Mist? Glaubst du, Cookie und ich knutschen heimlich in der Umkleide und ihr habt es alle nicht bemerkt, oder was? Glaubst du, wir vögeln unter der Dusche, wenn alle weg sind?" Es so auszusprechen, brachte Erinnerungen an seinen bescheuerten Traum zurück. Daran wollte er jetzt wirklich nicht denken.

Seine Faust wollte unbedingt in Carters Gesicht, doch noch bevor er sich hätte bewegen können, hörte er Cookies leise Stimme. „Und selbst wenn es so wäre", sagte der in die Stille hinein, die sich über sie gesenkt hatte, „hättest du ein Problem damit?"

Der Ausdruck in Carters Augen war Antwort genug, doch er ignorierte Henry komplett, sah wieder Oliver an. „Und, ist es so?"

„Das geht dich einen Scheißdreck an, du blödes homophobes Arschloch."

Nun machte Carter einen Schritt auf ihn zu, brachte sich in Reichweite, endlich. Bevor Oliver hätte zuschlagen können, packte Carter mit einer Hand sein Kinn, fixierte seinen Kopf. „Sag das noch mal, du –"

„Carter, lass gut sein", erklang Deacons tiefe Stimme von seinem Platz neben der Tür und Carter verstummte. Der Einwurf seines Stellvertreters hatte ihn vermutlich an seine Kapitänspflicht erinnert, für Einigkeit im Team zu sorgen – nicht das Gegenteil.

Carter und Oliver standen einander stumm gegenüber, der Hass aufeinander in den Augen des anderen gespiegelt. Alles in ihm schrie danach, sich auf Carter zu stürzen, ihm die blöde Fresse zu polieren und ihn büßen zu lassen für das, was er sagte, was er dachte. Er hätte es tausendmal verdient.

Doch Cookie ging es nicht gut und der war wichtiger als Carter. Es kostete Oliver alle Selbstbeherrschung, doch er riss sich los und spuckte noch nicht mal aus, als er Carter den Rücken kehrte. Stattdessen setzte er eine – wie er hoffte – komische Grimasse auf und verdrehte demonstrativ die Augen, als er sich wieder zu Cookie drehte.

Als er seinen Freund erreichte, drückte er seine Schulter. Der dankte es ihm mit einem Grinsen – schwächer als sonst, doch er strengte sich offensichtlich an, einen Anflug von Normalität heraufzubeschwören. Wenn sie sich beide füreinander zusammenreißen konnten, dann mussten sie das irgendwie schaffen. Oliver grinste zurück, so gut er konnte, und nahm sich vor, sich komplett auf das Training zu konzentrieren. Scheiß auf Colbert, scheiß auf Carter, sie waren nicht wichtig.

***

Es wurde besser, als sie zum Training nach draußen gingen; das wurde es immer. Sobald seine Füße Rasen betraten, wurde etwas in ihm ruhig, das sonst ununterbrochen stürmte. Der Geruch von frisch geschnittenem Gras und die Bewegungen mit dem Ball waren, wofür Oliver lebte, wofür er alles andere unterordnete. Auch das Feiern, auch die Frauen. Er atmete tief durch, als die Sorgen und die ungewohnte Angst ein Stück von ihm abfielen, und kreiste mit den Schultern.

Deacon schob sich neben ihn und stupste ihn an. „Alles gut?"

Oliver warf ihm einen kurzen Blick zu und zuckte mit den Schultern. „Passt schon", sagt er. „Auf dem Platz sowieso, weißt du doch."

„Lass dich nicht ärgern." Deacons dunkle Stimme hatte von jeher beruhigend auf Oliver gewirkt und sie verfehlte auch heute ihre Wirkung nicht.

Er atmete tief durch. Deacon hatte recht, er wusste das ja. Es war nur so verdammt schwer in den letzten Tagen. „Gib mir noch 'ne Minute oder so", sagte er schließlich und schloss für einen Moment die Augen. „Wird schon werden."

Und natürlich wurde es das. Die Bewegung draußen, die Arbeit mit dem Ball, die Automatismen, die griffen, als er die gewohnten Abläufe durchlief – sie schafften es, dass er für die Dauer der Trainingseinheit alles Unangenehme der letzten Tage vergaß. Auch mit Colbert und Carter hatte er einen Nichtangriffspakt, solange sie auf dem Platz standen, unausgesprochen und schon immer gültig, denn sonderlich grün waren sie sich noch nie gewesen.

Er hatte sich mächtig ins Zeug gelegt, weil er dem Coach beweisen wollte, dass das ganze Drumherum ihn nicht belastete, weil er Ablenkung suchte von seinen kreisenden, düsteren Gedanken. Weil es ihm guttat. Am Endes des Trainings war er durchgeschwitzt und wieder guter Laune. Auch dass Cookie sich mehr als sonst von ihm fernhielt, tat seiner Stimmung keinen Abbruch. Oliver sah ihm zu, wie er zu den Duschen ging, wie so oft in eine Unterhaltung mit Kaminski vertieft. Dann half er ihrem Teamassistenten noch kurz dabei, alle Bälle einzusammeln, die sich im Laufe der Einheit über den ganzen Platz verteilt hatten, und joggte dann ebenfalls in Richtung Umkleide.

Das Adrenalin, das die körperlich fordernde Einheit durch seinen Körper pumpte, ließ ihn lange auf einer Welle der Zufriedenheit reiten. Doch als er die Umkleide betrat, nahm er aus dem Augenwinkel wahr, dass Colbert und einige seiner Kollegen aus der Defense beisammenstanden und ihn abschätzig musterten. Ernsthaft? Schon wieder? Er seufzte und warf einen unfreundlichen Blick über die Schulter, während er sich vor seinem Spind seiner Schuhe entledigte. „Was?"

Ein oder zwei seiner Kollegen hatten immerhin den Anstand, peinlich berührt wegzusehen, doch Colbert tat, als hätte er keine Ahnung, wovon Oliver sprach. „Was *was*?", hatte er die Dreistigkeit zurückzufragen.

Oliver seufzte. Die Wut brodelte langsam wieder in ihm, und eigentlich hatte er darauf so gar keine Lust. Er wollte doch nur seinen Job machen, Herrgott, war das denn wirklich zu viel verlangt? Cookie war noch unter der Dusche, also tat Oliver sein Bestes, ohne seinen guten Einfluss ruhig zu bleiben.

„Ich wundere mich nur, weil ihr mir so auf den Arsch glotzt", sagte er also betont lässig und machte ein paar Schritte auf das Grüppchen zu. Wenn sie die Situation plötzlich ernst nehmen wollten, bitte. Auch er konnte mitspielen. „Seid ihr diejenigen, über die die Zeitungen berichten sollten?"

Colbert lief rot an. „Das nimmst du zurück, du –"

Oliver war stolz auf sich, dass er ein Lächeln zustande brachte, statt dem Vollidioten eine zu schmieren, wie er es verdient hatte. Er hatte Colbert noch nie leiden können und kein Problem damit, dass es jetzt eskalierte. „Ja?"

Cookie und Kaminski kamen aus der Dusche in die Umkleide, lachend und flachsend, als wäre alles in bester Ordnung. Cookie tat erfolgreich so, als bemerke er die Auseinandersetzung gar nicht, die sich vor seiner Nase abspielte. Stattdessen schob er sich zwischen Oliver und Colbert hindurch, und allein der Anblick seines sommersprossigen Rückens half Oliver dabei, die Wut in sich abflauen zu lassen.

Cookie ließ sein Handtuch fallen, stand nun nackt neben Oliver, als wären sein Körper und dessen Nähe zu ihm nicht genau das, was in den letzten Tagen die Gemüter hochkochen ließ. Als wäre das hier ein ganz normaler Tag, an dem Nacktheit unter Sportlern Teil des Jobs war und kein potenzieller Aufreger. Oliver konnte nicht umhin, seine Nerven zu bewundern, die offenbar aus Stahl waren. Und den Blick über den Körper seines Freundes streifen zu lassen, nackt und nur nachlässig abgetrocknet, mit ein paar Wassertropfen, die sich hartnäckig auf der Haut direkt über der Hüfte hielten und die Sommersprossen darunter in den Fokus rückten. Mit Mühe widerstand Oliver dem Impuls, die Hand auszustrecken und sie zu berühren, das Wasser von Cookies Haut zu streichen.

Stattdessen drehte er Colbert und den anderen Kollegen demonstrativ den Rücken zu und streckte ihnen seinen eben noch so im Fokus gewesenen Hintern entgegen, als er sich seiner Unterwäsche entledigte. Scheiß doch auf die beiden. Einen Moment lang war er sich überdeutlich bewusst, dass Cookie und er nackt nebeneinanderstanden, dass es nicht mehr als einer halben Körperdrehung bedurfte, um sich aneinanderzupressen, Haut an Haut, Brust an Brust, Bauch an Bauch ...

Er schnappte sich ein Handtuch und machte sich auf zum Duschen.

Zum kalten Duschen.

Wo auch immer diese unmöglichen Gedanken plötzlich hergekommen waren, er verbannte sie ganz schnell wieder an genau diesen Ort. Er hatte sich wirklich zu sehr von allem um sie herum beeinflussen lassen.

***

HENRY

Meiko und er saßen beim Frühstück, als es an der Tür klingelte, und sie fuhren beide zusammen, sahen einander besorgt und überrascht an. So früh kam keine Post, Handwerker waren nicht angekündigt. Es war doch nicht die Presse? So aufdringlich konnten sie nicht sein. Das Team hatte schon offiziell bestätigt, dass

Momo und er kein Paar waren. Mehr gab es zum Thema nicht zu sagen. Egal, wie oft nachgefragt wurde.

Mit einem Seufzen erhob Henry sich. Die Kamera zeigte, dass es Momo war, der draußen stand, und er öffnete erleichtert die Tür.

„Morgen", sagte Momo und zog einen Mundwinkel hoch, und auch nach all den Jahren schaffte er es mit einer so winzigen Bewegung, alles in Henry auf den Kopf zu stellen. Doch ein Schatten lauerte in seinen Augen, der sonst nicht dort war. Henry sah ihn einen Moment forschend an, dann zog er ihn erst ins Haus und dann in seine Arme. Was war los? Warum war er hier? Warum war er so *früh* hier?

„Störe ich?" Momo klang flapsig und unbekümmert wie eh und je, doch mit einem Unterton, den Henry nicht kannte, dunkel, traurig, ein Zeichen dafür, dass die letzten Tage nicht spurlos an ihm vorbeigegangen waren.

„Immer", sagte Henry und grinste. „Weißt du doch."

„Hätte ja sein können, dass Mei dir gerade das Hirn aus dem Leib vögelt." Momo grinste zurück und zwinkerte ihm zu, und Henry stieg zu seinem Ärgernis Hitze in die Wangen.

„Es gibt bessere Wege, den Tag zu starten", sagte er aber nur. „Frisches Omelett zum Beispiel. Komm rein, ich mache dir eins." Einladend nickte er in Richtung der Küche.

„Besser als Sex?" Momo zog die Augenbrauen hoch. „Schwierig."

Er wollte mit Momo nicht über Sex reden, vor allem nicht, wenn der so dicht vor ihm stand. Also verdrehte er die Augen, um zu verbergen, was eigentlich in seinem Kopf ablief. „Du bist so oberflächlich. Es gibt tausend Sachen, die besser sind als Sex.“

Momo schnaubte. „Dann hast du bisher definitiv mit den falschen Leuten geschlafen.“ Er sagte es leichthin und doch erstarrte Henry, kam nicht gegen sein Kopfkino an, und schluckte schwer. Momos Blick flackerte zu seinem, und Henry fürchtete, dass er den Hunger darin gesehen hatte, den er nicht schnell genug wieder unterdrückt hatte. Sie starrten einander an, als hätte die Bemerkung ihnen die gleichen mentalen Bilder vorgegaukelt. Als läge deshalb plötzlich Spannung zwischen ihnen, die über freundschaftliches Necken hinausging.

„Honey?“ Meis Stimme riss sie aus ihrer Starre. Henry fuhr ertappt zusammen. „Was ist denn – Oliver!“ Sie lächelte. „Du wach, zu dieser Uhrzeit?“

Momo grinste sie an, als hätte es den spannungsgeladenen Moment nicht gegeben. Vielleicht hatte Henry ihn sich nur eingebildet. „Wollte Cookie abholen“, sagte er und legte den Arm um Henry, sodass der schon wieder zusammenzuckte. „Persönlicher Escortservice und Futter für die Paparazzi. Zwei Fliegen, eine Klappe.“

Meis Augen ruhten einen Herzschlag lang auf Henrys Gesicht, und er verspürte den unbändigen Drang, einen Schritt von Momo wegzumachen. Doch dann lachte sie. „Na, zu so einem Angebot kann er ja gar nicht Nein sagen. Magst du vorher noch frühstücken?“ Sie wies einladend hinter sich. Mit einem Nicken schob Momo sich an Henry vorbei auf sie zu, strich mit seinen Fingern dabei federleicht über seine Seite, als wäre es keine Absicht, und ließ Henry aufgewühlt und verwirrt zurück.

***

Er war so gefangen in seiner eigenen Gedankenwelt, seinen heftigen Empfindungen, dass ihm erst klar wurde, was für eine dumme Idee Momo da gehabt hatte, als es schon zu spät war. Dass sie nun zusammen beim Trainingsgelände aufkreuzten, nach allem, was passiert war, kam komplett falsch rüber. *Futter für die Paparazzi,* hatte Momo es vorhin leichthin genannt, und sie hatten darüber gelacht. Als das Blitzlichtgewitter sich nun in verdreifachter Intensität über sie ergoss, sobald sie den Trainingskomplex erreichten, bereute Henry, nicht separat gefahren zu sein. Das verfestigte doch jetzt nur die Gerüchte.

Ein schneller Seitenblick zu Momo, der so tat, als wäre er entspannt, doch Henry sah, wie angespannt sein Kiefer war, wie weiß die Fingerknöchel der Hand, mit der er das Lenkrad seines Sportwagens umklammerte. Was für ein Mist. Hatten denn nicht langsam alle genug von dem Thema? Es ging an keinem von ihnen spurlos vorüber, und die so wichtige Konzentration des Teams litt.

Momo hatte seinen Blick gespürt und schenkte ihm ein Lächeln, das so kläglich wirkte, dass Henry ihn am liebsten in den Arm genommen hätte. Doch natürlich ging das nicht. Es ging überhaupt nicht mehr, dass sie sich nahekamen, ohne dass alle Welt das sezierte und mit Bedeutung vollpumpte. Momo rollte auf seinen Parkplatz, durch dichtgedrängte Menschenmengen hindurch, die von der teameigenen Security mehr schlecht als recht zurückgehalten wurden. Sie schwiegen, als sie ausstiegen, von Lärm und Blitzen überrollt

69

wurden, und dann, sobald sie im Gebäude waren, von alles überlappender Stille. Diese hielt nicht lang an. Conny stand im Eingangsbereich und hatte auf sie gewartet. Angst füllte Henrys Bauch, und Momo zog scharf die Luft ein und murmelte: „Fuck.“

Sie sah von einem zum anderen, lächelte schwach und machte eine auffordernde Geste mit dem Kinn, dann ging sie davon. Wenn sie direkt zum General Manager bestellt wurden, dann sicher nicht für gute Nachrichten.

Der letzte Rest von Henrys Hoffnung verabschiedete sich, als Hammond seine Bürotür öffnete. Er sah aus, als wäre jemand gestorben. „Mosley. Cook.“ Er machte eine einladende Handbewegung, doch schaffte es kaum, seine höfliche Fassade aufrechtzuerhalten, wirkte abgekämpft und erschöpft. „Nur herein.“

Sie ließen Conny grußlos im Flur stehen und traten ein. Wie würde die nächste Katastrophe aussehen? Denn dass das, was bisher passiert war, nun Konsequenzen haben würde, stand außer Frage. Wie schlimm würde das alles hier für sie enden? War seine Karriere als Footballprofi jetzt, in diesem Moment, schon beendet?

Wie schon vor ein paar Tagen nahmen sie an dem runden Konferenztisch Platz, doch diesmal waren sie nur zu dritt. Hammond wollte also keine Zeugen. Beinahe hätte Henry aufgelacht vor lauter Verzweiflung.

„Wissen Sie“, brach Hammond schließlich das Schweigen und nahm die schmale Brille ab, fuhr sich mit der Hand über die Augen. „Mir bereitet große Sorge, was die letzten Tage passiert.“

„Wir dagegen haben jeden Tag Freudentänze aufgeführt“, sagte Momo. Henry war ihm so dankbar für den Kommentar, dass er ihn hätte küssen können. Während er selbst vor Angst erstarrte, war Momo wütend. Das war gut, das war produktiv. Nicht so nutzlos wie er selbst.

„Mosley.“ Der Ton des Managers schaffte es nicht einmal ganz zu einer Ermahnung. „Ich weiß doch.“ Ein Seufzen, dann sah er sie direkt an. „Dass wir uns in einer besonderen Situation befinden, ist uns allen klar. So kann es nicht weitergehen. Ich schätze Sie beide als sehr intelligent ein – ja, wirklich, Mosley – und möchte Ihnen daher die Wahrheit sagen.“

Henry schluckte und schloss die Augen.

„Die Wahrheit“, fuhr Hammond fort, „ist, dass für mich das Team immer an erster Stelle steht. Das ist mein Job. Und ich tue mein Bestes, das zu mit dem vereinen, was das Beste für die Angestellten ist. Aber das funktioniert nicht immer. Und ich habe mir zahllose Stunden, Tag und Nacht, den Kopf darüber zerbrochen, wie ich Sie beide am besten schütze. Und gleichzeitig das Wohl des Teams im Fokus behalte.“ Hammonds Blick wanderte durch die Fenster nach draußen, zum wolkenverhangenen Himmel. „Wir spielen eine fantastische Saison, die beste seit vielen Jahren. Sie beide hatten maßgeblichen Anteil daran. Die noch ausstehenden Spiele sind die bedeutendsten, die das Team je gespielt hat. Wir wissen nicht, ob wir diese Saison wiederholen können. Ob die Gelegenheit, die Playoffs zu erreichen, noch mal kommt. Und jeder Einzelne hier im Team muss alles daransetzen, diesen Traum zu erreichen.“

Henry hatte plötzlich Tränen in den Augen und sah schnell ebenfalls nach draußen, damit die anderen es nicht bemerkten. Er wollte nicht traurig sein. Er wollte wütend sein, so wie Momo, voller Hass auf alle. Die Scheißtränen konnten ihm gestohlen bleiben. Und doch schnürte tiefer, beißender Schmerz ihm die Kehle zu und Sehnsucht wollte sein Innerstes nach außen ziehen.

„Der Rummel lässt nicht nach und wir gehen nicht davon aus, dass er rechtzeitig vor dem nächsten Spiel abflauen wird. Wir gehen unter in Anfragen und Anrufen. Die gesamte Administration des Teams beschäftigt sich nur noch damit, und Head Coach Thompson hat mir berichtet, dass die Konzentration im Team leidet.“

Henry blinzelte energisch.

„Im Interesse des Teams, und natürlich zu Ihrem Besten, haben der Eigentümer und ich beschlossen, Sie aus der Schusslinie zu nehmen und Sie beide bis zum Ende der Saison nicht mehr für den Kader zu berücksichtigen – unabhängig davon, ob wir die Playoffs erreichen oder nicht.“

Momo machte ein eigenartiges Geräusch, als hätte er ein Schluchzen gerade noch heruntergeschluckt, und Henrys Welt schwankte um ihn herum. Football war alles, was er kannte, alles, was er konnte. Wie sein Leben ohne diese Konstante aussehen sollte, wusste er nicht.

Es war totenstill im Raum, nichts war zu hören außer Henrys hektischen Atemzügen. Momo saß stocksteif neben ihm, die Hände zu Fäusten geballt, die Augen dunkel und unlesbar.

„Ich weiß, dass das nicht gerecht ist", sagte Hammond irgendwann. „Und ich wünschte, wir müssten nicht auf Sie verzichten. Sportlich ist es eine Katastrophe, so kurz vor den Playoffs unseren Quarterback und unseren sichersten Ballfänger einzubüßen. Wir werden Ihre Touchdowns und Ihre gute Spielführung vermissen. Menschlich ist es natürlich auch schmerzhaft", beeilte er sich dann, hinzuzufügen. Als ginge es ihm darum. Als hätte irgendetwas in dieser Situation mit ihnen als Menschen zu tun. Sie waren nur Figuren in diesem perversen Schachspiel. „Doch ich hoffe, dass Ihnen die Ruhe guttut und dass wir uns wieder auf das Wesentliche konzentrieren können. Wir werden diese Neuigkeiten in wenigen Minuten öffentlich machen. Ich bitte Sie, das Trainingsgelände nun wieder zu verlassen und bis auf Weiteres nicht wieder zu betreten."

Henry rührte sich nicht, und auch Momo blieb wie erstarrt sitzen. Er wollte nicht, aber er konnte auch nicht. Er war wie verwachsen mit seinem Stuhl.

„Es tut mir leid", sagte der Manager schließlich leise. „Wir tun das, was aus unserer Sicht unvermeidlich ist. Und ich bin sicher, dass wir Sie zum Minicamp im Juni wieder bei uns haben werden. In der Zwischenzeit bitte ich Sie, sich aus der Öffentlichkeit zu halten."

Momo stand abrupt auf und stürmte aus dem Raum, ohne Hammond noch einmal anzusehen. Henry erhob sich, gab noch ein paar höfliche Phrasen von sich, die seine Erziehung ihm so eingebläut hatte, dass sie sogar in dieser Situation ganz automatisch kamen, und dann folgte er Momo.

Mit einem leisen Klicken fiel die Tür hinter ihnen ins Schloss und sie waren allein.

Allein und arbeitslos.

Die Stille breitete sich zwischen ihnen aus. Weil Momos Augen in Tränen schwammen und er selbst nicht wusste, wie er mit der Situation umgehen sollte, sagte Henry irgendwann: „Tja. Schöne Scheiße, ne?"

Momo lachte, hörte prompt wieder auf, als das Geräusch zum Weinen zu werden drohte, und warf sich stattdessen Henry an den Hals. Sie waren gleich groß, sodass Momo sich verdrehen musste, um sein Gesicht in Henrys Nacken zu vergraben. Sein Schwung ließ Henry einen Schritt nach hinten taumeln, doch er hielt ihn fest, krallte die Finger in sein Shirt, als gäbe es nichts anderes auf der Welt, und so verharrten sie. Lange.

„Ein Spruch", flüsterte Momo irgendwann voller Bitterkeit. „Ein Scheißspruch von mir und jetzt sind wir hier. Es tut mir so verdammt leid, Cookie, bitte, es tut mir leid. Hasse mich nicht, ja?"

Henry schnaufte und sein Herz schmerzte. „Lieber mit dir hier als ohne dich im normalen Leben", sagte er und meinte jede Silbe so. Auch wenn das hier nichts war, was er jemals in seinem Leben erwartet hätte – er war dankbar, Momo an seiner Seite zu haben. Sicher, Hammond hatte davon gesprochen, dass sie zur nächsten Saison wieder dabei wären. Doch war das sicher? Wer wusste schon, ob die Gerüchte wieder aus dem Fokus rücken würden, so wie sie alle es hofften? Oder ob die Welt sie nie wieder mit den gleichen Augen sehen würde?

Allein wäre er dem Untergang geweiht. So konnte er sich wenigstens noch an seinen Freund klammern und hoffen, dass sie es schaffen würden, einander zu retten.

„Du und ich gegen den Rest der Welt."

Und so blieben sie eine ganze Weile stehen, ineinander versunken, dankbar, dass sie wenigstens nicht allein waren.

WENN WIR UNS NICHT HÄTTEN

HENRY

Am nächsten Morgen stand Momo erneut vor seiner Haustür, einen Football unter dem Arm, die Augen voller Chaos. Henry hätte beinahe gelacht, wenn nicht alles so verdammt beschissen gewesen wäre. Und weil Meiko längst in ihrer Vorlesung war und ihm nicht sagen konnte, dass er sich mal eine Pause vom Football gönnen sollte, zog er sich Schuhe an, schnappte seinen Schlüssel und kam mit.

Noch immer herrschte Schweigen zwischen ihnen, den ganzen Weg über, bis sie den kleinen Park, nur ein paar Straßen von Henrys Haus entfernt, erreichten. An diesem Vormittag unter der Woche war er zum Glück wie ausgestorben. Henry lehnte sich an eine Bank und sah Momo dabei zu, wie der den Ball rastlos von einer Hand in die andere warf.

Er hatte keine große Lust auf Football, wenn er ehrlich zu sich selbst war. Das war ihm noch nie passiert. Er hatte Football immer geliebt, mit allem, was dazugehörte. Dass er nicht mal auf diese reinste Form des Spiels Lust hatte, obwohl es nur sie beide waren, das sagte mehr über seinen aktuellen Zustand aus, als ihm lieb war.

Momo hatte seine Kunststückchen aufgegeben und der Ball lag reglos zu seinen Füßen, während er zu Boden sah. Ihr Schweigen drückte die Stimmung, oder vielleicht war es andersherum. Sie waren normalerweise gut darin, sich aus ihren jeweiligen schlechten Launen herauszuholen, vor allem Momo, der Henry eigentlich immer irgendwie ein Lachen entlocken konnte. Heute lastete die Realität zu schwer auf ihren Schultern.

Irgendwann atmete Momo tief ein, als wollte er etwas sagen, und dann unverrichteter Dinge wieder aus. Fuck. Wenn Momo mal die blöden Sprüche ausgingen, war die Lage wirklich ernst.

Henry seufzte. So konnte es nicht weitergehen. Sie sollten wenigstens Football spielen. Wenigstens das sollten sie sich nicht nehmen lassen. Wenn schon das Drumherum weggefallen war, die Mannschaft, das Team, die Fans. Sie beide und ein Ball, das war doch alles, was sie brauchten.

„Na komm", sagte er also, seine Stimme rau, „gib den Ball her, damit wir spielen können." Er machte eine auffordernde Geste. „Deswegen sind wir doch hier, oder?"

Momo reagierte nicht, und Henry stützte sich auf, drückte sich von der Bank weg. Bevor er seinen Freund erreicht hatte, schüttelte der den Kopf. „Nein."

Henry hielt inne, unsicher, ob er sich verhört hatte. „Nein?", fragte er. „Was soll das heißen, nein?"

Endlich hob Momo den Kopf und sah ihn an. Ein Abklatsch des üblichen mutwilligen Funkelns stand in seinen Augen. „Komm und hol ihn dir." Besitzergreifend stellte er einen Fuß auf den Ball.

Henrys Mundwinkel zuckte und sein Herz flatterte. Gott, dieser Scheißkerl. Wie schaffte er es, sogar in einer solchen Situation frech zu sein? Dann straffte er sich innerlich. Was Momo konnte, konnte er schon lange. Und er schuldete es ihm, sich auf dieses Spielchen einzulassen. „Komm und hol ihn dir?", wiederholte er also und legte Spott in seine Stimme, den er nicht fühlte. „Wie alt sind wir, zwölf?"

Momo zuckte unbeeindruckt mit den Schultern und das Funkeln in seinen Augen wurde intensiver. „Schon klar. Du hast Angst vor meiner überlegenen Stärke."

Ein Lachen entkam Henry. „Deiner ... pfff. Ich glaube eher, du hast Angst, ich merke, dass du überhaupt nicht stark bist." Und als Momo eine Grimasse schnitt, wusste Henry, dass es nur den Weg nach vorn gab.

„Okay, das reicht." Mit Leichtigkeit schnappte er den Ball unter seinem Fuß weg.

Momo eroberte ihn prompt zurück, als hätte er nur auf Henrys Attacke gewartet. „Wie gewonnen, so zerronnen", flötete er und dann klemmte er den Ball unter den Arm und flüchtete, weil Henry zum Angriff überging.

Es entwickelte sich ein Kampf zwischen ihnen – wie so viele andere, die sie bereits ausgefochten hatten –, der langsam, aber sicher die dunklen Wolken aus ihren Köpfen, ihren Herzen vertrieb.

Irgendwann gewann Henry die Überhand, wie fast immer, wenn Oliver nicht mit dreckigen Mitteln kämpfte. Doch Momo war natürlich nicht bereit aufzugeben und balancierte den Ball auf einer Hand über dem Kopf, um ihn außer Reichweite zu bringen. Henry presste ihn an einen kahlen Baum, im Versuch, den Ball zurückzuerobern. In voller Länge drückten sich ihre Körper aneinander und Henry angelte mit einer Hand nach dem Spielgerät, erwischte es schließlich und schlug es Momo mit einem triumphalen Laut aus der Hand.

Schwer atmend standen sie sich gegenüber, Nase an Nase, und Momos Augen hatten beinahe ihr altes Strahlen zurück. Henrys Zunge fuhr über seine Lippen, sein Atem schwer, und Momo starrte ihn an, als sähe er ihn zum ersten Mal. Hätte Henry es nicht besser gewusst, hätte er gedacht, Lust in seinem Blick zu sehen. Sein Bauch kribbelte, doch er wischte den Gedanken beiseite, ärgerte sich über sein Wunschdenken, und nutzte die Gelegenheit, seinem unaufmerksamen Freund in den Bauch zu boxen. Der krümmte sich vor Überraschung und Schmerz, und Henry kicherte gehässig, auch wenn er Momo am liebsten geküsst hätte vor Dankbarkeit. Niemand sonst hätte es geschafft, ihn so aus seinem Loch zu holen, ihn sogar zum Lachen zu bringen.

Mit mehr Entschlossenheit, als er noch am Morgen für möglich gehalten hätte, nahm er sich vor, alles dafür zu tun, dass die negativen Gefühle ihn nicht noch einmal so überwältigten.

***

OLIVER

Am Samstag – dem Abend vor dem Spieltag, der ihn nichts mehr anging – saß Oliver abends neben seinem großen Bruder an der Theke einer Kneipe. Charlie und er hatten sich schon immer nahegestanden. Nur zwei Jahre Altersunterschied lagen zwischen ihnen, und seit sie beide alt genug dafür waren, gingen sie oft zusammen aus. Sie fanden immer Themen, und wenn sie wollten, arbeiteten sie gut als Team, um jeweils mit einer Frau im Arm nach Hause zu gehen.

Heute allerdings wollte Oliver vor allem eins: sich auskotzen. Bisher funktionierte es ganz gut und das pausenlos fließende Bier hatte sicher großen Anteil daran, dass Charlie seine ewigen Tiraden noch nicht langweilig geworden waren.

„Es ist doch einfach nicht fair", sagte Oliver nun also zum vermutlich hundertsten Mal, doch das machte es nicht besser. Die Situation war immer noch scheiße. Er war immer noch suspendiert und beim Team unerwünscht.

„Ich weiß", sagte Charlie ebenfalls zum hundertsten Mal und leerte sein Glas. Sie saßen am ruhigen Ende der Theke und konnten sich trotz der gut besuchten Kneipe gut unterhalten. Auch wenn sie das nicht mussten, denn was gab es schon Neues zu sagen?

„Ich habe doch nur einen Scherz gemacht in diesem Scheißinterview."

Charlie seufzte. Das war neu in dieser Unterhaltung, die sich bis dahin in all ihren Wiederholungen immer gleich abgespielt hatte. „Momo, mal im Ernst", sagte er und seine Zunge klang schon schwer. „Bist du wirklich überrascht, dass die Leute das glauben?"

„Dass Cookie und ich ein Paar sind?" Oliver schnaubte. „Ähm, ja? Eigentlich müssten doch alle wissen, dass ich auf Frauen stehe."

Charlie gestikulierte der Barkeeperin. Als sie nickte und sich wegdrehte, um noch mal zwei Bier zu zapfen, sagte er: „Ja, klar, du legst reihenweise Frauen flach, Casanova. Aber wie du Cookie anguckst …"

„Gott, nicht du auch noch." Oliver schüttelte langsam den Kopf, und als die Frau ihre Biere vor sie stellte, stierte er in sein Glas, als bärge der Schaum alle Antworten, die er brauchte. „Du bist doch sonst nicht so konservativ. Kann ich nicht 'ne Freundschaft haben mit einem Mann, die körperlicher ist als das, was die Leute gern hätten? Müssen wir deshalb sofort ein Paar sein?"

„Momo, glaub mir, ich bin der Letzte, der heteronormativ unterwegs sein will", sagte Charlie und hielt inne, als wäre er erstaunt, dass ihm das schwierige Wort so glatt über die Lippen gekommen war. „Wenn ihr Kumpels sein und dabei Händchen halten wollt und alles ist nur platonisch, mega für euch. Wenn es nichts zu bedeuten hat, dass Cookie der Einzige außerhalb der Familie ist, der dich Momo nennen darf, cool. Aber auch die besten Kumpel stellen sich nicht vor Kameras und erzählen der ganzen Welt, dass sie den anderen lieben. *Lieben.* Weißt du, was das für ein scheißgroßes Wort ist? Ich glaube, ich habe noch nie jemanden geliebt. Nicht im Beziehungssinn jedenfalls."

Oliver schnaubte nur. Charlie war doch genauso wie er, sie waren so aufgewachsen, mit jederzeit verfügbaren Umarmungen, Berührungen, Küssen, Liebesbekundungen. Es war eines der besten Dinge an ihren Eltern, fand er, dass sie ihnen das mitgegeben hatten. Charlie wusste, dass es nichts bedeutete. Dass Oliver so seine Zuneigung ausdrückte. Und dass er Cookie eben gern berührte. Und sicher, mit Cookie tat er das öfter als mit den anderen, aber war das so schlimm? Durfte er nicht einen besten Freund haben, den er lieber im Arm hielt als alle anderen?

„Du kannst mir nicht erzählen, dass du noch nie daran gedacht hast", sagte Charlie nach einer Minute des Schweigens, in der sie genüsslich das frische Bier getrunken hatten. „Cookie, meine ich. Er ist ein hübscher Kerl und du bist immer notgeil."

„Alter", sagte Oliver, schlug nach ihm – und verfehlte ihn. „Laber nicht." In seinem Kopf war das Bild von Cookie aus seinem Traum aufgeblitzt, diesem sehr sexuellen Traum, den er gehabt hatte und der ihn nachhaltig verwirrte. Von Cookie, der ihn an den Baum presste und sich über die Lippen leckte. Von Cookie, der nackt neben ihm in der Umkleide stand, nur eine kleine Drehung davon entfernt, seinen Körper zu berühren. Er biss sich auf die Unterlippe. Ja, okay, das ganze Chaos hatte sein Unterbewusstsein nicht unberührt gelassen. Na und? Das hieß gar nichts.

„Ganz ehrlich, ein heißer Kerl wie Cookie könnte ihn mir ruhig mal reinstecken", sagte Charlie da und Olivers Kopf ruckte hoch. Ein ungebetenes Kribbeln fuhr durch seinen Bauch. Dann begriff er den Sinn der Worte, die Charlie eben gesagt hatte. Hatte er sich verhört? „Guck nicht so, der hat diese krassen Muskeln an der Leiste, wo der Bauch noch mal so ein V macht. Finde ich scharf."

„Hä?", machte Oliver, wenig intelligent. Hatte er so viel getrunken, dass er sich Dinge einbildete? Er hatte seinen Bruder schon viele Menschen abschleppen gesehen, aber die waren immer weiblich gewesen. „Bist du jetzt schwul, oder was?"

Charlie seufzte. „Also, wer von uns ist jetzt konservativ? Sexualität ist ein Spektrum. Und ich weiß nicht, was ich bin … aber hundert Prozent hetero definitiv nicht."

Oliver starrte ihn fassungslos an.

„Verguckt habe ich mich bisher immer nur in Frauen", machte Charlie weiter und zuckte mit den Schultern. „Aber rumgemacht habe ich schon mal mit dem einen oder anderen Kerl, du nicht?"

Wieder durchzuckte eine Erinnerung Oliver, eine, die er noch viel tiefer vergraben hatte als die an Cookie. An den Homecoming-Ball in der Highschool, als er gerade mal sechzehn gewesen war. An Nick, der ein Jahr über ihm gewesen war und für den er heimlich geschwärmt hatte. An den Kuss, den Nick ihm im dämmrigen Licht der Party gegeben hatte, tief und leidenschaftlich, dass Oliver Hören und Sehen vergangen war.

Sein Körper hatte sofort mehr gewollt, doch sein Kopf hatte schon damals gewusst, wie gefährlich so eine Aktion für seine Karriere sein konnte. Also hatte er Nick von sich geschoben und sich nie wieder erlaubt, daran zu denken.

Bis jetzt.

„Rummachen? Doch nicht mit Cookie", sagte er schließlich ausweichend. „Der ist zu gut für mich. Und du glaubst nicht im Ernst, dass der so was jemals mitmachen würde."

Plötzlich grinste Charlie. „Das wirst du noch weniger hören wollen als den Rest, aber so wie du ihn anstarrst, starrt er manchmal dich an, wenn er glaubt, dass es niemand merkt."

Oliver lachte, schüttelte den Kopf und ignorierte das aufgeregte Kribbeln. „Du siehst Gespenster, alter Mann." Und dann, weil er auf das Thema wirklich keinen Bock mehr hatte, redete er schnell weiter. „Wie sieht es aus, ein Shot für uns zwei? Und dann ziehen wir weiter, irgendwohin, wo es ein paar hübsche Frauen für uns gibt?"

Charlie sah ihn noch einen Moment lang an, dann ließ er das Thema zum Glück fallen und nickte grinsend. „Wenn du zahlst."

***

Am Sonntagmorgen verabschiedete Oliver die Frau in seinem Bett, so schnell er konnte, und als sie weg war, stellte er sich lange unter die Dusche und nahm mehrere Schmerztabletten, bis er sich langsam wieder wie ein Mensch fühlte. Es war später Vormittag geworden, und er versuchte nicht daran zu denken, wo er jetzt eigentlich wäre. Wo er hingehörte: bei der Mannschaft, längst in Seattle, inmitten der letzten Vorbereitungen auf das Spiel. Wütend zerknüllte er die Tablettenpackung auf der Arbeitsplatte seiner Küche, als er daran dachte. Wie viel tausend Mal es ihm lieber gewesen wäre, seinen Job machen zu dürfen, als sich so leer und beschissen und nutzlos und einsam zu fühlen wie jetzt gerade. Von verkatert ganz zu schweigen.

Mit einem Seufzen schnappte er sich seinen Autoschlüssel. Er würde zu Cookie fahren, denn dem ging es bestimmt auch nicht gut. Und ihm ging es dafür umgekehrt immer besser, wenn er bei seinem Freund war.

Er hatte nicht erwartet, dass er vor einem leeren Haus stehen würde, und vor allem hatte er die Welle an Einsamkeit nicht erwartet, die über ihm zusammenschlug, als ihm klar wurde, dass Cookie nicht da war. Nicht mal Meiko war da. Tränen standen ihm plötzlich in den Augen, die er gar nicht gebrauchen konnte, und er war kurz davor, unverrichteter Dinge wieder nach Hause zu fahren. Doch der Drang, Cookie zu sehen, mit ihm zusammen ihre beschissene Situation zu monieren, war stärker.

Immerhin war keine Presse mehr hier, um seine Schmach mitanzusehen. Jetzt, da sie suspendiert waren, gaben sie vermutlich keine gute Story mehr ab. Also setzte er sich auf die flachen Granitstufen vor Cookies Haustür, kuschelte sich in seine Jacke, drehte sein Gesicht in die schwache Dezembersonne und wartete.

Der Kater musste ihn trotz des ungemütlichen Wetters zu einem Nickerchen verleitet haben, denn er wurde wach, als er Cookies Stimme hörte. „Wow, siehst du scheiße aus", klang es von über ihm. Oliver blinzelte. „Warst du saufen?"

Cookie stand vor ihm, Helm auf, in einer Hand das Fahrrad, in dunkelgrüner, verboten enger Fahrradkluft. Seine Locken quollen unter dem Helm hervor, seine muskulösen Beine waren mit Matsch bespritzt. Olivers Mund wurde trocken und er musste sich räuspern. „Danke für die nette Begrüßung", motzte er.

Cookie grinste und tätschelte ihm den Kopf, als er an ihm vorbeiging und das Fahrrad in die Garage brachte. „Immer gern. Alles gut bei dir? Warum bist du denn hier?"

Plötzlich kam Oliver sich albern vor. Cookie hatte, natürlich, die bessere, gesündere Methode gefunden, mit seinen Gefühlen umzugehen. Er hatte Sport schon immer als Katalysator genutzt – nicht umsonst sah er so aus, wie er eben aussah. Im krassen Gegenzug dazu war er hier, verkatert und verunsichert, traurig und einsam und wütend, wie ein Teenager.

Das Schweigen zwischen ihnen wuchs, und Cookie ging vor ihm in die Knie. Besorgt musterte er ihn, mit grauen Augen, die dank des grünen Trikots wie moosbewachsene Steine in der Sonne aussahen. Waren ihm Cookies Augen früher schon so aufgefallen?

„Scheißtag heute, hm?", sagte Cookie schließlich. „Bei mir auch." Er stand wieder auf und streckte Oliver die Hand hin, um ihn hochzuziehen. „Komm, wir gehen rein. Ich muss nur schnell duschen, dann machen wir es uns gemütlich. Bisschen zocken? Wärme dich etwas auf, bis ich wieder da bin."

Wie dankbar Oliver ihm dafür war, dass er ihn verstand und ihn nicht dafür verurteilte, dass er nicht so erwachsen mit seinen Problemen umgehen konnte, wie er sollte. Stumm nickte er und achtete ganz bewusst nicht darauf, wie der vorausgehende Cookie in seinem hautengen Jersey aussah.

Wenn ihr fummelt, dann nur jugendfrei
Henry

Er hatte viele Nachrichten bekommen seit ihrer Freistellung, eigentlich schon, seit die ersten Berichte aufgetaucht waren. So viele, dass er sie ignorierte, solange sie nicht gerade von Momo oder seiner Mutter stammten. Er hatte nicht die Kraft, ihnen allen zu antworten, ihnen die immer gleiche Lüge aufzutischen: dass alles

Quatsch war, dass es da keine Gefühle zwischen ihnen gab, dass er ein braver Hetero war, so, wie sie ihn alle wollten. Geglaubt hätten sie ihm vermutlich ohnehin nicht, denn wenn ihm eines klar geworden war, dann dass die Menschen sich ihre eigene Wahrheit zurechtzimmerten, so wie sie ihnen eben passte. Irgendwann hatte er keine Lust mehr gehabt, immer weiter zu lügen. Es war einfacher, die Nachrichten unbeantwortet zu lassen.

Und so lag er nun allein vor seinem Fernseher, weil er Mei genötigt hatte auszugehen und Momo noch nichts von sich hatte hören lassen. Portland hatte am Sonntag gewonnen. Ohne Momo und ihn. Er hatte sein Bestes getan, die Berichterstattung zu vermeiden, denn natürlich drehte sich alles um ihre Suspendierung und die Gründe dafür und den Erfolg des Teams auch ohne ihren Beitrag.

Als er dann also am Tag nach dem Spiel eine Nachricht von einem Seattle-Spieler auf seinem Handy aufleuchten sah, war er drauf und dran, sie zu ignorieren. Doch Liam Evans hatte mit Momo und ihm auf dem College gespielt. Vielleicht hatte er wenigstens etwas Nettes zu sagen.

Liam
Hey Cookie, voll schade, dass ihr beim Spiel nicht dabei wart. Hatte mich so darauf gefreut, deinen Lauf zu stoppen und dich ordentlich umzusensen vor unserer Endzone!

Henry lächelte und wollte das Handy eben weglegen, um die Nachricht unbeantwortet stehen zu lassen, auch wenn diese immerhin einen anderen Inhalt hatte als jene, die vor Neugier nur so getrieft hatten.

Doch dann kam noch eine Nachricht hinterher, die ihn unwillkürlich auflachen ließ.

Liam
Ach, scheiße, Chance vertan. Ich hätte flachlegen schreiben sollen statt umsensen! Ich Idiot.

Vielleicht täte ihm Ablenkung ganz gut. Und mit jemandem zu sprechen, der nicht Mei oder Momo war. Also richtete er sich auf und tippte eine Antwort.

Henry
Das war die erste Nachricht zu diesem beschissenen Thema, die mich zum Lachen gebracht hat. Danke dafür, Mann.

Liam
Immerhin einer, der mich lustig findet.

Wie geht's dir?

Henry setzte mehrfach zu einer Antwort an und löschte sie dann wieder, wollte erst ein plattitüdenhaftes „Gut" schreiben, doch das war ihm zu weit weg von der Wahrheit. Dann überlegte er, ehrlich zu sein, aber so gut kannten Liam und er sich auch wieder nicht. Sie schrieben gelegentlich zu Geburtstagen und wenn sie gegeneinander spielten, doch das war es dann schon. Der arme Kerl hatte es nicht verdient, seine emotionale

Breitseite abzubekommen, nur weil er gerade einsam war.

Henry
Hatte schon bessere Tage.

Auch diesmal dauerte es nicht lange bis zu einer Antwort.

Liam
Ach, shit. Tut mir so leid, dass ihr das so voll abbekommt.

Das ist doch nicht fair. Selbst wenn es wahr wäre, können die Leute sich doch mal zusammenreißen.

Es stimmt doch nicht, oder?

Henry
Nope.

Liam
Sorry, das war dämlich von mir. Hängt dir wahrscheinlich mega zum Hals raus das ganze Thema. Wollte eigentlich nur sagen, egal ob es stimmt oder nicht, wenn du mal reden magst, immer gern.

Nun lächelte Henry doch wieder. Liam war eben im Grunde seines Herzens ein netter Kerl. Und einer der wenigen, die explizit gesagt hatten, dass es ihnen egal wäre – nicht selbstverständlich in dieser NFL, wie er hatte feststellen müssen.

***

Waren im Vorfeld des Spiels gegen Seattle die Stunden noch langsam dahingeschlichen, weil er sich mit den Gedanken an seinen verlorengegangenen Alltag quälte, schlich sich in den folgenden Wochen langsam eine neue Routine ein. Mei hörte auf, ständig besorgt um ihn herumzuschwirren, und konzentrierte sich wieder auf ihr Studium, wie sie es sonst auch getan hatte. Henry fand Wege, sich fitzuhalten, auch ohne das Training mit dem Team. Und Momo verbrachte jede freie Minute bei ihm.

Sie hatten nie darüber gesprochen, ließen es einfach so passieren. Gaben sich der Illusion hin, sie wären wieder in den Semesterferien, in denen sie auch ständig aufeinander gehockt hatten. Nur dass sie jetzt mehr Geld und weniger Hoffnung für die Zukunft hatten.

Die Rangeleien um den besten Platz auf dem Sofa waren noch immer die gleichen, auch die intensiven Duelle in diversen Autorennen auf der PlayStation und Momos generelle Unlust zu Sport, wenn er nicht musste.

Überhaupt steckte Momo in einem Stimmungstief. Die Situation warf ihn spürbar aus der Bahn, mehr als Henry selbst, der erwartet hatte, am Boden zerstört zu sein. Football zu spielen, war immer sein Traum gewesen. Doch nun hatte er Momo, der mit einer bisher unbekannten Verunsicherung all Henrys Aufmerksamkeit in Anspruch nahm.

Nicht, dass Momo auch nur einen Pieps dazu gesagt hätte, dazu war er zu stolz und zu störrisch. Das musste er nicht, Henry kannte ihn in- und auswendig. Er sah den Schatten in seinen Augen auch dann, wenn er lachte wie immer, bemerkte sein gesteigertes Nähebedürfnis, auch wenn er es hinter beiläufigen Berührungen versteckte.

Und genau das war es, was Henry so zu schaffen machte. Seit er zu den *Peaks* gekommen war, hatten sie viel Zeit miteinander verbracht, doch es waren kurze Begegnungen gewesen, um ihren Trainingsalltag herum untergebracht. Diese durchgehende Nähe, wochenlang, ohne Einfluss von außen – es testete seine Selbstbeherrschung. So sehr er es liebte, unerwartet so viel Zeit mit Momo verbringen zu können, so sehr haderte er auch mit seinem Schicksal. War es denn fair, diesen Mann jeden Tag so nahe bei sich zu haben, dass er es bemerkte, als er sein Duschgel wechselte – und ihn dennoch nicht berühren zu dürfen? Es war bittersüß, so aufeinanderzuhängen und doch so meilenweit von dem entfernt zu sein, was er wollte.

Immerhin schaffte Henry es mittlerweile, im Gegensatz zu früher, Momo etwas entgegenzusetzen. So brachte er ihn dazu, jeden Tag mit ihm zusammen Sport zu machen, um sich in Form zu halten. Aus diesem Grund hingen sie meistens in seinem Haus ab, da Momo es nicht für nötig hielt, Sportequipment in seiner Wohnung zu haben.

Inmitten all der Veränderungen in seinem Alltag waren die Telefonate mit seiner Mutter eine beruhigende Konstante. Sie war kein einziges Mal von ihrem üblichen Turnus abgewichen, auch nicht, als die Dinge richtig hochgekocht waren. Und auch wenn er sich gewünscht hätte, dass sie sich während der schlimmen ersten Tage mehr gekümmert hätte, war es irgendwie schön, sich darauf verlassen zu können, dass wenigstens diese Sache gleich geblieben war.

Am Tag des ersten Playoff-Spiels – dem Tag, der für sie beide den größten sportlichen Erfolg ihrer Karrieren bedeutet hätte – sprachen sie morgens kurz miteinander, und sie beließ es wie immer bei oberflächlichen Fragen. Es passte zu ihrem Verhältnis, dass sie nicht in die Tiefe gingen und sie ihm glaubte, als er sagte, dass es ihm gut ging. Ob sie ahnte, dass es gelogen war? Fast wünschte er, sie hätte irgendwann einmal nachgefragt, ob die Gerüchte stimmten. Das wäre wenigstens irgendeine Art der Reaktion gewesen. Doch vielleicht war es ganz gut so – dann musste er ihr wenigstens nicht noch eine weitere Lüge auftischen.

Kurz nachdem Henry sein Telefonat beendet hatte, tauchte Momo mit einer neuen Frisur bei ihm auf. Henry lachte, weil es wieder mal so typisch war, wie unterschiedlich sie mit der ungewohnten Situation umgingen. Dann fuhr er Momo über die nun kurz geschnittenen, leuchtend blauen Haare, die nur an der Stirn noch in einer langen Strähne ins Gesicht fielen. Das kräftige Indigo ließ seine Wangenknochen hervortreten und die dunklen Augen samtig wirken. Er versuchte, sich nicht anmerken zu lassen, wie gut Momo ihm mit diesem Look gefiel. Insgeheim konnte er nicht aufhören, ihn anzusehen.

Stattdessen scheuchte er Momo zum Sport und betrachtete lieber seinen Hintern, während er Squats machte, denn das konnte Momo wenigstens nicht sehen, solange Henry hinter ihm stand.

Danach kochte er wie so oft für sie und sie aßen auf dem Sofa, während der Fernseher lief. Zuerst hatten sie sich wahllos durchs Programm gezappt, mittlerweile waren sie mitten in einem *Friends*-Marathon.

Eine Tüte Chips diente als Snack. Auf der Suche nach der bequemsten Position hatte Momo seinen Kopf irgendwann auf Henrys Oberschenkel gelegt, und die Chips balancierten gefährlich in dem Raum zwischen Momos Schulter und Henrys Oberschenkel. Jedes Mal, wenn Momo blind eine suchende Hand über den Kopf streckte, fürchtete – und hoffte – Henry, er könnte seinen Schritt erwischen statt der Chips. Es trug nicht dazu bei, dass er sich entspannte.

Sie hatten bestimmt schon fünf Folgen am Stück gesehen, ohne sich großartig zu bewegen, als die Haustür aufging. Henry fuhr innerlich zusammen und biss sich auf die Unterlippe. Shit. Meiko hatte er komplett vergessen – und zwar nicht nur, dass sie heute vorbeikommen würde, sondern ganz grundsätzlich, dass sie existierte. Er hatte in diesem Moment gelebt, in der warmen Schwere von Momos Schädel und ihren Fingern, die sich hin und wieder ganz „zufällig" in der Chipstüte berührten. Halbherzig schob er Momo von sich weg, doch der dachte gar nicht daran, sich zu bewegen, legte stattdessen den Kopf in den Nacken und grinste ihn frech an.

„Hey." Meiko steckte den Kopf zur Wohnzimmertür herein, die schwarzen Haare zum Pferdeschwanz gebunden und ein schickes Wollkleid an. Einen Moment lang betrachtete sie die Szene, die sich ihr bot, dann schüttelte sie den Kopf. Ein Grinsen spielte um ihre Lippen und ihr Ton war unbeschwert, doch Henry hatte trotzdem das Gefühl, dass sie etwas ahnte. Oder war es sein schlechtes Gewissen, das ihn so denken ließ?

„Wenn man euch so sieht, muss man sich nicht wundern, dass es Gerüchte gibt", sagte sie und Henry biss sich auf die Lippe.

So sehr die Umstände ihrer Suspendierung Momo mitnahmen, gegen seine schelmische Natur kam er offenbar nicht an. Nicht, wenn sie unter sich waren. Also grinste er und zwinkerte Henry demonstrativ zu, als wäre das alles nur ein Spiel. Irgendwie war es beruhigend, dass sich nichts zwischen ihnen geändert hatte.

„Wenn wir ein Paar wären, würde Momo besser auf mich achten", erklärte Henry in einem wohlkalkulierten Tonfall, der genau zwischen beleidigt und belustigt fiel. „Und nicht seinen Quadratschädel auf meinem Bein parken, obwohl das schon vor 'ner Stunde eingeschlafen ist."

„Ey!" Momo richtete sich voller Entrüstung halb auf und pikste Henry in die Seite. Dann sah er Meiko an. „Wenn wir ein Paar wären, würde der hier nicht so über mich reden."

Sie rollte mit den Augen. „Ihr zwei, also wirklich." Dann grinste sie. „Meinen Kopf hat er jedenfalls noch nie Quadratschädel genannt."

„Das wäre ja auch gelogen", beeilte Henry sich zu sagen. Sie warf ihm einen halb amüsierten, halb genervten Blick zu, der ihm sagen sollte, dass er sich jetzt auch keine Mühe mehr geben brauchte.

„Aber meinetwegen braucht ihr euch nicht streiten", sagte Momo und breitete die Arme aus. „Ich habe genug

Liebe für euch beide. Komm her, Mei, neben mir ist noch ein bisschen Platz." Einladend klopfte er auf die Stelle neben sich und zwinkerte ihr zu, doch sie schüttelte den Kopf.

„Sehr verlockend, aber danke. Ich bin eine treue Seele." Ohne zu ahnen, in welche Gewissensnöte sie Henry mit dieser schlichten Aussage stürzte, kam sie zu ihnen und drückte Henry einen Kuss in die Haare. Er legte seinerseits den Kopf in den Nacken und lächelte sie an, hoffte, sie las ihm die Schuld nicht vom Gesicht ab. „Freut mich, dass es dir gut geht", sagte sie etwas leiser. „Ich habe mir Sorgen um dich gemacht."

Und er hatte ihre Existenz vergessen. O fuck. Er war wirklich der schlechteste Freund der Welt. Er hatte sie überhaupt nicht verdient. „So gut es eben geht", sagte er aber nur und schenkte ihr ein Lächeln, das eher schlecht als recht gelang.

„Ich tue, was ich kann, damit es ihm gut geht!", mischte Momo sich wieder ein, unfähig, nicht Teil ihrer Unterhaltung zu sein, auch wenn sie ihn nichts anging.

„Keine Details bitte, ja?" Meis Tonfall war scherzhaft geworden und Henry schoss schon wieder das Blut in den Schädel beim Gedanken an das, was sie da andeutete. Natürlich war es nicht ernst gemeint, doch er durfte auf gar keinen Fall auch nur damit beginnen, sich das vorzustellen, oder es würde peinlich für ihn enden.

Auch Momos Wangen waren rot geworden, wie er mit einem Seitenblick auf seinen Freund feststellte, und sein typisches freches Grinsen saß etwas schief. Wahrscheinlich war es ihm peinlich, dass Mei ihm zutraute, solche Dinge zu tun. Doch er fing sich schnell wieder. „Du bringst mich auf Ideen, junge Frau", sagte er. „So etwas sollte ich versuchen, wenn Cookie mal wieder nicht so gut drauf ist."

„Bitte nicht", sagte Henry, dann zog er Mei an sich. „Mei, bitte sag ihm, er soll das nicht tun!"

Sie grinste wieder und nahm es als Scherz. „Da hörst du es, Momo", sagte sie also nur. „Wenn ihr auf diesem Sofa fummelt, dann bitte nur jugendfrei."

Momo lachte und Henry stöhnte und verbarg sein Gesicht in den Händen.

***

OLIVER

Meikos Kommentar zu den Fummeleien musste in seinem Kopf hängen geblieben sein, während der entscheidende Teil unbeachtet geblieben war. Jedenfalls erwachte Oliver schon wieder aus einem Traum, der definitiv *nicht* jugendfrei gewesen war, und auch wenn ihm die Details immer weiter entglitten, so war er doch sicher, dass Cookie eine Rolle gespielt hatte.

Das nervte ihn.

Es nervte ihn, dass er plötzlich solche Sachen träumte, dass ihm auffiel, wie hauteng Cookies Fahrradkluft saß, dass er immer hinsehen musste, wenn er oberkörperfrei, nur in locker sitzender grauer Jogginghose, nach dem Duschen für sie beide kochte. Es nervte ihn, dass sein Unterbewusstsein so auf all das ansprang, was um sie herum passierte. Und es schien keinen Unterschied zu machen, dass er weiterhin mit

Frauen schlief, wenn er die Gelegenheit bekam. Vielleicht hälfe es, wüsste er die Namen dieser Frauen und wären sie nicht eine lange Reihe austauschbarer Gesichter und Körper, die vor allem seiner Bedürfnisbefriedigung dienten.

Und apropos: Was auch immer diesen Traum ausgelöst hatte und was auch immer genau darin passiert war, er war noch immer geil. Also schnappte er sich sein Handy, rief seine liebste Pornoseite auf und nestelte sich in eine bequeme Position, schob das Kissen unter seinem Kopf zurecht und die Boxershorts beiseite, in denen er geschlafen hatte. Es würde nicht lange dauern, und ein schneller Orgasmus half bestimmt dabei, dass er sich besser fühlte.

Er rief ein beliebiges Video seiner liebsten Kategorie *Muscle* auf. In die muskulösen Männer, die es dort zu sehen gab, konnte er sich schon immer am besten hineinversetzen. Das langweilige Vorgeplänkel übersprang er und hielt erst wieder an, als die junge Frau fast nackt war. Die Kamera zoomte auf ihren entblößten Oberkörper, und statt auf ihre Brüste starrte Oliver auf die Sommersprossen auf ihrer Haut, die sich in Kolonien rund um ihre Schultern, ihr Schlüsselbein tummelten und zu tanzen schienen, wenn sie sich bewegte. Plötzlich war Cookie wieder in seinem Kopf, Cookie und die Sommersprossen auf seiner Haut, die aus dem Kragen seines Trikots krochen und sich seinen Nacken hinaufzogen.

Oliver blinzelte, schnalzte genervt mit der Zunge und tadelte sich selbst halblaut. „Alter ...“ Er musste damit aufhören. Mal ganz davon abgesehen, dass Cookie – außer Sommersprossen – mit dieser Dame nun wirklich so gar nichts gemeinsam hatte. Schon eher mit dem muskelbepackten Kerl, an dem sie sich abarbeitete. Ach, verdammt, jetzt war er raus, und der ungelenk wirkende Blowjob auf seinem Display half nicht. Entnervt drückte er auf Pause.

Ein Gedanke durchzuckte ihn und der war so unerhört, so komplett bescheuert, dass er ihn instinktiv direkt wieder verscheuchte. Trotzdem hinterließ er ein Kribbeln in ihm, und eigentlich war Oliver ein großer Verfechter davon, Dinge zu tun, die sich gut anfühlten – egal, ob andere Leute diese nun als *richtig* oder *falsch* ansehen würden. Und wenn sich das hier gerade gut anfühlte, warum sollte er es dann nicht zulassen? Was wäre so schlimm daran – dass es jemand erfuhr? Dass es ihm gefiel? Er schnaubte ein humorloses Lachen. „Schisser", murmelte er.

Alles, was zählte, war, dass er Bock drauf hatte, und das hatte er gerade, verdammt noch mal. Und da war es scheißegal, dass es das erste Mal in seinem Leben war, dass er genau *darauf* Bock hatte. Und dass er doch nicht ganz so immun gegenüber allem war, was um ihn herum passierte. Und dass es der Gedanke an Cookie gewesen war, der diesen Einfall ausgelöst hatte. Einen winzigen Moment lang zögerte er noch, trotz allem unsicher, und dann tippte er die Suche an und schrieb: *gay*. Ein langes Durchatmen, dann drückte er auf Enter.

Er sortierte nach der besten Bewertung und rief das erste Video auf, das ihm angezeigt wurde, bevor ihn der Mut verließ. Denn egal, wie oft er selbst sich sagte, dass er in seinem eigenen Bett und mit seinem eigenen Handy tun konnte, was er wollte – es war nicht zu hundert Prozent richtig. Im Gegenteil hatte er das Gefühl, hiermit alle zu bestätigen, die ihm und Cookie unterstellten, schwul zu sein.

Weiter kam er mit seinen Gedanken nicht, denn dieses Video startete mit zwei halbnackten Männern und Oliver war direkt gebannt. Woah. Der Anblick war seltsam vertraut, halbnackte, gut gebaute Männer waren schließlich etwas, das er in seinem Job jeden Tag sah – und doch war es in diesem Kontext neu. Die beiden standen sich in Sportshorts gegenüber, einer groß, blond, mit breiten Schultern und schmalen Hüften, der andere kaum kleiner, dunkelhaarig, etwas kompakter, mit breiter Brust. Noch während Oliver seine eigene Statur mit den beiden verglich und fand, dass er nicht so schlecht abschnitt, küssten sie sich schon und er zuckte zusammen. Trotz allem war er nicht vorbereitet gewesen, weder auf den Anblick noch auf das Kribbeln, das dieser in ihm auslöste. Und zwar nicht nur in seinem Bauch, sondern deutlich südlicher.

In Nahaufnahme berührten sich die beiden, Haut an Haut, Hände auf braungebrannten, glatten Flächen, Muskeln, wo Oliver bisher nur weiche Rundungen kannte. Unwillkürlich strichen seine Fingerspitzen über seinen eigenen Bauch. Wie es sich wohl anfühlte? Seine Augen schlossen sich für einen Moment, nur das leise Keuchen der Männer noch hörbar, und seine Finger strichen weiter. Der Blonde hatte ein bisschen was von Cookie, der athletische Oberkörper, das schmale Gesicht, auch wenn Cookie definitiv noch muskulöser war. Ganz ohne sein Zutun waren seine Finger weiter nach unten gewandert und schlossen sich um seinen Schwanz.

Als er die Augen wieder öffnete, kniete der Blonde schon vor seinem Partner, sah mit verheißungsvollem Blick nach oben und zog in einer fließenden Bewegung dessen Shorts nach unten. Oliver keuchte leise, während seine Finger fester zudrückten und sich bewegten. Der Blick des Blonden war voller Lust und gleichzeitig mit einer gehörigen Portion Schalk, als hätte er ein paar Ideen im Sinn, sein Gegenüber zu triezen. Olivers Daumen strich über seine Spitze, wo sich erste Feuchtigkeit sammelte.

Fasziniert starrte er weiter auf den Bildschirm, stöhnte leise, als der Blonde seinen Partner in den Mund nahm, mit offenbar größtem Vergnügen alles von ihm mit den Lippen umschloss, so dass seine Nase mitten in den kurzgeschorenen Schamhaaren des Dunkelhaarigen landete.

Oliver schloss die Augen wieder, während aus dem Video feuchte, gierige Geräusche drangen. Es bedurfte keiner großen Vorstellungskraft, sich in die Rolle des Dunkelhaarigen zu versetzen, sich auszumalen, er selbst wäre es, dessen Schwanz im Mund seines Partners steckte. Ob es anders war, wenn es ein Mann war, der vor einem kniete? Ob es besser war, wenn ihn ein Kerl blies, mit einem schelmischen Funkeln in den grauen Augen und Sommersprossen, die auf seinen Wangen prangten, während er kunstvoll die Zunge tanzen ließ? Ob es so gut war, wie er es sich in seinem Kopf ausmalte, feingliedrige Hände, die seine Hüften festhielten, breite Schultern, auf denen Oliver sich abstützen konnte, eine Hand in den roten Locken vergraben ...

Seine Augen flogen auf, als ihm schlagartig bewusst wurde, was genau er sich da vorstellte. Er schaltete das

Handy aus, wollte das Video nicht mehr sehen, doch er war zu nahe dran an seinem Höhepunkt, als dass er jetzt noch hätte aufhören können, erregt wie schon lange nicht mehr, und so ließ er die Bilder in seinem Kopf zu. Seine Hand bewegte sich immer schneller, während sich vor seinem geistigen Auge Cookies Wangen aushöhlten, als er an seinem Schwanz lutschte, und der Laut, der ihm entkam, als er sich Sekunden später in seine Hand ergoss, war triumphal und verzweifelt zugleich.

Er ließ den Kopf zurück ins Kissen fallen, Atmung und Herz noch immer rasend. Scham und beinahe so etwas wie Wut auf sich selbst keimten in ihm auf.

Er atmete tief durch, dann hangelte er nach der Packung Taschentücher, die auf seinem Nachttisch lag, und versuchte, sich zu beruhigen. Das konnte doch mal vorkommen. Das bedeutete gar nichts. Es war alles halb so wild. Es war nun einmal passiert, das ließ sich nicht ändern, aber es war eine einmalige Sache, die Oliver vergessen würde. Und damit war es gut.

WENN DIE WELT EINE BESSERE WÄRE

HENRY

Die *Peaks* hatten ihr erstes Playoff-Spiel auch ohne Momo und ihn gemeistert. Obwohl sie so taten, als existiere die NFL gar nicht, hatte sich der zweite Spieltag doch angeschlichen. Er war stetig näher gekommen, und sie hatten so getan, als hätten sie sich bewusst dafür entschieden, nicht zu arbeiten – nicht am wichtigsten Spiel in der Geschichte des Teams teilzunehmen. Doch auch alle gespielte Nonchalance hatte den Fortschritt der Zeit nicht aufhalten können.

Weil sie großartig und zu gut für ihn war, hatte Mei ihm eine Tasse Tee, Toast und Rührei gemacht und auf einem Tablett ans Bett gebracht. Sie wusste genau, wie es in ihm aussah, und die kleine Geste war ihre Art zu sagen, dass sie für ihn da war.

Es trug nichts dazu bei, dass er sich besser fühlte, denn alles, was er wollte, war Momo an seiner Seite. Das schlechte Gewissen fraß ihn förmlich auf, doch er konnte es nicht ändern. Sie war perfekt, in jeder Hinsicht perfekt, außer dass er sie nicht lieben konnte.

„Guten Morgen", sagte er nur, lächelte und fühlte sich so falsch. „Womit habe ich das denn verdient?"

„Du hast alle guten Dinge auf dieser Welt verdient“, sagte sie, setzte sich zu ihm und gab ihm noch einen Kuss. Und weil sie ihm offenbar ansah, wie unangenehm ihm die Situation war, grinste sie, schnappte sich ein Stück Toast und sagte: „Okay, außer diesem Toast. Den will ich.“

Henry schüttelte lächelnd den Kopf und fuhr sich mit den Händen in die Haare. „Danke. Dich habe ich definitiv nicht verdient.“ Und bevor sie widersprechen konnte, machte er schnell weiter. „Was hast du heute vor?“

Ihr Lächeln fiel kurz in sich zusammen, bevor sie sich wieder unter Kontrolle hatte. „Die Mädels haben mich eingeladen, zum Brunchen zu gehen“, sagte sie zögerlich. „Und dann ins Kino. Aber das könnte ich absagen, wenn du mich brauchst.“ Er wusste, dass es das war, was sie wirklich wollte: den Tag mit ihm verbringen. Und er wusste, dass er sie enttäuschte, wenn er ihre Unterstützung schon wieder ablehnte.

„Ich –“ Er brach ab, unsicher, wie er es ausdrücken sollte, ohne sie zu kränken. Er wusste zu schätzen, dass sie bereit war, für ihn ihre Tagesplanung über den Haufen zu werfen. „Das ist lieb von dir, Mei, aber –“

„Aber du willst lieber bei Momo sein?“ Es lag kein Vorwurf in ihrer Stimme, obwohl er beinahe wünschte, es wäre so. Ihm war sehr wohl bewusst, dass er sich nicht wie ein guter Freund für sie verhielt. Aber, Himmel, wenn er die Wahl zwischen Momo und jedem anderen Menschen auf der Welt hatte, würde er immer Momo wählen.

„Ich ... Na ja, du musst auch nicht deine Tagesplanung für mich ...“ Er brachte den Satz wieder nicht zu Ende, schob stattdessen Rührei auf seinen Toast, um sie nicht ansehen zu müssen. „Wie wäre es, wenn wir heute Abend irgendwo schön essen gehen?", schlug er dann vor, um sein Gewissen zu erleichtern. „Such dir was aus, worauf du Lust hast. Nur nicht zu zentral bitte." Denn dort wären die Portland-Fans unterwegs, um ihren Sieg zu feiern oder die Niederlage zu begießen, und das konnte er nicht ertragen.

„Okay, klar. Gern." Sie seufzte ergeben, dann stand sie auf und drückte ihm einen Kuss in die Haare. „Dann mache ich mich mal fertig. Kann ich dich hier allein lassen?"

Er warf ihr ein Grinsen zu, das strahlender war, als er sich fühlte. „Na klar. Momo kommt ja sicher bald."

***

Doch Momo kam nicht. Obwohl sie nie eine Zeit vereinbart hatten, war er sonst immer spätestens am späten Vormittag hier gewesen. Er reagierte nicht auf Henrys Nachrichten und Anrufe, und als Mittag vorbei war und Henry noch immer kein Lebenszeichen von ihm gehört hatte, beschloss er, zu ihm zu fahren. Nicht, dass etwas passiert war.

Das alte Fabrikgebäude mit der roten Backsteinfassade, in dem Momo wohnte, lag nahe am Fluss, und die Straße wirkte inmitten des Nebels beinahe gespenstisch. Die Tür im Erdgeschoss stand offen, sodass Henry nicht mal klingeln musste, sondern die Treppen bis in den fünften Stock hinaufeilte, ohne auf den immer etwas klapprigen Aufzug zu warten. Dann stand er vor der edlen mattgrauen Holztür, die Momos große, das ganze oberste Stockwerk einnehmende Loftwohnung versperrte.

Er klingelte, und obwohl er innen Geräusche hörte, machte Momo nicht auf. Was sollte das denn? Er klopfte. „Momo?"

Die Geräusche verklangen, dann näherten sich Schritte, doch die Tür ging nicht auf.

„Momo?" Henry legte die flache Hand auf das gebürstete Holz, als könnte er Momo so erreichen. „Alles okay bei dir?" Stille. „Ich mache mir Sorgen, Mensch, warum machst du denn nicht auf?"

„Lass mich in Ruhe, Cookie", sagte Momo irgendwann. Seine Stimme klang so nahe, dass Henry vermutete, er stand direkt auf der anderen Seite der Tür. „Ich bin heute zu nichts zu gebrauchen."

„Warst du das je?", fragte Henry reflexhaft und merkte dann selbst, wie unangebracht das gerade war. „Hey", sagte er also, deutlich sanfter. „Wenn es jemanden gibt, der dich in allen Stimmungslagen aushält, dann bin das ich. Also komm, lass mich rein."

„Nee. Ich bin gerade beschissene Gesellschaft."

Henry lächelte. „Dann mag ich dich doch sowieso am liebsten." Er wartete kurz ab, und als sich nichts tat, setzte er sich kurzerhand mit dem Rücken zur Tür auf den schicken schwarzen Fußabtreter. „Okay, du musst nicht. Aber ich bleibe trotzdem mal hier. Falls du mich später brauchst." Voller Sorge um den ungewohnt verschlossenen Momo zog er die Knie an und lehnte den Kopf zurück, bis er das Holz am Hinterkopf spürte.

Momo war lange still, doch das machte nichts. Henry hatte keine Pläne. Und er wusste, dass Momo ihn brauchte. Irgendwann hörte er ein leises Rascheln durch die Tür hindurch und ahnte, dass Momo sich gesetzt hatte. „Heute ist der beschissenste Tag seit Langem", sagte er irgendwann. Henry musste nicht fragen, was er meinte.

„Er ist ein bisschen weniger beschissen, weil ich bei dir bin", sagte er, ohne nachzudenken, und biss sich entsetzt auf die Lippe. Um Himmels willen, er konnte doch solche Sachen nicht so sagen! „Aber im Großen und Ganzen schon ziemlich zum Kotzen, ja."

„Die anderen lassen sich später auf dem Feld feiern", sagte Momo, ohne auf seinen fehlgeleiteten Kommentar einzugehen. „Die großen Helden, die es in die Playoffs geschafft haben. Hurra!" Auch durch die Tür gedämpft klang sein Lachen noch bitter.

Henry schluckte. Er hatte so erfolgreich verdrängt, was er heute verpasste. Was für ein wunderbarer Tag heute hätte sein können, hätten sich nicht alle gegen sie verschworen. „Ja", sagte er leise und tippte mit den Fingerspitzen leise auf seinen Unterarm, kleiner Finger, Ringfinger, Mittelfinger, Zeigefinger, Daumen, immer wieder. „Hurra für die Mannschaft."

„Stell dir vor, wie Carter sich heute feiern lassen wird", sagte Momo. „Der Arsch. Der Kapitän, der die Mannschaft zum Erfolg geführt hat, bravo! Dabei bist du derjenige, der die Scheiß-Touchdowns gemacht hat. Nicht er. Gott, ich möchte ihm die Fresse polieren."

„Ist schon okay. Er hat ja auch seinen Beitrag geleistet."

„Ja, Mann, aber du doch auch! Und ich! Und wir dürfen nicht feiern. Wir dürfen hier sitzen und sehen, wo wir bleiben." Ein lautes, dumpfes Geräusch, als hätte

Momo seine Faust gegen Wand oder Boden gerammt. „Es tut mir leid, Cookie. Echt."

„Leid?", wiederholte Henry. „Was um alles in der Welt sollte dir leidtun?"

„Na, ich bin doch schuld an dem Scheiß hier. Weil ich meine Fresse nicht halten kann."

Henry schnaubte. „Und wenn die Welt eine bessere wäre, würde niemanden interessieren, ob du mich nun liebst oder nicht." *Außer mich.* „Aber sie stürzen sich eben darauf wie die Geier."

Es war lange still, bis Henry plötzlich den Halt im Rücken verlor, weil sich die Tür öffnete. Er sah zu Momo hoch, der mit hängenden Schultern und einem so traurigen Blick dastand, wie Henry ihn noch nie gesehen hatte. Die blauen Haare nicht gestylt, die eine Strähne hinters Ohr geklemmt, wirkte er verloren und verunsichert, und Henrys Herz ertrug es nicht.

Hastig kam er auf die Beine. „Hey, Mensch." Alles in ihm sehnte sich danach, Momo zu berühren, ihn an sich zu ziehen und zu trösten, bis wieder der Kampfgeist in seine Augen trat, den Henry an ihm kannte. Doch er hielt sich irgendwie zurück, schaffte es, sich zu beherrschen.

Momo machte ein paar Schritte zurück, um ihn einzulassen, dann sah er Henry an und in seinen Augen schimmerten Tränen. „Aber ich habe dich ja lieb", sagte er voller Verzweiflung, als die Tür hinter Henry ins Schloss fiel. „Du bist mein bester Freund, Mann, und ich sage es dir nie, aber du –" Er brach ab. Sah Henry kurz an, sah wieder weg. Als wäre er schüchtern. Wäre die Situation eine andere, Henry hätte gelacht. Momo und schüchtern, das war wie Tag und Nacht.

„Du bist mein liebster Mensch auf der Welt", sagte Momo leise, und nun konnte Henry sich doch nicht mehr zurückhalten, streckte die Arme aus und presste ihn an sich.

„Du meiner doch auch, Mann", flüsterte er und strich über Momos Rücken. Und dann, weil an diesem beschissenen Tag sowieso schon alles egal war, erlaubte er sich etwas, das er sonst nie tat, und drückte ihm einen Kuss in die Haare. „Und ich könnte dir nie sauer sein wegen der ganzen Situation. Das ist nicht deine Schuld. Die da draußen, die kennen uns nicht. Die verurteilen uns nur. Aber wir haben uns."

Momo schniefte und ließ ihn nicht los, und in Henrys Augen brannten nun Tränen. Es war zu viel – das Ausgestoßensein, die Einsamkeit, die wiedererstarkten Gefühle für Momo. Er konnte nicht mehr und seine Tränen liefen.

Er wusste nicht, wie lange sie dort standen und in den Armen des anderen weinten, nur, dass es ihm guttat und er hoffte, dass es Momo genauso ging.

***

OLIVER

Das Ausscheiden der *Portland Peaks* in der zweiten Runde der Playoffs hatte Oliver fast schon emotionslos hingenommen. Für sein Leben machte es keinen Unterschied. Henry und er waren schließlich immer noch suspendiert. Irgendwie hatten sie sich in den Februar gerettet und lebten nun mit einem neuen Countdown – dem bis zum Beginn des Minicamps. Vier lange Monate lagen vor ihnen, in denen sie sich nicht mal mit Wohltätigkeitsveranstaltungen über die Zeit retten konnten, denn sie sollten sich ja aus der Öffentlichkeit fernhalten.

Eine Zeit lang hatte Oliver gedacht, es nicht auszuhalten, durchzudrehen mit dieser schrecklichen Situation. Seine Eltern waren eingesprungen und hatten ihn abgelenkt, hatten Cookie und ihn, Meiko und Charlie kurzerhand eingepackt und für einen Wochenendtrip zum Mount Hood entführt, wo sie wandern gingen, die Aussicht genossen und generell spürten, wie gut ihnen allen eine Pause von diesem neuen Alltag tat.

Gleichzeitig hatte die Auszeit mit seiner Familie Oliver auf eine Idee gebracht, die ihn den Großteil des Februars über beschäftigte. Er wollte Henry eine Freude machen, denn das schlechte Gewissen wegen der Suspendierung plagte ihn noch immer.

Sie waren zusammen mit den Rentnern der Stadt beim Frühschwimmen gewesen, waren Bouldern gegangen, und natürlich hatten sie ihren *Friends*-Marathon fortgeführt. Und insgeheim hatte Oliver Pläne geschmiedet, Flüge gebucht und Hotelzimmer organisiert, ohne sich etwas anmerken zu lassen.

Und nun war es Anfang März und er stand vor Cookies Haus, den Meiko extra abgeschwatzten Ersatzschlüssel in der Hand. Mei steckte im Prüfungsstress am College und würde später zu ihnen stoßen. Für den Moment aber war er allein. Er ließ sich selbst ins Haus und schlich zu Cookies Schlafzimmer.

Der lag noch im Bett und schlief, wie Oliver es gehofft hatte. Er nahm sich einen Moment, um seinen Freund zu betrachten. Blütenreine weiße Bettwäsche bildete einen Kontrast zu seiner dunkelroten Lockenflut, die sich darüber ergoss – himmlisch chaotisch im Vergleich zu seinem sonst so ordentlichen Wesen. Er lag auf der Seite und Oliver schlich sich näher, wollte ihn erst im richtigen Moment wecken. Henrys Wimpern waren lang. Das war ihm noch nie aufgefallen, doch nun warfen sie richtige Schatten auf seine Wangen. Oliver ging neben dem Bett in die Knie, bis er sich auf Augenhöhe mit seinem Freund befand. Dessen Lippen standen offen, voll und rot, und es wäre ein Leichtes, sich jetzt vorzubeugen und ihn –

Nein.

Er sah sich mittlerweile häufiger schwule Pornos an, als ihm selbst lieb war, aber das hier ging eindeutig zu weit. Pornos, das waren Hormone, Bedürfnisse. Was er hier beinahe gedacht hätte, das war mehr, das war tiefer und das wollte er nicht. Stattdessen streckte er die Hand aus und rüttelte seinen Freund an der Schulter. „Guten Morgen!", flötete er und tat sein Bestes, den komischen Moment von eben hinter sich zu lassen.

Henry grummelte und schlug langsam die Augen auf. „Momo?", murmelte er, die Stimme noch heiser vom Schlaf, und blinzelte ein paar Mal heftig. „Was?"

„Ist das deine sexy Stimme?" Oliver grinste. „Also, bei mir funktioniert sie."

Cookie stöhnte und setzte sich auf. „Wie kommst du hier rein?"

Strahlend hob Oliver den Ersatzschlüssel hoch. „Mei hat mich tatkräftig unterstützt. Aber keine Angst, ich habe ihr versprochen, dass ich angezogen bleibe, wenn ich zu dir ins Bett krieche. Von dir habe ich allerdings nichts gesagt." Sein eigener Scherz löste etwas in ihm aus, und Oliver war froh, dass Cookie sich in diesem Moment die Bettdecke über den Kopf zog und somit nicht sehen konnte, was in seiner Hose passiert war.

„Hhngh", machte Cookie und Oliver blinzelte zweimal heftig, um sich wieder auf Spur zu bekommen. Es half nun wirklich nicht, wenn er sich selbst Bilder im Kopf heraufbeschwor, noch dazu, wenn Cookie da war. Scheiße, er durfte nicht an einen nackten Cookie denken, der in diesem Bett lag, und was er alles mit ihm machen könnte. Nope. Definitiv würde er daran nicht denken.

„Warum bist du hier?", fragte Cookie schließlich, nachdem er wieder unter der Decke aufgetaucht war, und Oliver schenkte ihm ein kleines Lächeln.

„Auf dieser Welt? Um dich glücklich zu machen." Er hatte es so dahingesagt und bemerkte erst, als die Worte zwischen ihnen standen, dass ein ordentliches Stück Wahrheit darin steckte. Schnell machte er weiter. „Hier und jetzt? Auch, um dich glücklich zu machen." Er rappelte sich auf und winkte auffordernd. „Also komm, Faulpelz, raus aus den Federn. Wir haben viel vor heute!"

***

Es war ein schöner Märztag und schüchterne Frühlingssonne tauchte die Straßen von Old Town in fahles Licht. Erste Cafés waren mutig geworden und hatten Tische und Stühle nach draußen gestellt. Ein paar wenige Sonnenanbeter saßen auch schon darauf, und Oliver hielt zielstrebig auf ein Lokal zu, dessen zartgrün lackiertes Essmobiliar nahezu unbesetzt war.

„Wir gehen frühstücken?“ Henry klang immer noch skeptisch. „Und dafür musste ich früh aufstehen?“

„Tun wir“, bestätigte Oliver, „aber nicht allein. Ich hoffe, du freust dich.“ Cookie warf ihm einen prüfenden Blick zu, doch er lächelte nur. „Vertrau mir.“

Er konnte spüren, dass Cookie auf der Hut war und schob ihn vorwärts, lenkte ihn mit einer Hand auf seinem unteren Rücken. Henry blieb plötzlich wie angewurzelt stehen, hatte die Überraschungsgäste offenbar entdeckt. Dann sah er Oliver scharf an. „Was hast du ...“ begann er, unterbrach sich selbst, sah wieder zu den Tischen und blinzelte. „Das sind ... meine Eltern“, sagte er langsam, als begreife er es noch nicht so richtig. „Da sitzen meine Eltern.“ Er starrte Oliver an.

Der strahlte ihn an. „Überraschung!“ Innerlich weidete er sich an Cookies Gesichtsausdruck. Sein schlechtes Gewissen war für einen Moment ganz klein, überlagert von der Freude, etwas richtig gemacht zu haben. Cookie so aus der Fassung gebracht zu haben. „Komm, lass uns hingehen.“

Doch als sein Freund keine Anstalten machte, sich zu bewegen, obwohl Mr. und Mrs. Cook schon winkten, kamen ihm Zweifel. War er zu weit gegangen? Hätte er es nicht tun sollen? „Ist doch okay, oder?“, fragte er. „Du warst so traurig in letzter Zeit, ich habe gedacht, du brauchst eine Auf–“

Cookie zog ihn plötzlich an sich, umarmte ihn so fest, dass Oliver kurzzeitig die Luft wegblieb, und vergrub sein Gesicht an seinem Hals. Etwas überfordert hoffte er, dass das eine gute Reaktion war, und strich ihm sanft über den Rücken.

„Du bist verrückt", flüsterte Cookie, als er sich wieder von ihm löste, und sein ganzes Gesicht leuchtete vor Freude. „Momo, du bist ... Das ist so aufmerksam von dir. Ich weiß gar nicht –" Oliver liebte es, wie sehr er ihn durcheinandergebracht hatte. „Momo, du brauchst doch auch eine Aufmunterung, und ich habe gar nichts für dich!"

Unfassbar. Wieder einmal zeigte sich, dass Cookie der mit Abstand bessere Mensch war. In einer solchen Situation noch an ihn und sein Wohl zu denken, das war typisch für Cookie. „Meine Aufmunterung ist, dass du so glücklich bist", sagte er und lächelte, denn es stimmte. „Außerdem, erinnerst du dich, wie du vor meiner Tür gewartet hast, als es mir schlecht ging? Tu nicht so, als wäre das nichts gewesen."

Das Wissen, dass er etwas gefunden hatte, das Cookie so sehr zum Strahlen brachte, ließ ihn sich fühlen wie ein Welpe, der zum ersten Mal richtig apportiert hatte. Cookie drückte seine Hand voller Dankbarkeit und Oliver sagte: „Ich glaube, sie haben auf uns gewartet mit dem Essen. Schnell, dass sie uns nicht verhungern!"

WENN SIE ES WEISS, WER NOCH?

HENRY

Seine Eltern waren hier. In Portland. Es ging nicht in seinen Kopf hinein. Fast ein Jahr lang hatte er sie gebeten und immer wieder gefragt, ohne Erfolg. Und Momo hatte sie hierhergebracht. Offenbar lag es in der Familie, schwer Nein zu ihm sagen zu können. Es hatte vermutlich geholfen, dass er ihnen kurzerhand Hotel und Flugtickets gebucht und dann hartnäckig immer wieder nachgefragt hatte, bis sie beide Urlaub genommen hatten. Sie schwankten zwischen Belustigung und Genervtheit, als sie ihm die Geschichte erzählten, und das passte perfekt zu dem Momo, den er kannte.

Henry saß zwischen seinen Eltern, überragte sie beide um ein gutes Stück und konnte nicht glauben, dass sie hier waren. Seine Familie war nicht wie Momos, bei ihnen gab es keine lauten Liebesbekundungen oder ständigen Umarmungen. Doch seine Eltern zeigten ihre Zuneigung auf ihre eigene Art: indem sein Vater den Kragen seines Poloshirts zurechtrückte und seine Mutter ihm ständig Tee nachschenkte. Er kannte sie gut genug, um die Gesten zu erkennen und zu schätzen. Es bedeutete ihm die Welt, dass sie gekommen waren.

Nach dem langen, ausgiebigen Frühstück, während dem Momo sich erstaunlich gut im Hintergrund gehalten hatte, waren sie zu einem langen Spaziergang aufgebrochen. Erst durch Old Town und am Fluss entlang, dann langsam in Richtung des japanischen Gartens. In einem Café in der Nähe des Parks stieß Meiko zu ihnen und sie wärmten sich an ihren warmen Getränken auf. Mit jeder neuen Info zum geplanten Tagesablauf staunte Henry mehr darüber, mit wie viel Sorgfalt und Aufmerksamkeit Momo das alles geplant hatte. Und ohne dass Henry etwas geahnt hatte. Sein armes Herz hielt es kaum aus.

Als sie am späten Nachmittag zu einer Mikrobrauerei weiterzogen, stießen Momos Eltern und sein Bruder dazu. Die lose Bekanntschaft zwischen den Familien, die von den Familientagen am College herrührte, wurde vertieft und der Tag zu einer lauten, fröhlichen Angelegenheit – wie immer, wenn die Mosleys am Start waren. Seine Eltern waren ebenso wie Henry selbst keine Biertrinker, doch sie alle ließen sich von der Stimmung mitreißen und bestellten eine Runde. Familie Mosley orderte diverse Knabbereien dazu und Henry war dankbar für die Grundlage, denn der ungewohnte Alkohol stieg ihm schnell zu Kopf.

Meiko unterhielt sich blendend mit seiner Mutter und sein Vater war mit Rick und Frankie ins Gespräch vertieft. Momo saß ihm gegenüber und strahlte ihn immer wieder an, was – zusammen mit dem ungewohnten Alkohol – dazu führte, dass Henrys Magen in Aufruhr war. Der ganze Tag hatte ihn mit Glück geflutet – die Anwesenheit seiner Eltern und die Gelegenheit, ihnen endlich nahe zu sein, ebenso wie Momos so unerwartete Aufmerksamkeit. Charlie saß neben Momo und war ein ungewöhnlich stiller Beobachter, doch auch er grinste immer wieder in sich hinein.

Irgendwann entschuldigten seine Eltern sich, erschöpft von der ungewohnten Lautstärke und den vielen Eindrücken des Tages. Mei ergriff die Gelegenheit, sich ebenfalls wieder zu ihren Unterlagen zu verkrümeln. Charlie machte großes Gewese darum, mit seinen Eltern noch ein wenig länger bleiben zu wollen, und scheuchte Oliver und Henry mit einem Augenzwinkern davon.

Also traten sie zu zweit langsam wieder auf die Straße. Henry konnte nicht anders, als Momo lang und fest an sich zu drücken.

„Alter, danke noch mal, ne? Das war das beste Geschenk, das mir jemals irgendjemand gemacht hat."

Momos Hand legte sich auf seine Taille und er stupste ihn mit der Schulter an. „Dafür gibt's zum Geburtstag nichts, klar?"

„Scheiß auf Geburtstag, du schuldest mir die nächsten fünf Jahre keine Geschenke mehr." Henry seufzte glücklich und hielt sein Gesicht in die Abendsonne, die eben zwischen zwei Häusern hindurch lugte und genau auf sie fiel. „Du bist ... echt ..." Blinzelnd sah er zu Momo, der ihn mit abwartendem Blick ansah. „... der Beste", schloss Henry und ein Lächeln überzog das Gesicht seines Freundes.

Kein Grinsen, so wie sonst, ein richtiges, glückliches Lächeln, wie Henry es noch nicht oft an ihm gesehen hatte. Es machte ihn noch schöner, als er ohnehin schon war. Der Moment verflog und Momo verbeugte sich mit ausholender Geste. „Stets zu Diensten."

„Ernsthaft. Eigentlich müsste ich sauer sein, weil du mir das alles verheimlicht hast. Aber ..." Henry zuckte mit den Schultern. „Ich bin dir so mega dankbar. Ganz ehrlich, wenn es was gibt, was ich dir Gutes tun kann, dann sag es. Ich mache alles, egal was."

Ein eigenartiger Ausdruck überflog Momos Gesicht und sein Blick wanderte Henrys Körper entlang, so intensiv, dass all seine Nervenenden kribbelten, bevor er wieder auf seinem Gesicht landete. Er sah Henry einen Herzschlag länger, als unbedingt nötig gewesen wäre, in die Augen und biss sich auf die Unterlippe, dann grinste er und der Moment verging. „Okay, dann setz deine Unterwäsche auf den Kopf und kräh wie ein Hahn", sagte er. „Da drüben auf der Bank."

Henry lachte. „Okay. Nicht *alles*."

Momo stupste ihn wieder spielerisch in die Seite, und kurz war es still zwischen ihnen. Dann sagte er: „Komm mit mir tanzen."

„Was?" Das war nun wirklich nicht, womit Henry gerechnet hätte.

„Tanzen. Du und ich, wir suchen uns einen Club heute Abend. Nicht", fügte Momo mit einem Anflug von Bitterkeit hinzu, „den, in dem wir sonst immer gewesen sind. Diese Glückssträhne ist ja definitiv gerissen. Aber irgendwas anderes. Und dann haben wir Spaß zusammen, ich betrinke mich, du tust so, als ob du mitmachst, und bringst mich irgendwann nach Hause. Wie klingt das?"

„Deal, wenn du dafür keine Frau abschleppst", sagte Henry, ohne nachzudenken, und presste entsetzt die Lippen zusammen. Es hatte ihn nicht zu kümmern, was Momo mit Frauen tat.

Doch der legte den Kopf schief und lächelte ihn wieder so an. „Für was sollte ich eine Frau brauchen, wenn du doch da bist?" Das meinte er sicher nicht so, wie es bei Henry ankam, doch sein Bauch flatterte dennoch vor hoffnungsloser Verliebtheit.

***

Der Abend fühlte sich an wie ein Date und Henry entschloss für sich, das zu genießen. Er bezahlte das Essen bei ihrem Lieblingsvietnamesen, Momo kaufte ihnen die Drinks in der Bar, in die er Henry führte, und sie saßen an ihrem Tisch und redeten über alles und nichts. Henrys Glück darüber, seine Eltern gesehen zu haben, strahlte so stark ab, dass negative Gefühle dieses eine Mal keine Chance hatten. Der Cocktail, den er sich zur Feier des Tages gönnte, half ebenfalls dabei.

Als Momo ihn schließlich in den *Club Jolie* führte, war es dort schon gut gefüllt. Laute Gespräche und Musik umhüllten sie sofort, der Geruch von Schweiß und Alkohol überwältigend. Momo griff nach seinem Handgelenk und zog ihn mit sich durch die Menge, direkt auf die Bar zu. Henry atmete tief durch, konzentrierte sich auf das Gefühl von Momos warmer Haut auf seiner und ließ sich mitreißen.

Sie hatten zufällig eine Neunziger-Party erwischt, was es Henry einfacher machte, denn mit elektronischer Musik, die so oft in diesen Clubs gespielt wurde, konnte er wenig anfangen. Momo trank Wodka-Soda, Henry Virgin Mojito, und zum ersten Mal, seit er ihn kannte, sprach Momo mit keiner einzigen Frau, sondern richtete seine ganze Aufmerksamkeit auf Henry.

Er wusste nicht, womit er es verdient hatte, doch er bekam die volle Breitseite von Momo in seiner bezauberndsten Form ab: lachend, strahlend vor Energie, immer mit mindestens einer Hand an Henrys Körper. Seine Tanzbewegungen waren kraftvoll und sexy und nie weit von Henry entfernt. Kein Wunder, dass die Frauen reihenweise mit ihm nach Hause gehen wollten. Henry wollte nichts lieber, als ihm hier und jetzt die Klamotten vom Leib zu reißen. Doch natürlich hielt er sich zurück. So, wie er sich immer zurückgehalten hatte.

Momos Augen blitzten und seine Hand berührte Henry – am Arm, der Schulter, der Taille. Wirbelte ihn herum. Henry hatte keine Ahnung, warum Momo ihren Deal so interpretierte, dass er ihn statt einer Frau abzuschleppen versuchte, doch er würde sich nicht beschweren. Das hier war mehr, als er sich je erhofft hatte. Und irgendwann ging es nicht mehr. Irgendwann hatte Henry den Punkt erreicht, an dem er nicht mehr anders konnte, als Momo ebenfalls zu berühren. Der Alkohol spielte dabei sicherlich eine Rolle, machte ihn mutiger, als er sonst war, doch vor allem war es Momo, seine Nähe, sein so wunderschönes lachendes Gesicht. Wie konnte seine Selbstkontrolle da gewinnen?

Er legte die Arme um Momos Schultern und zog ihn an sich, so eng, dass sie sich auf ganzer Länge berührten. Stirn an Stirn, Brust an Brust, Schritt an Schritt. Tanzende Lichter tauchten den Raum um sie herum in ein buntes, unscharfes Meer an Farben. Lauter Bass ließ sein Herz rasen. Henry biss die Zähne zusammen, um irgendwie den Impuls zu kontrollieren, jetzt die

Hüften zu bewegen. An Momo zu stoßen. Himmlische Reibung zu spüren. So zu tun, als hätten die tanzenden Menschen um sie herum ihn näher zu ihm geschubst.

Das musste er das nicht einmal, denn Momo war unter seiner Berührung ganz ruhig geworden und die Lebendigkeit seiner Bewegungen schmolz dahin. Ersetzt wurde sie von einer Anschmiegsamkeit, die Henry fast um den Verstand brachte. Momos Hände legten sich um seine Hüften und hielten ihn – fest, aber ohne Druck. Er wiegte sie hin und her, vollkommen gegen den Rhythmus des Eurodance-Lieds, das über sie hinwegschmetterte.

Henry konnte kaum atmen, wusste kaum, wohin mit sich. Seine Haut brannte, wo Momos Hände ihn durch den Stoff seines Shirts hindurch berührten. Zwei Finger seiner rechten Hand hatten sich unter den Saum geschlichen und lagen direkt auf Henrys Haut, warm und sicher und zu viel für Henry – zu viel, viel zu viel, und doch nicht genug.

Das Lied endete und nun dröhnte *I Want It That Way* aus den Boxen. Sie waren sich so nahe, dass Henry Momos Lächeln spüren konnte, und dann legte Momo den Kopf schief, sodass sie Wange an Wange tanzten. Das leichte Kratzen seiner Bartstoppeln war so ungewohnt und so *gut.* Der Gedanke daran, wie sich dieses Kratzen wohl an anderen Stellen seines Körpers anfühlen würde, ließ Henrys Hose eng werden.

Momos Lächeln wurde breiter, denn natürlich spürte er das, so eng, wie sie noch immer beieinanderstanden. „Cookie", flüsterte er und Henry fühlte das Wort mehr, als dass er es hörte. Sein Herz raste, als stünde er kurz vor dem entscheidenden Touchdown im Super Bowl.

Er war unfähig, sich zu rühren, gefangen im Zauber dieses Augenblicks, dieser Verheißung.

Momo zog seinen Kopf zurück, doch nur so weit, dass er ihn ansehen konnte, und ihre Blicke verfingen sich ineinander. Er hatte Momo noch nie so gesehen, die braunen Augen so warm und weich, wie geschmolzene Schokolade. Momo biss sich auf die Lippe und sein Blick wanderte zu Henrys Mund.

Der schluckte trocken, gefangen in diesem Moment wie ein Reh im Fernlicht, und dann torkelte ein Betrunkener in sie hinein und sie stolperten zu dritt ein paar Schritte, ehe sie sich fingen. Ihre Verbindung war unterbrochen, und nachdem sie den jungen Mann seiner Freundin zurückgegeben hatten, sahen sie einander verlegen an. Schließlich grinste Momo, als wäre nichts gewesen, und tanzte allein weiter, und Henry fragte sich wieder einmal, ob er sich das alles nicht nur eingebildet hatte.

***

In all den Monaten, die sie zusammen waren, war Henry noch nicht oft in Meikos WG gewesen. Zu sehr schätzte er die Ruhe seines Hauses nach den stressigen Tagen voller Training und Reisen. Doch heute musste es sein. Er konnte nicht warten, bis sie zu ihm kam, denn er schuldete es ihr, ehrlich zu sein. Ihr reinen Wein einzuschenken. Wenigstens jetzt.

Genau genommen war nichts passiert. Doch zum ersten Mal in seinem Leben war er dicht dran gewesen, es zu riskieren. Alle Vorsicht in den Wind zu pfeffern und sich das zu nehmen, was er wollte. Und was er wollte, war nicht Mei. Das hatte er immer gewusst. Sein schlechtes Gewissen, weil er sie vom ersten Tag an so belogen hatte, war sein ständiger Begleiter gewesen. Nun fraß es ihn fast auf, dass er ihr etwas vorspielte und sie zurückhielt, echtes Glück zu finden. Natürlich liebte er Mei. Mei war großartig. Nur liebte er sie nicht *so* – nicht, wie er Momo liebte. Nicht, wie sie es verdiente.

Die perfekte Liebesstory, die Meiko und er nach außen hin darstellten, hatte nie wirklich existiert, und er schaffte es nicht länger, das mit seinem Gewissen zu vereinbaren. Der gestrige Abend im Club hatte etwas in ihm verändert, auch wenn sie nichts anderes getan hatten als sonst auch. Gestern hatte es sich anders angefühlt, beinahe so, als hätte eine Möglichkeit im Raum gestanden. Beinahe so, als hätte etwas passieren können, wenn sie es beide zugelassen hätten.

Und auch wenn das bei Momo vermutlich dem Alkohol geschuldet gewesen war, so konnte er die Lüge mit Mei nicht länger leben. Denn er konnte es nicht auf den Alkohol schieben. Er musste sich endgültig eingestehen, wie es um ihn stand. Wie voll sein Herz von Momo und wie wenig Platz darin für alle anderen war.

Meikos Mitbewohnerin Ashley öffnete ihm, als er klingelte, lächelte zur Begrüßung und rief über die Schulter: „Mei? Für dich!“

Meiko kam aus ihrem Zimmer getapst, in Leggings und einem locker fallenden Shirt, die dunklen Haare zu einem unordentlichen Dutt auf dem Kopf aufgetürmt. Sie sah aus, als wäre sie eben erst aufgestanden, und das schlechte Gewissen drohte Henry zu ersticken.

„Na, dich nehmen die Prüfungen aber auch ganz schön mit, hm?“, sagte Ashley und sah sie kopfschüttelnd an. „Mach mal Pause, Süße. Es sind doch nur Noten.“

Meiko lächelte schwach. „Es sind ja nur noch acht Tage bis zum Urlaub, dann ist der Spuk vorbei. Da erhole ich mich dann.“

Ashley warf ihr einen letzten skeptischen Blick zu und verzog sich dann wieder in ihr Zimmer, und Meiko nahm Henry bei der Hand und führte ihn in ihr kleines Reich. Erst hier zog sie ihn an sich und gab ihm einen Kuss zur Begrüßung. Henry versuchte, sich zu entspannen und natürlich zu sein, doch war sich nicht sicher, ob ihm das gelang. Gott, er hatte sie so gern und wollte ihr nicht wehtun. Doch wenn er nichts tat, würde er sie nur noch mehr verletzen.

Mei löste sich von ihm, blieb jedoch dicht vor ihm stehen. „Ist alles okay bei dir? Du kommst nie hierher.“

„Doch, klar“, widersprach Henry instinktiv. Als sie kritisch den Kopf schief legte, seufzte er. „Okay, nein, du hast recht. Ich mag die Ruhe bei mir, weißt du doch. Na ja.“ Er räusperte sich. „Tja, warum bin ich hier. Mei, ich … ich muss mit dir reden.“

Sie presste die Lippen aufeinander, doch sagte nichts, also machte er weiter. Er hatte sich nicht zurechtgelegt, was er sagen wollte, und jetzt ärgerte er sich darüber. Er griff nach ihrer Hand, hielt sie in seinen beiden. „Du bist so toll. So großartig. Und du verdienst etwas Besseres als das, was ich dir bieten kann.“

„Wenn es ums Bett geht –“

Diesmal war er es, der sie unterbrach. Auch wenn es verdammt wehtat, dass er es nicht hinbekam, wenn es ihn in seiner Männlichkeit kränkte – darum ging es nicht. „Nein, das ist es nicht. Auch wenn das die Beziehung sicher nicht besser macht für dich. Ich … Mei, es tut mir leid. Ich war dir kein guter Freund. Nicht so, wie du es verdienst.“ Himmel, war das schwer, ohne zu sagen, was der eigentliche Grund war. Den musste er für sich behalten. Er hatte ja gesehen, wohin auch nur die Spekulation darüber führten. „Du verdienst es, glücklich zu sein. So richtig. Das wird mit mir nicht gehen und …“ Er seufzte und fuhr sich mit beiden Händen übers Gesicht. „Es tut mir so leid, aber ich glaube nicht, dass das mit uns noch weitergehen sollte.“

Ein Gewicht hob sich von Henrys Herz, weil er endlich das Richtige getan hatte. Gleichzeitig zerriss es ihn fast, die Tränen in Meis Augen zu sehen. Sie schweigen beide lange, während Mei heftig blinzelte.

„Den Urlaub machst du natürlich trotzdem“, fuhr Henry fort, um die unangenehme Stille zu unterbrechen. „Nimm Ashley mit oder eine andere Freundin, oder deine Mutter, oder … also, ich buche mir natürlich was anderes.“

Wieder kam von ihr nur Stille und er wünschte, sie würde etwas sagen. Ihn anschreien, ihm eine klatschen. Weinen. Stattdessen senkte sie den Kopf und entzog ihm ihre Hand, ballte sie zur Faust und lockerte sie, wieder und wieder. Schließlich sagte sie leise, ohne ihn anzusehen: „Du hast ihn schon ziemlich lange lieb, oder?“

Henry fuhr zusammen, von ihren Worten getroffen wie von einem Vorschlaghammer. „Was?“

Sie hob den Kopf und sah ihn an, die Wangen mittlerweile tränenüberströmt. „Darum geht es hier doch, oder?"

„Mei, ich … ich weiß nicht, was du … Wieso du glaubst …" Ihm war klar, dass dieses Gestammel alles andere als überzeugend war, doch mehr brachte er nicht zustande. In seinem Inneren herrschte Panik. Blankes Entsetzen. Noch nie hatte es ihm jemand so ins Gesicht gesagt. Wie konnte sie das ahnen?

Und wenn sie es wusste – wer wusste es sonst noch?

Er atmete hektisch, ohne Sauerstoff zu sich zu nehmen, und ihm wurde schwarz vor Augen. Blind tastete er nach etwas, an dem er sich festhalten konnte, bis schließlich Meis Hand in seiner war und fest zudrückte.

„Es ist okay", sagte sie leise und als er wieder klar sehen konnte, stellte er fest, dass ihre Unterlippe zitterte. „Ich habe es schon so lange geahnt, Henry, von Anfang an. Aber ich dachte immer, du könntest uns beide lieben. Ich dachte, es wäre genug für uns."

„Es ist nicht, wie du –" Henry brach ab. Er brachte die Lüge nicht über die Lippen. „Es tut mir so leid." Das immerhin war die Wahrheit. „Ich habe dich nie betrogen", sagte er, auch wenn ihm klar war, dass das so gut wie ein Geständnis war. „Du bedeutest mir so viel, Mei, und ich würde nie etwas tun … Du verdienst jemanden, der so viel besser für dich ist als ich. Alles verdienst du, alles Gute auf der Welt."

Sie schluckte und nickte und wischte sich mit dem Handrücken die Tränen ab. „Bei mir ist dein Geheimnis sicher", flüsterte sie. „Versprochen."

Sie standen einander gegenüber, sahen sich stumm in die Augen und Henry tat sein Bestes, sich zusammenzureißen. Er konnte ihr nicht auch noch seine Trauer, seine Verzweiflung aufbürden. Es war so schon genug Leid, das er ihr verursachte.

„Ich gehe dann mal", sagte er irgendwann, als sie keine Anstalten machte, ihn rauszuwerfen. „Es tut mir so leid. Ich hoffe, du weißt, dass es nichts, *nichts* mit dir zu tun hat."

Sie nickte und wandte den Blick ab. Schließlich ließ er sie allein in ihrem Zimmer zurück.

WENN DU MAL SIEBZIG BIST

OLIVER

Er war nicht dafür bekannt, sich oft tiefe Gedanken zu machen, doch Cookie hatte sich seit ihrem Abend im Club rar gemacht und das brachte sogar Oliver irgendwann ins Grübeln. Sie hatten zwar nie darüber geredet, ob sie ihren Alltag mit Sport, *Friends* und viel gemeinsamer Zeit fortsetzen würden, doch er war davon ausgegangen. Natürlich war es also seine eigene Schuld, dass er jetzt enttäuscht war.

Doch das machte das nagende Gefühl in ihm nicht besser. Cookie war von einem Tag auf den anderen wie ein anderer Mensch gewesen, hatte ihm erst auf Nachfrage mitgeteilt, dass mit Mei Schluss war und er Zeit für sich brauchte, und sich ansonsten von ihm ferngehalten. Oliver hatte ihm so viel Zeit gegeben, wie er es aushielt, und die war nach einer Woche vorbei gewesen.

Als er gefragt hatte, wann er denn endlich mal wieder vorbeikommen konnte, hatte er erfahren, dass Cookie allein in den Urlaub gefahren war. Nach Kalifornien, ins Yoga-Retreat. Ohne Oliver auch nur einmal zu fragen, ob er mitkommen wollte. Das tat verdammt weh, obwohl er natürlich überhaupt nicht der Typ für so etwas war. Yoga war ätzend, Retreat klang noch ätzender. Doch er hätte noch ganz andere Dinge in Kauf genommen, um wieder Zeit mit Cookie zu verbringen.

Oliver seufzte und fuhr sich mit beiden Händen durch die Haare. Nun saß er also hier, allein auf seiner Dachterrasse, und ließ sich von der Frühlingssonne den Rücken wärmen, während sein Herz schwer war.

Er fragte sich, ob es an ihrer Nacht im Club lag, dass Cookie nun diesen Abstand zwischen sie brachte – räumlich und emotional. Ob er zu weit gegangen war, ob es Cookie zu viel gewesen war. Dabei hatte er noch nicht einmal etwas getan. Vielleicht hätte er etwas tun sollen, damit es sich wenigstens lohnte. Vielleicht hätte er Cookie küssen sollen.

Und scheiße, er war so kurz davor gewesen. Dieser Abend im Club stand ihm auch eine gute Woche später noch klar vor Augen. Wie Cookie sich der Musik und der Situation hingegeben hatte, seine übliche Zurückhaltung abgelegt und mit ihm zusammen die Lieder mitgegrölt hatte. Wie er sich von Oliver hatte berühren lassen, der die Finger nicht bei sich hatte behalten können. Wie er ihn dann plötzlich selbst berührte, seine Finger wie Feuer auf Olivers Haut.

Zum ersten Mal, seit sie sich kannten, hatte Cookie sich nicht nur von ihm mitreißen lassen, sondern war selbst aktiv geworden. Hatte ihn an sich gezogen, ihn angesehen, als wollte er ihn auf der Stelle küssen. Er hatte den Ständer in Cookies Hose deutlich gespürt und, fuck, das war verdammt heiß gewesen. Überhaupt hatte Henry heiß ausgesehen, mit seinen strahlenden Augen, den vom Tanzen komplett verwuschelten Haaren und diesem Blick in seinen Augen. Diesem Blick und diesem Ständer, die in Kombination ein Kribbeln in Oliver ausgelöst hatten, wie er es noch nie erlebt hatte. Die ihn hatten hoffen lassen, dass auch Cookie die Situation heiß gefunden hatte.

Mit einem genervten Stöhnen ließ er sich nach hinten fallen, in die weichen Polster seiner Sonnenliege, versteckte die Hände in den Ärmeln seines dünnen Pullovers und schloss die Augen. Cookie war weit weg und ließ wenig von sich hören, und Oliver war allein mit Gedanken, die er doch gar nicht haben wollte.

Er wollte Cookie nicht küssen.

Cookie war ein Mann. Oliver küsste Frauen.

Er sollte mal wieder ausgehen, wieder eine Frau vögeln, um diesen Mist in seinem Kopf loszuwerden. Dabei verspürte er nicht das geringste Verlangen nach einer Frau. Und jedes Mal, wenn er ans Ausgehen dachte, hatte er wieder diesen dämmrigen Club vor Augen, Cookie so lachend und strahlend und warm und real unter Olivers Fingern.

Das nervte ihn.

Cookie nahm mehr Platz in seinem Kopf ein, als er sollte, und von den Dingen, die sich mittlerweile regelmäßig in seinem Gedankenkino abspielten, wenn er sich einen runterholte, wollte er gar nicht erst anfangen. Und all das gegen seinen Willen. Er hatte kein Interesse an Cookie. Und Cookie – der hatte ganz offensichtlich noch weniger Interesse an ihm. Er hatte mehr als deutlich gemacht, wie wenig er davon hielt, dass sie sich nahegekommen waren – Ständer hin oder her. Die Flucht nach Kalifornien und vor allem die Funkstille zwischen ihnen sprachen eine eindeutige Sprache.

Oliver seufzte noch einmal, dann kramte er sein Handy hervor. Vielleicht könnte Charlie seinen Chef überreden, ein paar Tage freizunehmen, und sie könnten einen Trip unternehmen. Irgendwo hinfahren, wo es warm war, wo man schön Wein trinken und es sich gutgehen lassen konnte.

Kalifornien vielleicht.

Oliver musste über sich selbst lachen. Natürlich nicht Kalifornien. Das hatte ihn noch nie gereizt und das würde sich nicht ändern, nur weil Cookie jetzt dort war.

***

Cabo war voll mit Tequila, Sonne und Strand. Genau das, was Oliver brauchte, um sich abzulenken. Zum ersten Mal seit Kindertagen waren Charlie und er gemeinsam verreist und es klappte hervorragend. Sie waren ein eingespieltes Team. Und Oliver war froh, mit ihm hier zu sein statt mit einer beliebigen Frau, wie er es in der Vergangenheit oft gehalten hatte. Niemals hätte er das jemandem gestanden, doch der Gedanke an Frauen nervte ihn. Und er war nicht sicher, ob er einen hochbekommen hätte. Dafür kreisten seine Gedanken noch immer viel zu sehr.

Charlies überraschend gute Spanischkenntnisse halfen ihnen weiter, wickelten die Kellnerinnen in Restaurants und Bars um den Finger. Und den einen oder anderen Kellner.

Seit ihrem betrunkenen Gespräch vor ein paar Monaten wusste Oliver zwar, dass Charlie nicht nur an Frauen interessiert war, doch das abstrakte Wissen war etwas anderes, als es zu sehen. Er fragte sich, wie es möglich war, dass es ihm noch nie aufgefallen war. Charlie hatte schon immer liebend gern geflirtet, um des Flirts willen, ähnlich wie er selbst. Doch dass sein Charme die Männer um den Finger wickelte, war ihm bisher entgangen.

Und während Oliver selbst keine rechte Lust auf Flirts verspürte, geschweige denn auf das, was darauf folgen könnte, lebte Charlie sich so richtig aus. Am Abend ihres dritten Tages brachte er das Kunststück hin, mit einem Mini-Club-Animateur zu flirten, während der die Kinderdisco in ihrem Hotel anleitete, die sie sich voller Belustigung ansahen. Und sobald der junge Mann sich seines Kostüms entledigt hatte, verkrümelte Charlie sich mit ihm an die Bar, lachte und turtelte, ließ sich berühren und berührte ihn. Irgendwann, als sich Dunkelheit über die Hotelanlage senkte, verschwand er mit ihm in Richtung Strand.

Oliver saß derweil allein an einem Tisch im Außenbereich der Hotelbar, nippte an seinem Cocktail und starrte auf den verwaisten Chat mit Cookie, ohne wirklich etwas zu sehen. Er war seinem Bruder nicht böse – es war zwischen ihnen schon immer klar gewesen, dass sie einander jederzeit stehen lassen konnten, wenn sich eine gute Gelegenheit ergab. Er hatte nur nie damit gerechnet, dass diese Gelegenheit so aussehen könnte.

Eine hübsche junge Frau trat zu ihm und lächelte ihn an, fragte, ob er allein hier war. Er hatte keine Kapazität dafür, jetzt mit ihr zu reden, sein Kopf zu voll mit Charlie und Cookie und Verwirrung, sein Bauch ein einziges großes Ziehen. Als hätte er etwas Falsches gegessen und doch ganz anders. Er lächelte abwesend zurück, schüttelte aber den Kopf. Vor seinem inneren Auge sah er wieder, wie der Mann Charlie angesehen hatte – wie er ihn berührt hatte.

Ein Gedanke wuchs in ihm, doch er durfte ihn nicht denken, er war gefährlich. Konnte alles gefährden, wofür er jahrelang gearbeitet hatte. Solange er Football spielte – und das waren hoffentlich noch viele, viele Jahre –, solange ging das nicht. Das wusste er, das hatte er schon immer gewusst. Er dachte zurück an den Homecoming-Tanz vor gut acht Jahren, als Nick ihn geküsst hatte. Er war ihm danach aus dem Weg gegangen, weil er schon damals gewusst hatte, dass er nicht wiederholen konnte, was zwischen ihnen passiert war.

Irgendwann war es ja auch vergangen. Er hatte nicht mehr an Nick gedacht und dafür jede Menge Spaß mit Frauen gehabt. Es hatte ihn nie gestört.

Und Cookie hatte er noch nicht mal geküsst.

Es sollte also ein Kinderspiel sein, diese bescheuerten, gefährlichen Gedanken auszuschalten und wieder zur Normalität zurückzukehren. Sich dieses eine Mal nicht von dem treiben zu lassen, was sich gut anfühlte, sondern mit dem Kopf zu entscheiden. Für seine Karriere.

Und doch ließ der Gedanke sich nicht so leicht abschütteln. Er war verdammt hartnäckig, und Oliver nahm sich vor, noch hartnäckiger zu sein. Irgendwann würde er schon wieder verblassen, so wie er damals verblasst war – dieser Wunsch in seinem Inneren, diese Sehnsucht.

Ich will das auch.

***

HENRY

Kalifornien war genau, was er brauchte. Die Abgeschiedenheit der Unterkunft entsprach seinem Bedürfnis nach Rückzug. Als einziger Teilnehmer unter fünfzig stach er aus der Gruppe heraus, doch es bedeutete, dass sie ihn in Ruhe ließen, wenn sie abends auf der Terrasse Rotwein tranken und miteinander lachten. Das war ihm ganz recht; er wollte keine Gesellschaft. Er wollte sich zurückziehen, seine Wunden lecken und vor allem seinen Schutzschild neu aufbauen. Irgendwie musste er damit klarkommen, dass er Momo fast geküsst hatte und jetzt trotzdem weitermachen musste wie bisher. Dass er sich gefährlich nahe an den Abgrund gewagt hatte, fast alles preisgegeben hatte, was er seit so vielen Jahren so panisch zu verstecken suchte.

Wenn da nur dieser eine Moment nicht gewesen wäre, diese Sekunde, in der er sicher gewesen war, dass Momo ihn wollte. Der lief vor seinem inneren Auge ab, wieder und wieder. Momos zärtlicher Blick, von dem er nicht gewusst hatte, dass es ihn gab und der sekundenlang auf seinen Lippen gelegen hatte. Dieser Moment, der machte ihn fertig. Der war so nahe an allem gewesen, was er je gewollt hatte, und es war verdammt schwer, sich selbst klarzumachen, dass das alles war, was er je bekommen würde. Dass Momo sich nüchtern niemals so verhalten hätte. Dass er sich nur wegen ihres Deals so auf ihn konzentriert hatte und seitdem vermutlich mit Dutzenden Frauen ebenso geflirtet hatte wie mit ihm an diesem Abend.

Der Veranstalter des Retreats riet davon ab, tagsüber das Handy zu benutzen, und Henry war ganz froh darum. Die Kommunikation mit Momo war sowieso eingeschlafen.

Liam war ihm dafür eine große Stütze, vermutlich ohne es selbst zu wissen. Er war mit Kumpels auf Vancouver Island im Aktivurlaub und voller dummer Sprüche und Witze, auf die Henry sich einlassen konnte, ohne ständig sein geprelltes Herz in Gefahr zu bringen.

Er lag auf seinem Bett, nach einer langen Dusche – während der er definitiv nicht an Momo gedacht hatte, nicht daran, was er mit ihm unter dieser Dusche tun könnte. Durch die offene Balkontür strömte frische Abendluft in seinen Raum. Die Brise ließ die weißen Leinenvorhänge leise über den Holzboden rascheln, und er sah die unberührte Landschaft rund um das Ferienhaus, in dem das Retreat stattfand. Die tosenden Wellen des Pazifiks brachen in einem ständigen, beruhigenden Hintergrundrauschen gegen die steilen Klippen. Es hätte so schön sein können.

Vorhin hatte er Momo kurz geschrieben, versucht, die Verbindung nicht ganz abreißen zu lassen, doch die Beobachtung, die er heute gemacht hatte, konnte er mit ihm nicht teilen – aus offensichtlichen Gründen. Vielleicht mussten sie sich doch noch eine Pause gönnen, so schwer es ihm auch fiel.

Stattdessen schrieb er Liam.

Henry
Die zwei alten Ladies, die hier sind ... Ich glaube langsam, die sind mehr als nur Freundinnen.

Dessen Antwort kam prompt.

Liam
*Dotty und Helen? Habe ich dir doch die ganze Zeit ge-
sagt, da läuft was!*

Henry lachte leise in sich hinein. Liam hatte reges Interesse an den anderen Teilnehmerinnen gezeigt und
wusste über allen Klatsch Bescheid.

Henry
*Es gibt Abstufungen zwischen Freundschaft und
Homo, Mann. Du siehst Gespenster.*

Liam
Abstufungen, schon klar. So wie du und Mosley.

Henrys Grinsen gefror ihm auf den Lippen. Die Aussage traf ihn mitten ins Herz. Natürlich spielte Liam auf
die Gerüchte an, den ganzen Skandal, der überhaupt
erst zu ihrer Beurlaubung geführt hatte. Doch er rührte
an dem, was Henry so verzweifelt zu vergessen suchte,
diesen Moment der Spannung, diese Ahnung von *mehr*
zwischen ihnen.

Liam
*Sorry. Sensibles Thema, ich habe die Fresse mal wieder
zu weit aufgerissen.*

Henry riss sich zusammen und schüttelte die düsteren Gedanken ab. Er wusste genau, dass Liam es nicht
böse meinte.

Henry
Du und die gesamte US-Presse.

Liam
Ich finde trotzdem, du solltest die Möglichkeit in Betracht ziehen, dass die zwei Damen Freundinnen plus sind. Auch alte Leute haben ein Recht auf Glück und auf Sex. Oder was glaubst du, wie dein Leben aussieht, wenn du mal siebzig bist?

Ein Bild blitzte vor Henrys innerem Auge auf, von Momo und ihm, weißhaarig und faltig, mit zueinander passenden Pullovern auf ihrer Veranda, von der aus sie einer ganzen Schar Kinder und Enkel zusahen. Gott, er war doch wirklich hoffnungslos. Also begnügte er sich mit einer harmlosen Antwort.

Henry
Jedenfalls hoffe ich, dass ich nicht bei einem Yoga-Retreat sein werde, wo die jungen Leute sich das Maul über mich zerreißen.

WENN ICH NOCH DER GLEICHE WÄRE

OLIVER

Drei Monate später

Vermutlich hätte er damit rechnen müssen, dass an seinem ersten Tag zurück in der Öffentlichkeit wieder Presse vor seinem Haus stand. Doch es brachte ihn aus dem Konzept, riss ihn aus der Isolation, in die er die letzten Wochen über gekrochen war. Die wirkliche Welt war über seinen Grübeleien zu sich selbst und seinen bescheuerten Gefühlen für Cookie zur Nebensächlichkeit geworden. Der Kontakt zwischen ihnen war immer weiter eingeschlafen, und zum ersten Mal seit dem College wusste er nicht, wie es seinem besten Freund ging oder was er tat. Oder ob er noch sein bester Freund war.

Wie ein Vollidiot hatte er manchmal ihre alten Chats durchgelesen, versucht zu verstehen, ob er etwas gesagt hatte, das Cookie von ihm weggetrieben hatte. Möglich wäre es definitiv, das wusste er selbst nur zu gut. Doch ihm war nichts aufgefallen, und nicht einmal Charlie, den er schließlich um Rat gefragt hatte, hatte etwas entdeckt.

Vielleicht hätte es etwas geändert, hätte er Charlie von dem Beinahe-Kuss erzählt. Doch das konnte er nicht. Dieser Moment war so intim und so kostbar, gleichzeitig so verwirrend – er wollte ihn nicht dadurch beschmutzen, dass er ihn nacherzählte.

Also hatte er viel Zeit mit Charlie und seinen Eltern verbracht, einen Personal Trainer eingestellt, um sich fit zu halten, und versucht, nicht die Tage zu zählen, bis er Cookie wiedersah.

Die Pressekonferenz zur neuen Saison, auf der die Neuzugänge vorgestellt wurden, hatte für großes Aufsehen gesorgt: Cookie und er waren ab dem Minicamp im Juni offiziell wieder Teil des Teams. Im Nachgang hatte es wieder großen Aufruhr in der Medienlandschaft gegeben, doch nicht einmal danach hatte Cookie sich gemeldet. Stattdessen hatte Charlie sich einen Spaß daraus gemacht, ihm die albernsten Überschriften und Social-Media-Posts zum Thema zu schicken. Wenn nicht einmal Titelblätter mit Glanzstücken wie „Schwul, stark, spielfertig" oder „Touchdown für die Toleranz?" Cookie dazu brachten, sich bei ihm zu melden, dann wusste Oliver auch nicht mehr, wie sich alles zwischen ihnen wieder einrenken sollte. In einem anderen Leben hätten sie gemeinsam über diesen Unsinn gelacht.

All das hatte sich zweitrangig angefühlt, dabei ging es doch um seinen Job. Seinen großen Traum. Er war so darin verwickelt gewesen, was in den letzten Wochen in ihm passierte, wenn er an Cookie dachte, dass ihm alles andere egal war. Es war bescheuert, dass sich alles, was nicht damit zu tun hatte, so weit unten einreihte in dem, was ihm wichtig war. Es war ihm auch noch nie passiert.

Und nun saß er in seinem Auto und ärgerte sich über sich selbst, denn der unerwartete Andrang vor seinem Haus und die Tatsache, dass ihn das so aus der Fassung gebracht hatte, führten dazu, dass er, entgegen all seiner guten Vorsätze, zu spät dran war. Der Fokus musste ab sofort wieder auf Football liegen, und zwar ausschließlich. Das sagte er sich die ganze Fahrt über immer wieder vor wie eine Beschwörungsformel. Cookie war sein Kumpel. Damit war es gut.

Die gecharterten Busse für die Reise zum Minicamp standen schon abfahrbereit auf dem Parkplatz des Trainingskomplexes, als er endlich dort ankam. Natürlich waren auch hier jede Menge Menschen angereist, und als er hastig aus seinem Auto stieg und seine Taschen aus dem Kofferraum holte, prasselten Lärm und Licht auf ihn ein. Neben Blitzlicht gab es Pfiffe, gerufene Fragen, irgendwo mussten Fans sein, denn es wurden Fahnen geschwenkt. Es war viel, zu viel, um es alles in der kurzen Zeit aufzunehmen, und er zog den Kopf ein.

Busfahrer Earl stand mit bemerkenswerter Ruhe vor seinem Bus und rauchte eine Zigarette, als wäre um ihn herum nicht die Hölle los. „Passt schon", sagte er, als Oliver ihm entschuldigend seine Sachen aushändigte, und zerdrückte den Zigarettenstummel unter der Schuhsohle. „Wir sind noch nie pünktlich losgekommen. Mach dir nichts draus."

Leichter gesagt als getan, dachte Oliver, denn wie sollte er sich entspannen, wenn draußen schon so viel los war? Was, wenn beim Team ähnlich großes

Unbehagen herrschte? Wenn sie ihn nicht haben wollten? Es war ein beängstigender Gedanke.

Beängstigend, pah. So wollte er gar nicht denken.

Er nahm die Schultern zurück. Es war nur sein Team. Seine Kollegen. Sein bester Freund. Nichts, was er nicht kannte, und nichts, mit dem er nicht umgehen konnte. Er atmete tief durch, setzte ein Grinsen auf, das beinahe echt war, und lief die Stufen nach oben in den Bus.

Operations Manager Miller warf ihm einen vielsagenden Blick zu und prompt wurde das Grinsen zu einem zerknirschten Blick. Zum Glück ließen sie ihn ohne Standpauke passieren – vielleicht galt das, was da draußen los war, ausnahmsweise mal als Ausrede dafür, dass er nicht pünktlich war.

Oliver wollte weitergehen, doch er hatte kaum drei Schritte gemacht, als er sich schon in einer knochenbrechenden Umarmung von Deacon wiederfand. „Schön, dass du wieder da bist", sagte der, klopfte ihm auf die Schulter und strahlte ihn an. Deacon, Perez und Kaminski waren die Einzigen seiner Kollegen, die sich während der erzwungenen Auszeit gelegentlich gemeldet hatten, doch Oliver war allen Treffen ausgewichen. Seine Kollegen zu sehen, hätte ihn zu sehr an seinen Verlust erinnert.

Oliver atmete durch und sein Grinsen wurde etwas echter. Schön, dass es Leute gab, die sich ehrlich auf ihn freuten. Er drückte Deacon und machte sich auf den Weg nach ganz hinten, wo Cookie und er immer mit Perez und Kaminski saßen. Es war wie ein Spießrutenlauf, und der eine oder andere war spürbar genervt von dem Trubel, der jetzt schon herrschte. Oliver tat sein Bestes, das alles zu ignorieren. An Carter ging er blicklos vorbei – nicht, dass der ihn zur Kenntnis genommen hätte – und irgendwann war der Punkt gekommen, an dem er es nicht mehr vermeiden konnte, Cookie anzusehen.

Mit plötzlich staubtrockenem Mund hob er den Blick und prompt wurde alles um ihn herum egal. Henry hatte sich die Haare schneiden lassen, seit er ihn zuletzt gesehen hatte, und die Locken standen kurz und wild von seinem Kopf ab wie ein roter Heiligenschein. Dazu die Sommersprossen, die so zahlreich geworden waren, dass er richtiggehend gebräunt wirkte. Der Effekt war atemberaubend, und Oliver konnte ihn nur stumm anstarren.

Henry starrte zurück, genauso stumm. Es war drei Monate her, seit sie sich zuletzt gesehen hatten. Sie hatten beide gewusst, dass sie hier wieder aufeinandertreffen würden, doch dieses Wissen hatte Oliver nicht auf das vorbereitet, was Cookies Anblick in ihm auslöste.

„Hey, Mann", sagte da Perez, „schön, dass du wieder da bist."

Oliver riss sich los, gerade rechtzeitig, um den bedeutungsschweren Blick mitzubekommen, den Perez und Kaminski tauschten und den er zu ignorieren beschloss. Stattdessen zog er seinen Kumpel voller ehrlicher Freude an sich und Kaminski gleich hinterher.

„Ihr habt mir gefehlt", sagte er und sah sie beide an, vermied es, seinen Blick wieder zu Cookie wandern zu lassen. „Der Geruch nach Fußschweiß aber nicht, ich sag's ganz ehrlich."

Sie lachten und Kaminski hob die in lässigen Sandalen steckenden Füße. „Ich bin es nicht, versprochen!

Aber Mosley, du warst doch nicht schon wieder beim Friseur?“

Unwillkürlich fuhr Oliver sich mit der Hand durch die Haare, und Cookies Blick von der Seite war wie eine Berührung. Natürlich war er beim Friseur gewesen – undenkbar, die neue Saison mit alten Haaren zu beginnen – und hatte sich die Seiten kurzrasieren und den Rest der Haare goldblond färben lassen. Er fand, es passte zu seiner Urlaubsbräune. Er wollte wissen, wie Cookie es fand. Wollte ihm gefallen. Es war schwer, sich nicht sofort zu ihm umzudrehen. Stattdessen legte er den Kopf schief und zog einen Mundwinkel hoch. „Klar. Ihr wärt doch alle enttäuscht gewesen, wenn ich noch der Gleiche gewesen wäre.“

Perez sah ihn einen Moment lang nachdenklich an. „Ich habe nicht das Gefühl, dass du das bist.“ Bevor Oliver nachfragen konnte, was er denn damit nun bitte meinte, wandte Perez sich schon an Henry. „Und du auch, Cookie, oder?“

Die Frage gab Oliver die Ausrede, die er gebraucht hatte, um seinen Freund wieder anzusehen, seinen Blick gierig über dessen Gesicht, dessen Haare gleiten zu lassen.

„Beim Friseur?“ Cookie tat, als hätte er nicht mitbekommen, wie ernst Perez geworden war. „Ich dachte ehrlich gesagt, das wäre hier Vorschrift in Portland“, sagte er und erntete Gelächter von den anderen beiden. „Ich glaube, Momo hat mir da letztes Jahr einen Bären aufgebunden.“

„Ach, Mosley weiß manchmal selbst nicht so genau, was von dem, was er sagt, eigentlich stimmt und was nicht“, gab Kaminski zurück, und obwohl es klang wie eine ihrer üblichen Frotzeleien, schwang ein Unterton darin mit, den Oliver nicht deuten konnte.

Er wollte sich darüber jetzt nicht den Kopf zerbrechen, ließ sich stattdessen endlich neben Henry fallen, der am Fenster saß, und beugte sich vor, um seinen kleinen Rucksack zu verstauen. „Sieht aber gut aus", sagte er leise und stahl noch einen Blick in Cookies Gesicht. „Steht dir. Sehr."

Der errötete unter seinen Sommersprossen, was ihn nur noch hinreißender machte. Oliver blinzelte genervt. *Hinreißend.*

„Dir aber auch", gab Cookie ebenso leise zurück und seine grauen Augen glitten über Olivers Gesicht und Haare. Es fühlte sich an wie eine Liebkosung. Obwohl Oliver wusste, dass das nur seine Nerven waren, die vor lauter Aufregung überreagierten, so konnte er sich doch nicht gegen das warme Gefühl wehren, das sich in ihm ausbreitete.

Scheiße.

Diese drei Tage würden verdammt lang werden, wenn er so weitermachte und sich benahm wie ein liebeskranker Teenager.

„Kaminski hat eben von seinem Urlaub in Vietnam erzählt", erlöste Perez sie zum Glück alle aus dieser komischen Situation, die so voller Spannung war, dass der gesamte Bus es spüren musste. „Magst du weitermachen? Erzähl mal vom Essen, war es lecker?"

Dankbar lächelte Oliver und lehnte sich in seinem Sitz zurück, sah zu Kaminski und versuchte, nicht daran zu denken, dass sein Oberschenkel Cookies berührte. Während er ein interessiertes Gesicht aufsetzte, konnte er kaum zuhören und beschwor sich

stattdessen inständig, sich doch bitte, *bitte* endlich zusammenzureißen.

***

Er war während der zwei Stunden Fahrtzeit zu ihrer
Minicamp-Location südlich von Portland so damit beschäftigt gewesen, so zu tun, als interessiere ihn gar
nicht, dass er die weichen Härchen von Cookies Beinen
auf seiner Haut spürte, dass er das größere Problem
komplett verdrängt hatte. Die Realität holte ihn ein, als
sie in der Lobby des Sporthotels standen und Miller
Klemmbrett und Zimmerkarten in der Hand hielt.

Fuck.

Zweierzimmer.

Fast im selben Moment schien bei Cookie der Gro-
schen zu fallen, denn der blieb abrupt stehen, sodass
Deacon voll in ihn hineinlief und sich lauthals be-
schwerte. Oliver nutzte die Ablenkung, um seine ent-
gleisten Gesichtszüge neu zu arrangieren. Gott, wie
hatte er das vergessen können? Er würde sich das Zimmer mit Cookie teilen, drei Nächte lang. War es nun
besser, dass sie diese Aufteilung trotz der Gerüchte so
beließen? Oder wäre es ihm lieber gewesen, das Team
hätte sie neu aufgeteilt? Was war schlimmer – weiter
ohne Cookie zu leben oder ihn drei Mal morgens aus
der Dusche kommen zu sehen? Ihn abends drei Mal in
Boxershorts zu sehen, bevor er sich in sein Bett legte?
Ohne jede Möglichkeit zu entkommen?

Das konnte nicht gut gehen. Er kannte sich selbst und
seine noch nie sonderlich ausgeprägte Selbstbeherrschung. Irgendwann würde er heimlich ein Bier

trinken, obwohl es verboten war, und dann würde er sich an Cookie ranmachen und ihn endlich küssen. Endlich wissen, ob es wirklich so gut war wie in seiner Vorstellung. Und dann würde Cookie ihn hassen und nicht mehr sein Freund sein wollen. Er sah es in seiner Zukunft wie ein böses Omen, doch er wusste nicht, wie er es schaffen sollte, dass das nicht eintrat.

Ein unsanfter Stoß in die Seite holte ihn zurück in die Gegenwart. Kaminski. „Eure Zimmerkarten", zischte er und ruckte das Kinn in Richtung des Team Operations Managers, der eben Henry eine Karte aushändigte und sich suchend umsah.

Oliver schluckte trocken, dann machte er einen Schritt nach vorn und begab sich in sein Unheil.

Sie sprachen den ganzen Weg bis zu ihrem Zimmer nicht miteinander, und Henry lief einen halben Schritt vor ihm. Nur das leise Klappern ihrer Kofferrollen auf dem Teppich des Flurs begleitete sie. Nun sperrte Henry auf und sie betraten das eher spartanisch eingerichtete Zimmer: zwei Betten, getrennt nur durch einen Nachttisch, ein großer Fernseher an der Wand gegenüber der Betten, ein nicht ganz so großes Fenster, ein Badezimmer zu ihrer Linken.

Wie sollte das gut gehen?

Ihm fiel auf, dass sie zum ersten Mal seit diesem Abend im Club allein waren, und Oliver bekam Gänsehaut bei der Erinnerung daran. Unwillkürlich sah er zu seinem Freund, und einen Herzschlag lang verhakten sich ihre Blicke ineinander.

„Du –" setzte Oliver impulsiv an, im gleichen Moment, als Cookie „Momo –" sagte.

Sie brachen ab. Cookies Gesicht war schwer zu lesen, was seltsam war, denn Oliver kannte jeden seiner Gesichtsausdrücke, jede seiner Regungen. Doch das hier war neu. Also biss er sich auf die Lippe und machte eine einladende Geste, denn er wusste gar nicht genau, was er eigentlich sagen sollte.

Cookie seufzte. „Momo ... tut mir leid, dass ich mich so wenig gemeldet habe die letzten Wochen. Ich ... Die Trennung von Meiko ist mir ziemlich lange im Kopf rumgespukt und mit allem, was uns vorher passiert ist, brauchte ich ... Zeit allein.“

Oliver nickte nur, denn was sollte er darauf sagen?

„Aber es ist schön, wieder bei dir zu sein“, fuhr Cookie fort und lächelte ihn an, und Olivers Herz schlug plötzlich doppelt so schnell. Alter! Das war das Scheißgegenteil von zusammenreißen, was sein Körper hier abzog. Nicht cool. Gar nicht cool.

Die Pause zwischen ihnen zog sich in die Länge und Cookies Lächeln schwand, unsicher geworden im Angesicht von Olivers Schweigen. Spontan machte Oliver einen Schritt auf seinen Freund zu. Er wollte nicht, dass es Cookie schlecht ging. Schon gar nicht seinetwegen. Doch er brachte keinen Ton heraus, denn er hatte Angst vor dem, was aus seinem Mund kommen würde, wenn er ihn öffnete. Nun stand er dicht vor ihm, so nahe, dass er ohne Probleme eine Hand in seinen Nacken legen könnte, um ihn zu sich zu ziehen und –

In einer Übersprungshandlung, um nicht das zu tun, was er eigentlich tun wollte, griff er nach Henrys Hand und zog sie an seine Lippen, drückte einen Kuss darauf. Einen Moment lang verharrten sie so und Cookies Verwirrung war spürbar.

Oliver kratzte von irgendwo noch so viel Chuzpe zusammen, dass er ein Grinsen zustande brachte, und stürzte sich in eine übertriebene Verbeugung.

„Die Freude ist ganz meinerseits, mein Herr", sagte er. Während er vorgebeugt war und Cookie sein Gesicht nicht sehen konnte, schrie er sich innerlich an. *Was zur Hölle war das denn?! Bist du komplett bescheuert? Reiß dich zusammen, Mann!*

„Äh", machte Cookie, und Oliver konnte es ihm nicht verübeln. Eine andere Reaktion hatte dieser Irrsinn nicht verdient. „Okay, danke, schätze ich. Passt es für dich, wenn ich das Bett am Fenster nehme?"

„Mhm." Oliver wagte nicht, ihn anzusehen, sondern griff nach seinem Rucksack und ließ ihn auf sein Bett fallen. Er meinte, noch immer Cookies warme, weiche Haut unter seinen Lippen zu spüren, und die Vorstellung, dass sie überall an seinem Körper so weich war, ließ Dinge in seiner Hose geschehen, die überhaupt nicht angebracht waren. Das Gegenteil von angebracht.

„Ich muss mal", brachte er heraus und flüchtete sich ins Badezimmer.

***

HENRY

Momo verhielt sich seltsam und Henry verpasste die gesamte erste Einheit der Offense – eine Videostudie der vergangenen Saison –, weil er die ganze Zeit vor sich hin grübelte, was denn nur los sein konnte. Im Bus hatte es einen Moment gegeben, als Momo ihn

angesehen hatte, fast so wie an diesem Abend im Club
– voller Wärme und Verlangen. Und dann der Hand-
kuss … Hätte er nicht jahrelang dabei zugesehen, wie
Momo reihenweise Frauen abgeschleppt hatte, könnte
er fast glauben, dass sein Freund ihm gegenüber Gefühle hegte. Doch es war so abstrus, dass er sich nicht
einmal eine Millisekunde lang über die Vorstellung
freute. Er konnte es sich nicht vorstellen, egal, wie sehr
er es sich wünschte.

Doch den einen Gedanken wurde er nicht los: wie gut
Momos Lippen sich auf dem Rest seines Körpers anfühlen würden, wenn sie schon seinen Handrücken so
liebkosen konnten. Und das war ungünstig. Das führte
dazu, dass er die nötige Distanz zwischen sich und seinen Gefühlen nicht mehr wahren konnte, so wie in der
Vergangenheit.

Er lebte schon so lange mit seiner Verliebtheit für
Momo, dass es längst kein aktives Gefühl mehr war. Er
konnte sogar neben ihm unter der Dusche stehen,
beide nackt, ohne dass sich etwas regte. Es war ein Teil
von ihm geworden, mit dem er lebte. Erst in den letzten
Wochen hatte sich das geändert, bedingt durch die
viele Nähe und die eigenartige Spannung, die gelegentlich zwischen ihnen stand.

Er konnte sich das nicht leisten, nicht jetzt, da es so
wichtig war wie selten zuvor, seine beste Leistung abzurufen, damit er direkt wieder Stammspieler werden
durfte.

Abends nach dem gemeinsamen Abendessen waren
sie beide auf ihr Zimmer gegangen, denn es war im College zur Tradition geworden, dass sie sich am ersten
Abend einer längeren Auswärtsreise ein paar epische

Rennen *Mario Kart* lieferten. Der Automatismus steckte so in ihnen, dass auch die seltsame Situation sie nicht davon abgehalten hatte. Doch jeder hatte auf seinem eigenen Bett gesessen, statt so eng nebeneinander, dass sie sich die Ellbogen in die Rippen hauen und die Augen zuhalten konnten, wie sie es für die extra Schwierigkeit sonst immer taten. Sie hatten gelacht und gescherzt und sich wüste Beschimpfungen an den Kopf geworfen. Die Distanz zwischen ihnen war geblieben.

Es half, dass heute die ersten richtigen Trainingseinheiten anstanden. Das Konditionstraining am Nachmittag ließ sie alle an den Rand der Erschöpfung und darüber hinaus gehen. Henry pushte sich, so sehr er konnte, denn wenn sein Körper damit beschäftigt war, zu überleben, hatte er keine Kapazitäten, sich zu sorgen. Um sich herum sah er überall abgekämpfte, hochrote Gesichter. Ihr Empfang im Team war verhalten gewesen, doch zum Glück sorgte das harte Training dafür, dass niemand Energiereserven dafür übrighatte, herumzustänkern. Als er es wagte, hinüber zur Gruppe um Momo zu sehen, war dessen Gesicht eine Maske düsterer Entschlossenheit, die seiner eigenen vermutlich ähnelte. Sie beide wussten, was auf dem Spiel stand, und vor allem wussten sie nur zu gut, wie es war, das hier zu verlieren. Das wollten sie nicht noch mal riskieren. Ihr Stand im Team war wacklig, das war ihnen nur zu gut bewusst.

Sie mussten sich beide auf den Sport konzentrieren. Weil sie Football spielen wollten und es im Football nur heterosexuelle Spieler gab. Offiziell jedenfalls. Doch es reichte, dass alle Welt genau das glaubte.

Abends machten sie mit der gesamten Mannschaft einen Ausflug mit dem Rad, und obwohl es nur am flachen Ufer des Fern Ridge Lake entlang ging, stöhnten die Muskeln in Henrys Beinen ordentlich. Es lohnte sich, denn ihr Ziel war ein Restaurant mit einer Terrasse, die auf das Wasser gebaut war, und der laue Sommerabend und die sich im See spiegelnde untergehende Sonne sorgten für eine tolle Atmosphäre. Wie so oft saßen sie zu viert mit Perez und Kaminski zusammen, und Henry bewunderte Momo, bewunderte sich selbst, wie sie das so gut hinbekamen. Wie sie ihre Steaks mit Bratkartoffeln und Bohnen aßen, ihre Club Sodas tranken, mit den Kollegen lachten und über die zu harten Trainingseinheiten schimpften, als wäre alles wie immer. Wie sie so taten, als wären sie noch immer nur Kumpel.

Dabei saßen sie notgedrungen eng beieinander an dem schmalen Tisch und ihre Beine berührten sich. Momos rechtes Bein, das vom Knöchel bis zur Hüfte mit geometrischen Figuren tätowiert war, presste sich an Henrys linkes. Als Henry einmal nach unten sah, fiel ihm auf, wie sich die feinen roten Härchen auf seinen mit den dunkleren auf Momos Schenkeln mischten. Sofort hatte er den Gedanken, dass es auch beim Sex so aussehen würde, verschluckte sich an einem Stück Kartoffel und hustete. Momo legte ihm besorgt eine Hand auf den Arm und klopfte ihm mit der anderen fest auf den Rücken, was überhaupt nicht half, die Situation zu verbessern.

Nach dem Essen, das er irgendwie ohne weitere Unfälle hinter sich gebracht hatte, saßen alle in gesättigtem, zufriedenem Schweigen, vor sich hin verdauend, den Abend genießend. Doch natürlich konnte es mit so vielen jungen Männern auf einem Fleck nicht lange so bleiben, und diesmal war es Kaminski, der irgendwann abrupt aufstand und sagte: „Ich wette, der See ist richtig schön warm hier nach dem sonnigen Tag." Prompt ging er zum Ende der Terrasse, an der drei Stufen ins Wasser hineinführten und ein kleines Boot vertäut lag, und hielt eine Hand hinein. „Hervorragend", verkündete er.

„Er ist ein verrückter Kerl, ich würde seiner Einschätzung nicht trauen", flüsterte Momo ihm ins Ohr, und Henry bekam Gänsehaut am ganzen Körper bei seinem heißen Atem, so dicht an seiner Haut.

Zum Glück war genug Action geboten, dass er sich damit nicht lange aufhalten musste, denn Kaminski entleerte prompt seine Hosentaschen, zog Shirt, Strümpfe und Schuhe aus und sprang ohne große Umwege ins Wasser. Mehrere Kollegen folgten ihm, auch Perez sprang auf.

Zu Henrys Überraschung blieb Momo ebenso sitzen wie er selbst – eigentlich war er bei solchen Aktionen immer ganz vorn mit dabei. Auch Perez sah überrascht auf ihn hinunter. „Mosley, kommst du nicht mit?"

Momo wurde rot und Henry verstand die Welt nicht mehr. Was war denn hier los? „Habe ja gar keine Badehose mit", sagte er leise. Wenn es nicht Momo gewesen wäre, hätte Henry den Tonfall für verlegen gehalten. Doch Verlegenheit passte so gar nicht zu Momo.

Entsprechend verwirrt wirkte Perez. „Okay, aber das hat niemand von uns? Dann lass eben die Shorts an. Oder zieh dich aus. Gibt nichts an dir, was wir nicht alle schon unter der Dusche gesehen hätten.“

Die Röte auf Momos Wangen vertiefte sich. „Ja, klar. Gleich.“ Er winkte Perez zu. „Geh nur schon mal.“

„Nee.“ Der Kollege blieb stehen und verschränkte die Arme vor der Brust. „Du verhältst dich komisch, aber ich nehme dich jetzt mit. Und Cookie.“ Ein gefährliches Funkeln stieg in seine Augen und er fuhr fort: „Ihr könnt euch gegenseitig ausziehen, wenn es euch das schmackhafter macht.“

Nun wurde auch Henry rot und Perez lachte schallend. „Mein Gott, ihr seid ja niedlich. Also los, aufstehen jetzt und mitkommen. Die anderen machen schon längst Wasserschlacht.“ Das stimmte, wie Henry bei einem Blick über die Schulter feststellte, und sogar Colbert und Deacon, die er eigentlich immer für vernünftiger gehalten hatte, waren mittendrin. Und wenn die beiden sich nicht zu schade dafür waren, wer war dann er, sich zurückzuhalten?

„Na gut“, sagte er und streckte Momo die Hand hin. „Aber nur, wenn du mitkommst.“

Momo starrte seine Hand einen Moment lang an, als wäre sie gefährlich, dann nahm er sie. „Okay.“ Er räusperte sich. „Aber ausziehen darfst du dich selbst, Cookie, ne.“

Natürlich durfte er das. Momo hatte keinerlei Interesse daran, ihn auszuziehen. Warum auch? „Ich würde dich dafür schon ausziehen“, gab er aber nur zurück, „musst aber ganz nett *bitte, bitte* sagen.“

Zu seinem Erstaunen lief Momo puterrot an. Dann drehte er sich abrupt weg, ließ Henrys Hand los und stürmte zum Wasser. Offenbar hatte er wieder einmal das Falsche gesagt. Es war komisch, in diesem eigentlich so wohlbekannten Terrain plötzlich nicht mehr navigieren zu können. Henry biss sich auf die Zunge. Jetzt hatte er es wieder komisch zwischen ihnen werden lassen, und das wollte er doch nicht. Mit einem Seufzen zog er sein Handy aus der Hosentasche, legte es auf den Tisch, zog das Poloshirt über den Kopf und folgte dann den anderen, um sich wie der Rest von ihnen komplett zum Idioten zu machen.

WENN ICH GEWUSST HÄTTE, DASS DAS SO EINFACH IST

OLIVER

Er bekam es langsam wieder besser hin, ständig von Cookie umgeben zu sein. Gestern Abend, nachdem sie alle patschnass zurück zum Hotel geradelt waren, hatten sie geduscht und Oliver hatte Cookie großzügig den Vortritt gelassen – seine Entscheidung aber bereut, als der aus dem Bad gekommen war, gekleidet in nichts außer engen schwarzen Pants. Er war nur nachlässig abgetrocknet gewesen, und Oliver hatte es nicht geschafft, den Blick von ihm abzuwenden. Einzelne Wassertropfen hatten auf der Haut gestanden, seinen Blick wie magisch angezogen, die Sommersprossen darunter so verführerisch, die Muskeln, die sich gegen die Haut zu drücken schienen, die warme Haut an sich – Oliver wusste, dass es albern war, doch er war wie gebannt gewesen.

Seitdem war es besser geworden. Beim Training, nach einer Nacht, die er vor lauter körperlicher Erschöpfung traumlos durchgeschlafen hatte, sah der Tag schon wieder ganz anders aus. Alles war besser, wenn er auf dem Rasen stand, wie immer, und der ganze Vormittag würde draußen auf dem Platz stattfinden. Oliver liebte die Aufbruchsstimmung, die vor der Saison herrschte, die Energie, die in der Mannschaft steckte. Da machten sogar Thompsons endlose Passing-Drills Spaß und das Zusammenspiel zwischen ihm und Colbert klappte reibungslos. Auf dem Platz hatten sie alle das gleiche Ziel. Wenn doch das ganze Leben so einfach sein könnte wie eine Trainingseinheit.

Der Nachmittag war frei, und Oliver schnappte sich Deacon und ging mit ihm zu einem nahegelegenen Golfplatz, um ein paar Löcher zu bespielen und seinen Freund eine Weile für sich zu haben. Und um Cookie aus dem Weg zu gehen, denn der hatte sich dazu entschlossen, ein paar Bahnen schwimmen zu gehen, wie Oliver beim Mittagessen mitbekommen hatte. Nach dem Debakel nach der Dusche – und dem See – war er nicht erpicht darauf, Cookie in Badehose zu sehen. Seine kräftigen Arme und breiten Schultern, die durchs Wasser pflügten, die schmalen Hüften, die Beine, die kraftvoll schlugen.

Nope. Das wollte er definitiv nicht sehen. Lieber ließ er sich von Deacon wegen seiner miserablen Golfkünste auslachen.

***

Am Abend stand das erste mannschaftsinterne Trainingsspiel an. Thompson und der Trainerstab waren bereit, ihre Offense und Defense aufeinandertreffen zu lassen. Fans und Medien waren zugelassen, und es war tatsächlich ein Fernsehteam angerückt – offenbar hielten sie diese harmlose interne Übung für interessant genug, sie für die Außenwelt festzuhalten. Oliver schüttelte den Kopf, hin- und hergerissen zwischen Ärger und Verständnislosigkeit über diese anhaltende Aufmerksamkeit. Auch ein paar Fans waren gekommen, wenn auch nur eine Handvoll. Sie waren wirklich mitten im Nirgendwo, und nur die ganz Hartgesottenen hatten diese Reise auf sich genommen.

Zu Beginn fand Oliver sich mit Perez zusammen an der Sideline wieder. Die Coaches planten, alle Spieler zum Einsatz kommen zu lassen und grüppchenweise zu rotieren. Cookie spielte direkt, und so bekam Oliver die seltene Gelegenheit, ihm auf dem Platz zuzusehen. Sie waren beide quasi immer gesetzt gewesen, sowohl jetzt bei Portland als auch, als sie noch gegeneinander gespielt hatten, und er war immer auf seine eigenen Aufgaben fokussiert gewesen. Ihm war durchaus klar, dass Thompson sie absichtlich nicht zusammen auf den Platz gestellt hatte, der alte Fuchs.

Irgendwie war er dem Coach sogar dankbar. Henry war so athletisch, so elegant in seinen Bewegungen, dass es eine Freude war, ihm zuzusehen. Er hatte bereits einen Touchdown erzielt, mühelos den Ball aus der Luft gefangen, während er von Verteidigern umgeben gewesen war. Oliver war sicher, dass er dem Spiel auch weiterhin seinen Stempel aufdrücken würde. Seine Fangsicherheit und Vielseitigkeit hatten ihnen in der letzten Saison maßgeblich zum Erfolg verholfen.

Oliver liebte Henrys Konzentration auf dem Spielfeld, die Art und Weise, wie sich seine Muskulatur unter der Ausrüstung anspannte, wenn er zum Sprint ansetzte, seinen schmalen aber so trainierten Körper. Es war peinlich und erbärmlich, doch er konnte den Blick kaum von ihm losreißen.

Plötzlich stupste Perez ihn unsanft in die Seite und murmelte: „Glotz ihn doch nicht so an, Mensch."

Oliver fuhr zusammen und erstarrte. Sein Herz setzte ganze zwei Schläge lang aus und raste dann umso schneller, und in seinem Bauch sammelte sich kalte Angst. „Ich habe gar nicht –" setzte er an, doch Perez schüttelte den Kopf und zeigte dann mit dem Kinn kaum merklich zur Seite. Dort stand Carter, doch der hatte zum Glück nichts von ihrer Unterhaltung mitbekommen.

Oliver schloss seinen Mund wieder und nickte. Am liebsten wäre er davongerannt. War er so auffällig? Verbaute er sich wirklich gerade selbst seine Karriere, weil man ihm an der Nasenspitze ansehen konnte, wie schlecht er sich in letzter Zeit unter Kontrolle hatte?

Perez legte ihm sanft die Hand auf den Arm. Erst jetzt merkte er, wie sehr der zitterte. „Alles gut", murmelte Perez. „Reiß dich nur zusammen."

Oliver schluckte trocken und nickte. Er wollte sich abwenden, sein Interesse auf etwas anderes richten, doch natürlich sprintete Cookie genau in diesem Moment quasi vor ihnen vorbei, athletisch und schnell und dieser *Hintern* … Perez räusperte sich und Oliver riss sich los, sah stattdessen zu Colbert, der über den Platz schlenderte, und widmete ihm seine Aufmerksamkeit.

Als er dann wenig später selbst auf den Platz lief, pfiff irgendwo jemand und rief „Schwuchtel!", doch Oliver ignorierte es geflissentlich. Zu groß war seine Freude, endlich wieder voll ausgestattet auf einem Footballfeld zu stehen und Spielzüge anzuleiten. Er machte sich nicht schlecht, auch wenn die Automatismen mit den

Kollegen ein wenig eingerostet waren. Um das wieder hinzubekommen, waren sie ja hier, darüber machte er sich keine Sorgen. Insgesamt genoss er es vor allem, endlich wieder hier zu sein, und nahm sich fest vor, sich nicht mehr verjagen zu lassen.

Nur Perez' Kommentar nagte an ihm. Geduld war noch nie seine Stärke gewesen, und so schnappte er sich seinen Kumpel auf dem Weg zurück zu den Duschen. Die Mannschaft hatte sich entzerrt, als alle in ihrem eigenen Tempo vom Platz schlurften, gingen, ein paar Übereifrige sogar joggten.

„Perez." Oliver packte ihn am Ellbogen und Perez' schwarze Augen sahen ihn freundlich an, die dichten schwarzen Haare darüber vom Spiel ganz verwuschelt.

„Hey, Mann." Er lächelte und blieb bereitwillig stehen, als Oliver ihn ausbremste.

Er wartete, bis ein Grüppchen Kollegen an ihnen vorbeigegangen war, dann zischte er: „Was war das bitte vorhin für ein Kommentar?"

Perez lächelte noch immer und hob die Schultern. „Nichts weiter", sagte er. „Mir ist nur aufgefallen, wie du ihn manchmal ansiehst."

Oliver schubste ihn an der Schulter, ohne darüber nachzudenken. „Ich sehe ihn nicht an", sagte er scharf, aber schaffte es nicht, Perez' Blick dabei zu erwidern.

Der ließ sich nicht auf die Provokation ein, sondern blieb ruhig. „Ist okay", sagte er und klang beinahe mitleidig. „Ich glaube nicht, dass es irgendwem sonst aufgefallen ist."

„Ich ..." Oliver wusste nicht, wie er weitermachen sollte. „Perez, ich bin hier, um mich auf Football zu konzentrieren, sonst nichts, verstehst du das?"

„Du brauchst keine Angst haben, dass ich irgendwas sage, okay?", sagte er leise und Oliver fuhr zusammen, weil er so zielsicher seine große Angst getroffen hatte. Sie waren gerade erst wieder dabei, und er war sich bewusst, auf welch wackligen Beinen das alles stand. Dass das Team nicht begeistert wäre, wenn das Thema wieder hochkochen würde. Thompson hatte in seiner allerersten Ansprache hier im Minicamp klargemacht, dass ihr aller Fokus auf dem Sportlichen liegen musste, und zwar ausschließlich. Wen genau er damit gemeint hatte, war allen im Raum klar gewesen. Sie mussten sich jetzt auf die Vorbereitung konzentrieren und konnten keine erneute Ablenkung gebrauchen. Und überhaupt war ja gar nichts passiert. *Leider*, flüsterte eine leise Stimme in der hintersten Ecke seines Hirns, doch er brachte sie schnell zum Schweigen.

„Wie …" Er wusste nicht, wie er die Frage stellen sollte, ohne etwas zuzugeben, das er unmöglich zugeben konnte.

Perez verstand ihn auch so. „Ich kenne dich seit unserem ersten Sommercamp damals mit dreizehn", sagte er, streckte sich und ließ das Genick knacken, als wäre das hier eine ganz normale Unterhaltung. „Irgendwann weiß man, wie jemand tickt. Außerdem …" Er brach ab und sah sich kurz um, ob auch wirklich niemand in ihrer Nähe war. „Außerdem erkennt man es leichter, wenn es einem selbst auch so geht."

Oliver starrte ihn an. „Du findest Cookie scharf?", fragte er fassungslos und begriff zu spät, dass er damit mehr preisgegeben hatte, als er gewollt hatte.

„Männer", sagte Perez und fuhr sich verlegen mit der Hand durch die Haare. Olivers Gehirn arbeitete auf

Hochtouren und begriff doch nicht, was er gerade hörte. Perez. Männer. „Also, nicht alle, natürlich. Aber manche schon."

„Willst du mir sagen, dass du schwul bist und du mir das gerade ganz lässig nebenbei erzählst?", zischte Oliver. Er traute seinen Ohren kaum. Wie konnte er diesen Mann seit über zehn Jahren kennen und so etwas erst heute erfahren? Er fühlte sich beinahe betrogen. Erst Charlie, jetzt Perez – wollten sie ihm wirklich erklären, dass es gar nicht so außergewöhnlich war, hin und wieder auch an Männern interessiert zu sein?

„Bi." Perez grinste schon wieder. „Aber ich stehe genug auf Frauen, dass es nie ein Problem gewesen ist. Ich habe einfach nie was mit einem Mann gehabt." Er zuckte die Schultern. „Easy. Ist meiner Karriere nie in die Quere gekommen."

Er lachte leise, als er Olivers ungläubiges Gesicht sah, dann legte er ihm den Arm um die Schultern und zog ihn mit sich, als er wieder losging. „Soll auch gar nicht um mich gehen hier. Ich meine nur, ich kenne den Blick. Und heute ist nicht das erste Mal gewesen, dass du Cookie so angesehen hast. Ich weiß nicht, ob dir bewusst ist, wie du ..." Er brach ab, als Oliver ihn entsetzt ansah. „Du hast ihn auch letztes Jahr schon ... und die Jahre davor, als ihr noch gegeneinander ..."

Er schluckte auch den Rest dieses Satzes hinunter, doch es war genug, um Olivers Weltbild ins Wanken zu bringen. Charlie hatte etwas ganz Ähnliches gesagt. Dass er Cookie so ansah. In den Medien kursierten Gerüchte über sie, und die Leute glaubten sie ohne Probleme. Sie alle wussten etwas, sahen etwas, das Oliver nicht begriff. Was genau behauptete sein Kollege hier?

„Perez", sagte er mit rauer Stimme und dann lange nichts. Es passierte ihm nicht oft, doch gerade fehlten ihm die Worte.

Sein Freund legte ihm die Hand auf die Schulter. Irgendwann, als er sich wieder einigermaßen gesammelt hatte, hob er den Kopf und warf Perez ein schiefes Grinsen zu. „Wettrennen zurück zum Hotel?"

Und nie hatte er irgendjemandem auf der Welt gegenüber mehr Dankbarkeit verspürt als gegenüber Rafael Perez in diesem Moment, denn der grinste, als hätte ihre Unterhaltung nie stattgefunden. „Sicher, dass du das willst? Ich mache dich so was von fertig."

„Pfff", machte Oliver und gab sich Mühe, so wie immer zu klingen. „Wovon träumst du denn nachts? Ich zeige dir jetzt mal, wie es gemacht wird." Und als er ihm die Zunge herausstreckte und losrannte, tat er sein Bestes, alle schlechten Gedanken hinter sich zu lassen.

***

HENRY

Nach dem Training am nächsten Tag winkte Coach Thompson Henry zu sich und sein Herz rutschte ihm prompt in die Hose. Auch Momo war herangerufen worden. Hatten sie etwas falsch gemacht? Würden sie sofort wieder nach Hause geschickt werden? Was konnte der Coach von ihnen wollen? Doch er begrüßte sie mit einem Lächeln und die Panik in ihm flaute langsam wieder ab. Miller stand neben Thompson und reichte ihnen Wasserflaschen, die sie dankbar annahmen. Nach dem lockeren Scrimmage-Spiel gestern hatte das Coachteam das Tempo heute wieder angezogen und sie unbarmherzig durch ein Taktik- und dann ein Konditionstraining geschickt. Henrys Beine waren nach den Intervallsprints noch immer wackelig.

Momo stellte sich neben ihn, stützte sich mit dem Ellbogen an seiner Schulter ab und stürzte gierig das Wasser hinunter. Henrys Herz schlug zwei Takte schneller, als sie so nahe beieinander standen.

„Ihr schlagt euch gut", sagte Thompson mit anerkennendem Unterton in der Stimme. „Alle beide." Auf einem Tisch hatte die Trainercrew diverse Laptops und Gerätschaften aufgebaut, um ihre Leistungen live zu überprüfen. „Ich war nicht sicher, ob ihr euch habt gehen lassen während eurer ... Pause. Doch ich sehe, dass ihr ohne Probleme mit dem Rest der Mannschaft mithaltet."

Momo grinste schwach und deutete mit dem Daumen auf Henry. „Das haben wir dem hier zu verdanken, der hat mich jeden Tag zum Sport geschleift." Sein Grinsen erlosch. „Na ja, zumindest zu Beginn." Henrys schlechtes Gewissen war sofort wieder da, denn er wusste genau, dass Momo auf die Zeit anspielte, in der er quasi untergetaucht war. Es schien ihn wirklich getroffen zu haben.

Zum Glück hatte Thompson den letzten Satz ignoriert und schenkte ihm nun ein sardonisches Lächeln. „Ich kann dir nicht sagen, wie sehr mich das überrascht." Dann wurde sein Blick freundlicher. „Wir brauchen euch beide in der kommenden Saison, eure Fähigkeiten und eure Erfahrung. Es ist schön, dass ihr wieder da seid." Für den sonst so spröden Coach war das ein richtiger Gefühlsausbruch. Henry und Momo sahen sich erstaunt an.

„Danke, Coach", sagte Henry, „wir werden unser Bestes geben."

Momo nickte. „Da könnt ihr einen drauf lassen", sagte er. Thompson rollte mit den Augen, wie Momo es sicherlich geplant hatte, dann scheuchte er sie mit einer Handbewegung davon. „Geht schon mal zurück, wir beenden hier ohnehin gleich."

Sie wandten sich in Richtung des Hotelkomplexes und waren plötzlich allein miteinander – allein und heiß und verschwitzt in ihren Trainingsshirts, und prompt war die Stimmung wieder angespannt. Henry wünschte, er könnte die Kluft überwinden, die seit dem Abend im Club zwischen ihnen existierte.

„Glückwunsch, Mann", sagte er aber nur und stieß den Freund spielerisch in die Seite. „Wenn Thompson dich mit Vorschusslorbeeren beehrt, musst du ja neue Rekorde aufgestellt haben auf dem Feld."

„Pfff", machte Momo, und wenigstens das funktionierte noch: dass sie in gegenseitige Frotzeleien verfallen konnten, ohne groß darüber nachzudenken. „Nur weil ich nicht so ein Streber bin wie du, ja? Heißt noch lange nicht, dass ich nichts kann."

„Das habe ich ja auch nicht gesagt." Henry gab sich Mühe, genau die richtige Menge an Mitleid in seiner Stimme mitschwingen zu lassen. „Im Rahmen deiner Möglichkeiten machst du das sicher richtig gut."

Momo schnappte empört nach Luft, und weil Henry ihn besser kannte als sich selbst, rannte er los, noch ehe Momo ausholen konnte, um ihn in die Seite zu boxen. „Siehst du", gab er über die Schulter zurück, „das machst du doch toll. Noch ein bisschen trainieren und du kannst mich schon fast einholen." Dann lachte er und rannte noch schneller, um Momos Angriff zu entgehen.

***

Den Abend hatten sie zur freien Verfügung und Henry überlegte, ob er Momo fragen sollte, was der vorhatte. Und entschied sich sofort um – was sollte das bringen? Seine Gefühle waren zu nahe an der Oberfläche, er fürchtete, dass ihn schon die kleinste Unvorhersehbarkeit aus der Bahn werfen würde. Also flüchtete er sich zu Kaminski und ihrem Rookie Tom Akers, einem blutjungen Wide Receiver frisch vom College. Henry konnte an Akers etwas von dem weitergeben, was er in den letzten Monaten über Portland gelernt hatte, und der Junge war sichtlich dankbar für die Unterstützung.

Es wurde unerwartet spaßig, denn sobald Akers etwas aufgetaut war und Henry die Gedanken an Momo abgeschüttelt hatte, holten sie sich ein paar Gesellschaftsspiele und legten los. Alkohol war im Minicamp verboten, doch Kaminski brauchte den nicht, um lustige Geschichten und Witze zu erzählen, bis Henry und Tom sich vor Lachen ausschütteten. Es dauerte nicht lange, und weitere Kollegen setzten sich zu ihnen. Bald hatte sich eine richtige Traube um sie herum gebildet.

Henry war so dankbar für die Ablenkung und die so dringend benötigte Erholung für seinen unter Stress stehenden Körper und Geist, dass er den ganzen Abend über nicht an Momo dachte. Es war eine Wohltat, eine

Erinnerung daran, wie schön es gewesen war, bevor seine blöden Gefühle sich so in den Vordergrund gedrängt hatten. Wie sehr er es eigentlich genoss, bei der Mannschaft zu sein. Den kleinen Wehrmutstropfen, dass Momo im Idealfall neben ihm gesessen und mit ihm gelacht hätte, ignorierte er.

Als er endlich in ihr Zimmer zurückkam, war es spät geworden, später, als er normalerweise zu Bett ging. Noch immer breit grinsend sperrte er die Tür auf und war verblüfft, als er feststellte, dass Momo schon in seinem Bett lag und offenbar schlief. Sofort löschte er das Licht wieder, das er automatisch angemacht hatte, und tastete sich im Schein seiner Handylampe zum Bett. Momo ging nie früh ins Bett. Er brauchte nicht so viel Schlaf wie normale Menschen, anders konnte Henry sich nicht erklären, wie er es schaffte, so oft und so lange auszugehen und dennoch am nächsten Tag zum Training zu erscheinen, als wäre nichts gewesen.

Und nun lag er hier, mit dem Rücken zu Henry, in seine Decke eingerollt, nichts von ihm zu sehen außer unordentlicher goldblonder Haare. In ihm meldete sich das schlechte Gewissen. Ging es seinem Freund nicht gut? Und er hatte es nicht einmal gemerkt.

Er zögerte, doch dann ging er zu Momo hinüber und strich ihm sanft durch die Haare. Er schlief ja, da war es nicht schlimm, wenn er die Maske kurz fallen ließ. Nur wusste er nun, da er ihn berührt hatte, nicht, wie er wieder aufhören sollte. Noch einmal strich er ihm über die Haare, prägte sich ein, wie die Textur der dicken, so widerspenstigen Strähnen zwischen seinen Fingern lag. Dann riss er sich los, als müsste er ein

Pflaster entfernen, und stolperte mit rasendem Herzen ins Bad. Wie erbärmlich war er denn bitte!

***

OLIVER

Wie erbärmlich war er denn bitte? Er sollte es Henry gönnen, dass er Spaß hatte und sich mit den Kollegen amüsierte. Er sollte sich selbst ebenfalls eine abendfüllende Aktivität suchen, die ihm Spaß machte. Stattdessen verdarb es ihm die Laune, Cookie mit anderen Leuten lachen zu sehen. Er schien ihn, Oliver, überhaupt nicht zu vermissen, und das ärgerte ihn. Auch wenn er genau wusste, dass das albern war. Cookie hatte jedes Recht, fröhlich zu sein. Und auch, ohne *ihn* fröhlich zu sein. Oliver hatte sein Glück nicht gepachtet. Hatte keine Besitzansprüche auf sein Lachen.

Und doch hatte er nichts gegen das Grummeln in seinem Bauch und seine schlechte Laune tun können. Er war vom Gemeinschaftsraum nach draußen gewandert, hatte lustlos den Kollegen bei ihrem Tischtennismatch zugesehen und sich irgendwann wieder ins Zimmer verkrümelt. Hatte – und das war ihm *wirklich* peinlich – heimlich an Henrys Schlafshirt gerochen und es dann schnell wieder aufs Bett zurückgeworfen, als ihm klar geworden war, was er da gerade tat. Die körperliche Anstrengung der letzten Tage half, dass er bald eingeschlafen war und am nächsten Morgen einigermaßen erholt aufwachte.

Nur das Bauchgrummeln war geblieben.

Und überhaupt. Es nervte ihn, dass sie so wenig Zeit miteinander verbrachten. Nervte ihn, dass sie nicht mehr Freunde sein konnten. Nervte ihn, dass er sich selbst nicht mehr erkannte, nicht verstand, was mit ihm los war.

Er musste an Perez denken und daran, wie lapidar der über sich und seine Sexualität gesprochen hatte. Er verstand nicht, wie der es geschafft hatte, sich dieser Tatsache klar zu werden und dann damit zu leben. Einfach so. Sich damit zu arrangieren, ohne dass es Auswirkungen auf sein Leben hatte. Warum konnte er das nicht?

Während er also am Vormittag wieder und wieder Passspielzüge übte, bis Thompson zufrieden war mit ihrer Ausführung und Präzision, beschloss er für sich, dass er Cookie ansprechen würde. Sie mussten das aus der Welt räumen. So ging es nicht weiter.

***

Der Nachmittag war frei, damit sie ihre Sachen packen konnten, denn später ging es bereits wieder zurück in die Stadt. Oliver hatte sich in ihr Zimmer verkrochen, um Henry keine Gelegenheit zu geben, ihm zu entkommen. Dem wäre es zuzutrauen, dass er in Windeseile seine Sachen zusammensuchte und wieder verschwand, nur um nicht länger als nötig mit Oliver in einem Raum sein zu müssen.

Die Sorge war unbegründet und Cookie ließ auf sich warten. Oliver saß auf seinem Bett, daddelte auf seinem Handy herum, ohne wirklich auf das zu achten, was er tat. Er war angespannt wie vor einem entscheidenden Spiel und es kribbelte in ihm von den

Zehenspitzen bis hinauf in die Ohren. Es wurde Zeit, dass sie reinen Tisch machten, damit er sich endlich wieder auf Football konzentrieren konnte. Er musste einfach einmal den Elefanten im Raum ansprechen, damit sie danach wieder normal miteinander umgehen konnten. Und wenn das bedeutete, über diesen Abend im Club zu sprechen … nun, sie würden es überleben. Hoffentlich.

Als sich die Tür öffnete, raste Olivers Herz und er schimpfte sich selbst einen Vollidioten. Es war nur Cookie. Er wollte nur mit ihm reden. Er redete jeden Tag mit Cookie.

Er trat ein und Olivers Finger zitterten plötzlich. „Oh", machte Cookie und sah ihn überrascht an. „Sorry, ich wusste nicht, dass du da bist. Soll ich wieder …?" Er wandte sich halb zur Tür und Oliver sprang auf.

„Wir müssen reden." Der Satz war ihm rausgerutscht, ehe er nachgedacht hatte, und nun stand er zwischen ihnen, drohend und unheilvoll.

„Oh", machte Cookie wieder und Oliver konnte sehen, wie Angst in seinen Blick kroch. Warum? Was hatte er zu befürchten? „Okay, klar. Was … also, über was willst du denn reden?"

„Warum ignorierst du mich?"

Wow, okay.

Cool, Mosley. Das klang nun wirklich überhaupt nicht kindisch.

„Ich meine – du gehst mir aus dem Weg, die ganze Zeit schon. Habe ich dir was getan?"

Cookie lächelte, und es war so unecht, als wäre er eine Puppe. „Quatsch, Momo. Ich versuche halt, mit den

anderen hier was zu machen. Die habe ich schon so
lange nicht mehr gesehen."

„Bullshit." Oliver machte einen Schritt auf ihn zu. Er
ertrug die Spannung in seinem Inneren kaum noch.
„Was sagst du mir nicht?"

Cookies Lächeln verschwand und er sah ihn verwirrt
an. Oliver konnte es ihm nicht verdenken, er verstand
sein Verhalten ja selbst nicht. Es war doch gut, wenn
Cookie mit den anderen Zeit verbrachte. Er gönnte es
ihm.

Doch er gönnte es ihm *nicht.*

Er wollte ihn für *sich.*

„Was ist denn los mit dir?", fragte Cookie, als spürte
der sein Gefühlschaos.

Er wusste nicht, was er sagen sollte. Er hatte doch
keine Ahnung. Er wusste nur, dass er sich nicht mehr
so fühlen wollte, so wütend, so hilflos. Und er wusste,
dass Cookie es besser machen konnte, so, wie Cookie es
schon immer besser gemacht hatte. Cookie. Er brauchte
Cookie. Jetzt. Also machte er einen Schritt nach vorn,
legte eine Hand auf Cookies Brust und küsste ihn. Seine
Augenlider schlossen sich wie von selbst und für einen
Moment war alles andere in seinem Kopf stumm, die
schlechten Gefühle, die Verwirrung, die Wut. Plötzlich
war alles richtig.

Und dann riss Henry sich von ihm los. Starrte ihn an,
mit großen Augen voller Entsetzen, und kalte, schwere
Angst sammelte sich in Olivers Magen.

Fuck.

Was war das denn eben gewesen? Cookie war ganz offensichtlich nicht begeistert. Hatte er alles kaputt gemacht mit dieser einen unüberlegten Aktion? Der

Gedanke drohte, ihm den Boden unter den Füßen wegzuziehen.

„Momo“, flüsterte Henry und seine Hand legte sich an seine Lippen. „Was –“

„Sorry“, sagte Oliver schnell. „Es tut mir leid, Cookie, ich –“

Er brach ab, als Henry einen Schritt auf ihn zumachte, sodass sie wieder dicht voreinander standen. „Du hast mich geküsst.“ Henry flüsterte immer noch.

Immerhin schrie er nicht. Das war gut. Vielleicht hieß das, dass er ihn nicht hasste. Wenn er ihn hasste, wäre er jetzt schon nicht mehr hier. Oder? Cookie war ein sehr höflicher Mensch, er würde ihn nicht ohrfeigen und dann verschwinden. Oder? Ihm fiel auf, dass Henry auf eine Antwort zu warten schien, also zuckte er hilflos mit den Schultern und nickte. „Ja.“

Henry nickte auch. Oliver wollte ihn packen und schütteln, ihn anflehen, doch bitte endlich etwas zu sagen, und vor allem wollte er ihn noch mal küssen. Und zwar dringend. Doch er wagte nicht, sich zu bewegen, hatte Angst, alles kaputtzumachen.

„Ich …“ sagte Henry schließlich, brach ab, schüttelte den Kopf, und dann schloss er die Lücke zwischen ihnen, zog Oliver mit einer Hand am Hinterkopf zu sich, und legte die Lippen auf seinen Mund. Cookies Lippen zitterten, doch sie blieben, wo sie waren, sicher und warm und so verdammt perfekt.

Scheiße, war das gut.

Scheiße, war das … richtig.

Der Kuss hatte nichts von der altbekannten Eile, die seine Küsse mit Frauen sonst charakterisierten, und vor allem war er nicht Mittel zum Zweck, sondern gut genug, so wie er war. Er war süß und sanft und vorsichtig und Oliver wusste nicht, wann er zuletzt so geküsst hatte. Geschweige denn, so geküsst worden war. Ihre Hände hatten sich gefunden, die Finger ineinander verflochten, und sie waren sich so nahe, dass er spüren konnte, wie Henrys Puls raste.

„Ich habe also nicht unsere Freundschaft zerstört", sagte er leise, als sie sich irgendwann wieder voneinander lösten, und Henry lachte. Sein heißer Atem auf Olivers Haut verursachte ihm Gänsehaut.

„Zerstört?", wiederholte Henry und löste eine Hand von ihm, um sich durchs Gesicht zu fahren. Sofort erfasste Kälte die Stelle, wo ihre Verbindung abgebrochen war. „Gott, Momo, du hast echt keine Ahnung, oder?"

„Von was genau?", fragte Oliver, der nicht wusste, worauf Henry hinauswollte.

Der sah ihn lange still an, als versuchte er etwas herausfinden, ohne ihn direkt zu fragen. Schließlich atmete er tief durch und schloss die Augen. Nahm sich spürbar zusammen, öffnete sie wieder und sah Oliver direkt an. „Okay. Also ... Ich habe mir schon sehr lange gewünscht, dass du mich küsst", sagte er mit nicht ganz fester Stimme und biss sich auf die Lippe, kaum dass die Worte heraus waren.

Oliver starrte ihn an, blinzelte und lächelte dann . „Oh", sagte er, „okay, gut. Das trifft sich sehr gut."

Cookies Mund öffnete sich, doch kein Ton kam heraus. Er schüttelte den Kopf. „*Das trifft sich gut?* Das ist alles?"

„Äh ..." Oliver war unsicher. Er konnte Cookies Tonfall nicht deuten. War das nicht die richtige Antwort gewesen? Sein Kopf war so voll von Cookie und diesem Kuss und dem berauschenden Glücksgefühl in seinem Bauch, dass er kaum geradeaus denken konnte. „Das trifft sich gut, weil ich dich auch gern küssen wollte?“, ergänzte er also vorsichtig.

Cookie lachte wieder, doch es klang verzweifelt. Oliver hatte keine Ahnung mehr, was hier los war. Er wollte nichts kaputt machen, wollte genießen und Cookie bei sich spüren, diesen neuen Empfindungen nachgeben. Doch jedes Mal, wenn er den Mund öffnete, schien er das Falsche zu sagen.

Cookie schüttelte den Kopf. „Wenn ich gewusst hätte, dass das so einfach ist, hätte ich mir nicht sechs Jahre lang solche Sorgen gemacht um die ganze Sache.“

„Sechs ...“ Oliver war nicht sicher, ob er richtig gehört hatte. Instinktiv griff er nach Henrys Hand. „Sechs Jahre? Cookie, was –“

Der sah weg, versuchte, ihm die Hand zu entziehen, doch Oliver hielt sie fest. „Scheiße, Mann, ja. Muss ich es wirklich aussprechen?“ Und als Oliver ihn weiter fragend ansah, zog Henry die Schultern hoch, als wollte er sich dazwischen verstecken, und sagte, zu einem Punkt irgendwo links von Olivers Kopf: „Ja, wenn du es genau wissen willst, dann bin ich seit sechs verdammten Jahren in dich verliebt. Ungefähr genauso lange habe ich gehofft, dass es wieder vergeht. Aber ist es nie, wird es auch nie. Im Leben hätte ich nicht damit gerechnet, dass du mich auch ...“ Er brach ab.

Oliver stand stocksteif da, versuchte zu verarbeiten, was er eben gehört hatte, und scheiterte. Also sagte er, wie so oft, das Erste, das ihm in den Sinn kam.

„Ehrlicherweise muss ich sagen, dass es mir erst seit ein paar Wochen so geht."

Henry starrte ihn an und Oliver starrte zurück, und dann entlud sich die Spannung plötzlich, als sie beide lachen mussten. Das war gut, das war etwas, das er kannte, damit konnte er umgehen. Oliver hob den Kopf und Henry war so verdammt *schön*, wenn er lachte, dass Oliver nicht anders konnte, als ihn noch mal zu küssen.

Henry seufzte in den Kuss und Oliver meinte, sein Herz müsse schmelzen bei dem Geräusch. Dabei hatte er gedacht, Cookie bereits in- und auswendig zu kennen.

„Mosley? Cook?", drang plötzlich Millers Stimme von draußen, begleitet von einem Klopfen an ihrer Tür, und sie fuhren auseinander, als wären sie bei etwas Verbotenem erwischt worden. „Seid ihr langsam so weit? Abfahrt ist in dreißig Minuten!"

Oliver biss sich auf die Lippe. Shit. Natürlich mussten sie los. Er hatte die Realität kurzzeitig ausgeblendet. „Ja, klar, gleich!", rief er zurück und räusperte sich. Er sah zu Henry. Dessen Augen glänzten und seine Lippen waren rot und voll und ungeahnt einladend. Jetzt, wo er einmal damit angefangen hatte, wollte er gar nicht wieder aufhören, ihn zu küssen.

Doch das musste warten. Eine ganze, verdammte Busfahrt lang bis zurück nach Portland.

„Dann sollten wir wohl", sagte er irgendwann, riss seinen Blick mühevoll von Cookie los und richtete ihn stattdessen auf sein Bett, das noch voll war mit diversem Krimskrams. Sein Bett, das plötzlich ganz neue

Möglichkeiten bot und das er mit Sicherheit schnell leer räumen könnte, wenn er …

„Ja", sagte Cookie. „Hast recht."

Oliver vermied tunlichst, ihm noch einmal in die Augen zu sehen. Er hatte so eine Ahnung, dass er sich dann nicht mehr zurückhalten können würde. „Wetten, dass ich schneller fertig bin als du?"

Henry schnaubte belustigt und trat zu seinem Bett. Wie zufällig strich seine Hand dabei über Olivers Arm, und der tat sein Möglichstes, die Gänsehaut zu ignorieren, die sich darauf ausbreitete.

„Es ist nicht immer vorteilhaft, als Erster fertig zu sein", sagte Cookie in unschuldigem Ton.

Olivers Kopf flog zu ihm herum – doch Cookie wirkte zutiefst fokussiert darauf, seine Sachen zusammenzusammeln. Auch wenn Oliver der hinreißende rote Ton seiner Wangen nicht entging.

WENN ICH NUR MEINE FRESSE HAL-
TEN KÖNNTE

HENRY

Er lag auf seinem Bett und konnte nichts tun, als die Decke anzustarren und immer wieder seine Lippen anzufassen. Es fiel ihm schwer zu glauben, dass er die letzten Stunden nicht geträumt hatte. Dass Momo ihn *geküsst* hatte. Einfach so. Mit so viel Energie, wie er alles im Leben tat, und danach noch mal, sanfter, *zärtlicher.* Er verstand nicht, was passiert war. Wie alles, was er sich je erträumt hatte, Wirklichkeit hatte werden können.

Die Busfahrt zurück nach Portland war die reinste Tortur gewesen. Zum Glück hatte Kaminski sich direkt Kopfhörer aufgesetzt und Perez die Augen zu einem Nickerchen geschlossen, sodass er sich wenigstens nicht durch eine Unterhaltung hatte quälen müssen. Andererseits wäre eine Unterhaltung definitiv eine hilfreiche Ablenkung davon gewesen, dass Momo neben ihm saß, warm und vor Anspannung förmlich vibrierend. Er hatte sein Tablet herausgekramt und eine Folge *Friends* angemacht, dann einen seiner Ohrstöpsel Henry hingehalten. Und so hatten sie stumm dagesessen und auf den kleinen Bildschirm gestarrt, ohne irgendetwas von dem mitzubekommen, was dort gesagt wurde. Momo hatte seine Hand auf seinen Oberschenkel gelegt, und zwar so, dass seine Finger Henrys Haut berührten. Hauchzart nur, kaum merklich – und doch hatte es ihn innerlich in Brand gesetzt.

Gott, und wie gut Momos Lippen sich bei ihrem Kuss angefühlt hatten. Seine Gedanken wanderten unweigerlich wieder dorthin zurück. Aber ernsthaft, das war doch nicht normal? Das war doch seine überhöhte Wahrnehmung gewesen?

Die Türglocke läutete und Henry schreckte hoch. Er war dankbar, dass seine dämliche Gedankenspirale endlich durchbrochen war, und eilte zur Haustür. Seine Wünsche waren erhört worden: Momo stand vor ihm. Er trug noch die Trainingsklamotten, in denen sie aus dem Minicamp zurückgekommen waren, und sah ihn mit unlesbarer Miene an. Henrys Kopf war wie leergefegt.

Er schluckte trocken, atmete tief durch. Wusste nicht, wie er sich verhalten sollte, und machte schließlich vorsichtig einen Schritt zurück.

Momos Blick war so entschlossen, als müsste er jeden Moment den alles entscheidenden Pass werfen, und dann trat er ein und knallte die Tür hinter sich zu. Noch ehe Henry zu einem Entschluss gekommen war, wie er ihn begrüßen sollte, hatte Momo die Distanz zwischen ihnen schon überbrückt und nahm sein Gesicht in beide Hände, zog ihn an sich und küsste ihn.

Henrys Knie gaben nach, und er wäre umgefallen, hätte Momo ihn nicht gehalten. Der lachte in den Kuss hinein und küsste ihn weiter. Er roch zitronig, nach dem Öl, das ihr Physioteam immer nutzte, und sein Griff war so warm und stark, dass Henry ganz anders wurde. Sein Körper reagierte, noch ehe sein Kopf ganz begriffen hatte, was passierte. Als Momos Zunge – frech wie Momo selbst – seinen Mund eroberte, stöhnte Henry leise und zog ihn enger an sich.

Er hatte nicht gewusst, dass es so sein konnte. Dass ein Kuss sich so anfühlen konnte. Dass er atemlos und gierig und schwindelig vor Glück und Verlangen sein konnte, alles auf einmal. Als Momo sicher war, dass Henry wieder allein stehen konnte, wanderten seine Hände über seinen Körper. Sie strichen über Henrys Kinn, seine Schultern, seine Oberarme. Glückseligkeit floss süß und langsam wie Honig durch seinen Körper.

Er war vollkommen überfordert, doch zum Glück hatte Momo offenbar kein Problem damit, Tempo und Marschroute vorzugeben. Henry ergab sich seinen Berührungen, seinen Küssen. Sein Unglauben darüber, dass er das hier nicht träumte, schmolz langsam dahin, je länger Momo ihn hielt. In einer Atempause sagte er, dicht an Momos Lippen, schwer atmend: „Wenn ich gewusst hätte, dass du so küsst, hätte ich das schon viel früher gemacht."

Momo lachte leise und das Geräusch verursachte Henry Gänsehaut am ganzen Körper. „Ich würde sagen, wir machen uns beide nicht so schlecht."

Henry schloss die Augen und drückte seine Stirn an Olivers. Seine Hände fuhren über Momos Rücken, hielten sich schließlich am Bund seiner Trainingshose fest. „Momo ... kannst du mir erklären, was hier gerade los ist?"

Er spürte Momos Grinsen, ohne es zu sehen, und dann rieb der Scheißkerl seinen Schritt an Henrys.

„Wenn mich nicht alles täuscht, bekommst du 'nen Ständer. Und ich auch.“

Henry konnte nicht anders, als zu lachen. „Gott, du bist unmöglich. Aber was ... Also, nicht, dass ich mich beschweren würde, aber du –“ Er vergaß, was er hatte sagen wollen, als Momo den Kopf neigte und seine Zunge über die empfindliche Haut an Henrys Hals strich. Erregung sammelte sich tief in seinem Bauch.

Momos Finger wanderten von seinen Armen nach unten und schoben sich unter Henrys Shirt, strichen über seinen Rücken, seinen Bauch, mit festen, sicheren Bewegungen. Henry stöhnte leise und versuchte zu begreifen, was hier passierte. Mit ihm und diesen nie gekannten Reaktionen auf die Berührungen eines anderen Menschen. Mit Momo, von dem er immer gedacht hatte, er wäre der heterosexuellste Mensch der Welt. Mit ihnen beiden, die doch immer nur beste Freunde gewesen waren. „Momo“, setzte er also wieder an, „ich verstehe nicht –“

Momo hörte auf, seinen Nacken zu küssen, seinen Bauch zu streicheln, und sofort war Henrys Körper kalt und leer. „Cookie“, sagte Momo in strengem Tonfall. „Ich versuche, mit dir rumzuknutschen.“

Die Worte und die Art, wie er nun die Arme um ihn legte, brachten Henry fast zum Schmelzen. Er nickte stumm.

„Ich habe auch viele Fragen“, fuhr Momo leise fort. „Ich habe noch nie so wirklich einen anderen Mann geküsst und keine Ahnung, warum es sich so gut anfühlt und warum ich erst jetzt darauf komme, dass es sich so gut anfühlen *kann*.“ Der Blick seiner braunen Augen war dunkel und warm, voller Zuneigung, und Henry seufzte wohlig. „Aber können wir uns darauf einigen, dass wir später reden? Bitte?" Momo atmete zittrig aus. „Ich finde das hier nämlich ziemlich geil, wenn ich ehrlich bin. Okay?"

Henry schluckte und nickte. Dann fiel ihm siedend heiß noch etwas ein, und Schamesröte stieg ihm in die Wangen. „Momo", sagte er leise. Es war ihm so peinlich, doch er musste es sagen. „Ich finde es auch geil, aber können wir bitte ... also, können wir uns aufs Knutschen beschränken? Ich weiß, dass du ein anderes Tempo gewohnt bist, aber ich ..." Seine Stimme wurde zu einem Flüstern, weil er sich so schämte. „Ich bin so schlecht in Sex. Ich will nicht, dass ich es mir jetzt gleich schon mit dir versaue."

Momo lachte, doch wurde sofort wieder still, als er merkte, wie ernst es Henry war. „Das fällt mir sehr schwer zu glauben, aber natürlich machen wir nichts, mit dem du dich nicht wohl fühlst. Ich habe das hier auch noch nie mit einem Mann gemacht. Vielleicht bin ich ja scheiße darin?" Ungewohnte Unsicherheit flackerte über sein Gesicht. „Wir lassen es langsam angehen, okay? Wir tasten uns beide ran. Glaub mir, nichts könnte mich glücklicher machen, als den ganzen Tag mit dir zu knutschen." So viel Zärtlichkeit stand in seinem Blick, dass Henry es kaum aushielt.

Er nickte wieder, und dann küsste er Momo. Konnte nicht fassen, dass er das hier tun konnte, seine Finger in Momos Haare winden und seinen Kopf zu sich ziehen, mit der Zunge seine Lippen entlangfahren, bis sie sich öffneten. Seinen Körper an ihn drücken und spüren, dass sie beide ähnlich erregt waren. Seine Lider flatterten zu, und er gab sich selbst die Erlaubnis, das hier erst mal nur zu genießen. Denken konnte er hinterher immer noch genug.

***

Er wusste nicht, wie lange sie knutschten, und nicht, wann sie ins Schlafzimmer gewandert waren. Wusste nur, dass er in seinem weichen Kissen lag und Momo über ihm war, ihn mit seinem Körper in die Matratze drückte und ihn küsste, wie er noch nie geküsst worden war. Mit so viel Lust und gleichzeitig so viel Zärtlichkeit in jeder Berührung, mit großen, breiten Händen, die seinen Körper streichelten, durch seine Haare fuhren, ihn festhielten. Mit einer spürbaren Erektion, die durch ihre Trainingsshorts hindurch gegen seine rieb, immer und immer wieder, stimulierend, aber ohne jeden Druck, weiterzugehen. Sie waren beide zufrieden damit, hier zu sein, einander zu schmecken und zu fühlen.

Irgendwann zog Momo sich zurück und strahlte ihn an, seine Lippen rot und geschwollen. Er ließ sich auf den Rücken fallen und Henry drehte den Kopf zu ihm. Sie lagen da und sahen einander an, mit großen Augen und rasendem Puls. Henry griff nach Momos Hand, zog dessen Finger durch seine eigenen und hielt sie ganz fest. Nun, da der Rest seines Körpers kurz Pause machte, kam sein Herz wieder umso lauter zu Wort. Er glaubte nicht, dass es schon jemals in seinem Leben so voll gewesen war, so erfüllt und zufrieden und rundum *glücklich*.

„Du bist …", sagte er im Versuch, seinen Gefühlen Ausdruck zu verleihen, und fand kein passendes Wort.

Doch das brauchte er nicht. Momo sah ihn an und nickte, sein Blick voller plötzlicher, ungewohnter Schüchternheit, die Henrys Beschützerinstinkte weckte. „Und du erst", sagte er schließlich leise und hauchte einen Kuss in Henrys Handfläche.

Henry atmete tief durch und blinzelte, als sein Verstand langsam wieder klarer wurde. Und damit kehrten seine Zweifel und Sorgen wieder zurück. „Und was war das jetzt?", fragte er, im vollen Bewusstsein, dass er damit die schöne Stimmung zerstörte. Doch er konnte nicht anders.

Oliver lächelte ihn weiter an. „Du meinst, außer der großartigsten Knutsch-Session meines Lebens? Keine Ahnung, Cookie. Sag du's mir."

Henry zuckte mit den Schultern. „Du weißt, wie ich zu dir stehe. Das wird sich vermutlich nicht ändern. Im Gegenteil, ich habe ... keine Ahnung, wie ich die Gefühle jemals wieder in ihre Schranken weisen soll, jetzt, da ich weiß, dass du wirklich so gut bist wie in meinen Tagträumen. So perfekt."

Momo schnaubte, dann beugte er sich vor und küsste Henry sanft auf die Lippen. Henrys Augen flatterten ganz von allein zu. „Du kennst mich doch wirklich lange genug, um zu wissen, dass ich das Gegenteil von perfekt bin."

„Bullshit." Nun sah Henry ihn doch an, seine Empörung stärker als die Verlegenheit. „Scheiße, Momo, glaubst du nicht, ich hätte versucht, mir diesen Mist auszutreiben? Mir all deine schlechten Seiten aufzuzählen, um meinen Verstand zu überzeugen, wie bekloppt das alles ist? Aber weißt du, ich mag *alles* an dir. All deine ‚schlechten Seiten'. Ich mag, dass du temperamentvoll bist und laut und unberechenbar und dass du mich mitreißt, weil das mein Leben weniger langweilig macht. Dass du dir nichts gefallen lässt, von niemandem, und dass du keine Angst davor hast, deine Meinung zu sagen. Dass du deinen eigenen Kopf hast und genau weißt, was du willst und was nicht. Für mich sind das alles positive Sachen."

Momo biss sich auf die Lippe und war lange still. Als er wieder aufsah, strahlten seine Augen voll Emotionen. „Du bist wahrscheinlich der einzige Mensch, der mich so sieht", flüsterte er und lachte dann trocken. „Ich war schon immer allen zu laut und zu störrisch und zu aufbrausend. Und du schaffst es irgendwie, mich so klingen zu lassen, als wäre ich großartig."

„Du *bist* großartig."

„Und du bist umwerfend. Du behältst die Ruhe und schaffst es, sie dann noch auf mich zu übertragen und mich vor dem ganzen dummen Scheiß zu bewahren, den ich normalerweise machen würde, wenn du nicht wärst. Du bist der schönste Mann, den ich kenne, und der beste Küsser, der mir je untergekommen ist. Und aus irgendeinem Grund hältst du mich für würdig, dass ich dein bester Freund sein darf."

Henry schluckte und seine Kehle wurde eng. Sie hatten noch nie so miteinander gesprochen. Über Gefühle, über das, was sie in dem anderen sahen. Und doch war keine Sekunde davon unangenehm. Sich Momo so zu öffnen und ihn in sein Innerstes blicken zu lassen, war die normalste Sache der Welt. Gott, wenn er das hier wieder aufgeben musste, er wusste nicht, wie er es anstellen sollte.

Als hätte er seine Gedanken gelesen, sah Momo ihn wieder so an, mit diesem zärtlichen, halbverwunderten Blick, den Henry eben erst an ihm entdeckt hatte und jetzt schon liebte. „Ich mag dich schon echt ziemlich", sagte er und Henrys Herz schlug einen Salto.

Ich mag dich. Das war, was er immer hatte hören wollen von Momo, insbesondere nach den letzten Stunden. „Aber Frauen magst du auch", hörte er sich sagen und schloss die Augen. Warum war er so darauf aus, die Stimmung zu verderben?

Momo überraschte ihn schon wieder, denn trotz der ganzen blöden Fragen war er ihm noch immer nicht böse. „Ja", sagte er langsam. „Ich ... ja. Keine Ahnung. Ich bin zumindest oft genug mit Frauen nach Hause gegangen." Er biss sich auf die Lippe, als wäre ihm diese Tatsache plötzlich unangenehm. „Aber du ... Ich meine, es hat sich noch nie so angefühlt, wie ... also ... Ich habe noch keine Frau stundenlang geküsst, weil ich es so schön finde. Schon gar nicht ohne Hintergedanken. Das war heute eine Premiere." Seine Augen wirkten so unschuldig, so unsicher. Gar nicht wie der Momo, den er kannte.

„Aber du ...", setzte Henry wieder an, denn anscheinend war ein Teil von ihm felsenfest dazu entschlossen, alles wieder kaputt zu machen, was sie gerade gehabt hatten. „Gott, sorry, ich will nicht dauernd alles hinterfragen, was du sagst, tut mir leid. Es könnte so schön sein, wenn ich nur meine Fresse halten könnte."

„Cookie." Momo streckte die Hand nach ihm aus, zog ihn näher zu sich und lächelte ihn an. Ein Finger griff nach einer Locke und wickelte sie um seinen Finger. „Wenn ich hier neben dir liegen kann und dich anfassen darf, kannst du mir noch zwei Stunden lang Fragen stellen. Mir geht es richtig gut gerade. Also mach ruhig weiter."

Henry atmete langsam aus. Momo sagte all die richtigen Sachen. *Tat* all die richtigen Sachen. Und dennoch hatte er Mühe, ihm zu glauben. Er horchte in sich hinein, ging dem Ganzen auf den Grund und fand – Furcht. Furcht davor, dass er sich darauf einließ, dass er Momo glaubte und es dann doch nicht funktionierte. „Ich bin mir zu schade, um ein Experiment für dich zu sein."

Momo nickte nachdenklich, kaute kurz auf seiner Unterlippe und küsste ihn schon wieder. „Okay", sagte er dann, und ein vorsichtiges Lächeln ließ seine Mundwinkel nach oben wandern. „Das verstehe ich. Ich kann dir nichts versprechen, Cookie, okay? Aber es fühlt sich nicht so an, als wäre das hier ein Experiment."

Ein trockenes Lachen entkam Henry. Wäre schön, wenn es so einfach wäre. Obwohl – wenn es jemanden gab, dem er zutraute, es sich genau so einfach zu machen, dann war es Momo. Momo dachte anders über die Dinge als er selbst. Momo achtete nur darauf, ob er etwas wollte oder nicht und pfiff auf den Rest – etwas, das Henry in diesem Leben nicht mehr schaffen würde.

Und weil Henry schwieg, schob Momo noch hinterher: „Ich werde nicht morgen mit einem Ring vor dir knien und dich bitten, mich zu heiraten, okay?" Sie sahen einander an und einen Moment lang raubte die Vorstellung Henry den Atem.

Momo schluckte und sah weg. „Aber es fühlt sich gut an, das hier. Und ich mag es, wenn sich Sachen gut anfühlen. Es gibt kaum jemanden, den ich so gut kenne wie dich. Und vor allem kaum jemanden, der *mich* so gut kennt wie du mich. Wenn dich das nicht vertrieben hat ... Aber ich weiß es nicht. Ich würde gern weitermachen und dich noch ganz oft küssen. Mehr kann ich dir gerade nicht versprechen. Reicht dir das?" Eine Bitte schwang in diesen letzten Worten mit, und Henry wurde klar, dass er sich lächerlich verhielt. Ja, er hatte Angst davor, verletzt zu werden. Aber er hatte auch sechs Jahre lang Zeit gehabt, sich daran zu gewöhnen, dass er Männer liebte. Dass er *Momo* liebte. Momo hatte ihn vor ein paar Stunden zum ersten Mal geküsst.

Natürlich brauchte er Zeit.

Er atmete tief durch. Das hier, in seinem Bett zu liegen und Momo so nahe sein, ihn küssen zu dürfen – das war jetzt schon so viel besser als alles, was er sich je erträumt hatte. Er war schon so lange geduldig gewesen, er konnte auch noch länger warten. Zärtlich strich er Momo durch die zerzausten Haare und genoss das Herzrasen, das er dabei hatte.

Dann küsste er ihn und beschloss, das Gespräch wieder in seichtere Gewässer zu führen. „Versprichst du mir was?"

Momo zögerte keine Sekunde. „Alles."

Henry ignorierte, wie sehr dieses eine Wort und das darin mitschwingende Vertrauen ihn um den Verstand zu bringen drohten. Stattdessen grinste er. „Du futterst mir immer alle meine Snacks weg, wenn du hier bist. Meinst du, du könntest das in Zukunft lassen? Oder mir zumindest Bescheid geben, wenn die Chips mal wieder leer sind?"

Momo brauchte nur einen Moment, um von zärtlich auf teuflisch umzuschalten, und grinste zurück. „Klar. Jetzt, da ich viel bessere Sachen snacken kann als Chips

...“ Und damit beugte er sich über Henry und küsste ihn, als gäbe es kein Morgen.

***

OLIVER

Abends waren sie mit dem gesamten Team zu einem Sponsorendinner eingeladen, und nur dank Henrys Pflichtbewusstsein waren sie hingegangen. Hätte Oliver seinen Willen bekommen, wären sie im Bett geblieben. Wahrscheinlich sollten sie dankbar sein, wieder zu solchen Terminen eingeladen zu werden. Dankbar, sich herzeigen zu lassen wie seltene Briefmarken eines stolzen Sammlers – nur, dass der Sammler einer der größten Geldgeber des Teams war. Oliver hatte an diesen Terminen seit jeher vor allem den kostenlosen Alkohol geschätzt.

Doch nicht einmal solche Gedanken konnten ihn heute negativ stimmen. Nicht, wenn Cookie ihm gegenübersaß und in seinem eng sitzenden Anzug so verdammt zum Anbeißen aussah. Ja, ihre Aufgabe am heutigen Abend bestand vor allem darin, dekorativ auszusehen und Dankbarkeit zu heucheln. Doch musste Henry das mit dem Dekorativsein so übertreiben? Oliver hatte keine Ahnung, was er zu sich nahm, zu beschäftigt damit, sich zusammenzureißen. Er hatte seinen Fuß ausgestreckt, sodass sich ihre Beine unter dem langen weißen Tischtuch berührten. Es war, als stünde die Stelle seines Körpers, wo ihre Hosenbeine aufeinandertrafen, unter Strom.

186

Als sie sich von den Tischen aus zu einem Stehempfang verkrümelten, wurde es besser – oder schlimmer. Er wusste, dass sie vorsichtig sein mussten. Dass sie sich alles zerstören konnten, wenn er sich nicht benahm. Doch die Versuchung war zu groß und er konnte nicht anders, als Cookie immer wieder zu berühren. Ihm einen Arm um die Schulter zu legen, wenn sie zusammen lachten, die Finger über seine schmale Taille tanzen zu lassen, wenn er an ihm vorbeiging. Cookie spannte sich jedes Mal aufs Neue an und Oliver wusste, dass er aufhören musste.

Es nützte nichts, wie streng er es sich auch selbst wieder und wieder verbot. Er musste Cookie spüren. Musste sich selbst versichern, dass das vorhin zwischen ihnen wirklich passiert war. Dass es sich wirklich so unfassbar gut angefühlt hatte wie keine andere Erfahrung, die er je gemacht hatte. Er verstand es noch immer nicht, aber die Hauptsache war, dass es ihm gut ging und dass es Cookie gut ging. Statt Grummeln herrschte in seinem Bauch nun ein warmes, glückliches Gefühl, das in den Rest seines Körpers ausstrahlte.

Cookie hatte wunderschöne Finger, lange, schmale Pianistenhände – war ihm das früher schon aufgefallen? Sie lagen gut in seiner eigenen Hand, als er ihm ein Glas Orangensaft in die Finger drückte. So gut, dass er einfach nicht loslassen konnte, obwohl er wusste, dass er musste.

Perez rettete ihn, indem er ihm einen Arm um die Schultern legte und ihn wegzog. Der Blick, mit dem Cookie ihn verfolgte, war so sengend heiß, dass er Oliver tief im Innersten zum Brennen brachte.

***

Sie waren getrennt zum Event gefahren und verließen es nun auch wieder in ihren eigenen Autos. Als Oliver zu Hause ausstieg, erwartete ihn eine Szene wie aus einem Film. Henry hatte seinen Wagen in seiner Straße geparkt und lehnte lässig daran, die muskulösen Arme vor der Brust verschränkt. Als gehörte er genau hierher. Sein Anblick in dem eng geschnittenen Anzug, der sich so perfekt an seine breiten Schultern und die muskulösen Beine schmiegte, ließ Olivers Kehle eng werden.

Wortlos ging er an Cookie vorbei, warf ihm nur ein schnelles Grinsen zu, und der folgte ihm ebenso schweigend bis in seine Wohnung.

Der Raum war noch stockdunkel, die Tür noch nicht einmal ganz geschlossen, da berührte schon eine Hand Olivers Brust und er wurde rückwärts geschoben, bis er mit dem Rücken an die Tür knallte. Der Atem entwich ihm in einem überraschten Keuchen, doch er kam kaum zum Luftholen, denn Cookie drückte sich schon an ihn, presste ihn mit seinem Körper gegen das Holz. War Oliver unten auf der Straße noch sprachlos gewesen, war es nun Erregung, die seine Adern flutete. Er hatte sich schon oft begehrt gefühlt, war dem Gefühl in den vielen Clubnächten immer wieder hinterhergejagt, doch noch niemand hatte es so mühelos in ihm hervorgezaubert wie Henry.

Der küsste ihn mit einer Gier, die er seinem sonst so gemäßigten Freund niemals zugetraut hätte. Seine Hände in Olivers Haaren, seine Hüften wieder und wieder an Olivers drängend, in einem hektischen, unerbittlichen Rhythmus, der Oliver den Kopf verdrehte. Noch nie hatte er so etwas erlebt, noch nie war ihm so komplett die Kontrolle entzogen worden. Niemals hätte er geahnt, dass ihn das so scharf machen würde. Hilflos wand er sich unter Cookies Berührungen, wollte mehr bekommen, mehr von ihm, mehr von den Berührungen auf seiner Haut, von denen jede einzelne wie ein kleiner Blitzeinschlag war.

Durch den Stoff ihrer Anzughosen hindurch rieben ihre Erektionen aneinander und im Gegensatz zu vorhin schaffte Oliver es nicht, sich davon abzulenken. All seine Empfindungen sammelten sich tief in ihm, jeder Biss von Cookie in seine Lippe, jeder Finger in seinen Haaren ein weiterer, neuer Impuls purer Lust.

Er stöhnte leise und Cookie schluckte den Laut mit seinem Mund, nahm ihn auf und verwandelte ihn in weitere, atemberaubende Stöße seiner Hüften. Gott, es war so geil, es war so viel, so unbekannt und ungeahnt und besser als alles, was Oliver jemals erlebt hatte.

Mit größter Mühe riss er sich irgendwann aus dem Kuss, als die ständige Reibung in seiner Hose und die Stimulation seines restlichen Körpers ihn auf den Höhepunkt zutrieben. „Cookie", keuchte er, „Pause, fuck, Mann."

Einen Moment lang atmeten sie beide schwer.

„Was war das bitte für Bullshit vorhin?", brachte Oliver schließlich irgendwann heraus. „Von wegen, du bist schlecht in Sex? Das hier ist das Heißeste, was mir je passiert ist, und wir sind beide noch komplett angezogen."

Er konnte Henrys Gesicht in der Dunkelheit nicht sehen, doch er hörte, wie er einen halben Schritt zurückmachte. Scheiße. Oliver biss sich auf die Lippe. Jetzt hatte er die Stimmung zerstört, und das war das Letzte, was er wollte.

„Ich", setzte Cookie an und brach ab. „Ich habe schon immer Probleme, also, seit ich Sex habe. Ich bleibe nie lange hart und es ist … für alle Beteiligten frustrierend." Den letzten Satz flüsterte er fast.

Wieder durchflutete Oliver diese Zärtlichkeit, die ihm so neu war und die so schön und so angsteinflößend zugleich durch ihn strömte. Er streckte die Hände nach Henry aus, fand sein Gesicht und zog ihn wieder nahe zu sich.

„Hey", flüsterte er. „Cookie, Mensch." Er küsste ihn sanft. Einen Moment lang legte er seine Stirn an Henrys, um ihn zu beruhigen. Dann gewann seine Erregung die Oberhand und er sprach weiter. „Also erstens: Wenn das hier nicht hart ist, dann will ich, glaube ich, nicht wissen, wie es sich anfühlt, wenn du mal *wirklich* steif bist."

Er legte die Hand auf Henrys Schwanz, der sich so deutlich unter dem Stoff abzeichnete, und begriff erst dann, was er da getan hatte. Auch Cookie stand stockstill.

Oliver hatte eine Grenze überschritten, ohne es zu wollen, hatte ihr Knutschen auf eine neue Ebene gehoben, von der er keine Ahnung hatte, ob Cookie sie überhaupt erreichen wollte. Was, wenn ihm das zu viel war? Was, wenn es ihm selbst zu viel war? Abrupt ließ er los. „Scheiße, sorry, Cookie, ich …"

Für einen kurzen, ewig langen Moment verharrten sie, beide heftig atmend, dann fragte Henry leise: „Willst du mich nicht anfassen?"

Beinahe hätte Oliver über die absurde Frage gelacht. „Mehr als alles andere“, flüsterte er zurück.

Henry stieß zitternd die Luft aus, dann tastete er nach Olivers Hand und legte sie wieder auf seinen Schritt. „Dann hör nicht auf.“

Oliver bewegte sich vorsichtig, strich mit der Handfläche über die gesamte Länge, und Cookie entkam ein Wimmern, das Olivers Kehle eng werden ließ.

„Fuck“, murmelte er und zog Cookie mit der freien Hand im Nacken wieder zu sich, sodass er ihn küssen konnte, während die andere Hand langsam, noch etwas unsicher, über seine Hose strich. Er hatte das hier noch nie gemacht, nicht bei einem anderen Mann – einem anderen Schwanz –, und es sollte sich seltsam anfühlen, doch Oliver war voller Erregung. Cookie gab die hinreißendsten Geräusche von sich, voller Lust und gleichzeitig erfüllt mit einer Hilflosigkeit, die ihn schwach werden ließ. Cookie klammerte sich an ihn, als wäre das alles, wozu er noch imstande war.

Irgendwann löste Cookie sich aus dem Kuss und lehnte seine Stirn an Olivers. „Was ist zweitens?“, fragte er atemlos.

„Was?“ Oliver tauchte gerade erst wieder aus seinem Rausch auf, in den Cookie ihn so mühelos versetzt hatte.

„Zweitens“, wiederholte Cookie. „Du hast vorhin gesagt, erstens, wenn das hier nicht hart ist, und dann haben wir nicht mehr weitergeredet. Gibt es noch ein Zweitens?“

Oliver lachte leise. „Keine Ahnung, ehrlich gesagt.“ Er durchforstete sein Gehirn, doch es fiel ihm schwer, weil alles an ihm unbedingt weitermachen wollte. „Ich glaube, ich wollte sagen, dass wir so oder so Wege finden werden, es befriedigend zu machen, aber ehrlich gesagt ..." Seine Hand drückte zu und Cookie stöhnte in seinen Mund. Oliver keuchte. Ein so kleines Geräusch sollte ihn nicht so anmachen und doch stand sein Inneres in Flammen.

„Ich glaube, ich ändere mein Zweitens", sagte er schließlich und packte mit beiden Händen Henrys Hüfte, presste ihn an sich, hilflos seinen Emotionen ausgeliefert. „Zweitens: Lass uns bitte dringend ins Bett gehen. Und das Licht anmachen", schob er noch hinterher. „Ich will dich sehen."

Henry zögerte, und es verlangte Oliver alles ab, ihn nicht zu drängen, ihm die Zeit zu geben, sich zu entscheiden. Dann löste er sich von ihm und machte ein paar leise Schritte. Plötzlich flammte helles Licht auf und Oliver blinzelte. Henry stand neben der Tür, die Hand noch nach dem Lichtschalter ausgestreckt, und sein Gesicht war eine Mischung aus Erregung und Anspannung. Oliver ertrug es kaum, ihn anzusehen, so sehr brachte sein Anblick ihn durcheinander.

„Komm", sagte er nur und streckte die Hand aus. Cookie kam zu ihm und ließ sich bereitwillig in sein Schlafzimmer ziehen. Als Oliver ihn auf dem Bett nach hinten drückte, leistete er keinerlei Widerstand. Oliver schob ihm das Hemd hoch, küsste sich von seinem Bauch aus nach oben über die muskulöse, fast haarlose Brust, tauchte seine Zunge in die Vertiefung seines Schlüsselbeins und knabberte schließlich an der Stelle, wo sein Puls an seinem Hals raste.

Cookie gab wieder dieses Wimmern von sich, ein Laut solcher Lust, solcher Sehnsucht, dass Olivers Herz überzulaufen drohte. „Momo", flüsterte er dann, und als ihre Blicke sich trafen, stand auch Angst in Cookies Augen. „Bitte, es tut mir leid, falls ich es versaue –"

Weiter kam er nicht, denn Oliver schob sich nach oben und verschloss seine Lippen mit einem Kuss. „Nichts könnte das hier versauen", sagte er und meinte es so. „Du bist unglaublich, Mann, und ich will dir an die Wäsche, kriegen wir das hin?"

Der Schatten eines Grinsens flog über Henrys Lippen. „Okay", sagte er, biss sich auf die Lippe, dann setzte er sich auf. „Ich will aber auch", sagte er, packte entschlossen Olivers Hemd und öffnete die Knöpfe mit mehr Hast als Koordination.

Als sie sich oberkörperfrei gegenübersaßen, entstand eine kurze Pause. Henry wurde plötzlich rot. „Momo, ich habe noch nie –"

„Ich auch nicht", sagte Oliver schnell, „aber ich habe es schon so oft gesehen, also, schwierig kann es ja nicht sein, oder? Außer, du willst gleich richtig –?"

„Nein", sagte Henry eilig und Oliver war erleichtert, denn das wäre wirklich ein zu großer Schritt, auch für ihn. „Aber ... hast du gesagt, du hast es gesehen?" Panik schwang plötzlich in seiner Stimme mit. „Momo, warst du in Clubs, oder ...?"

Scheiße, er hatte das nicht sagen wollen. „Pornos", knurrte er also beinahe und nun war er es, der Henry nicht richtig ansehen konnte, weil es ihm peinlich war. „Schwule Pornos, okay? Ziehe ich mir schon 'ne Weile rein."

„Oh."

„Habe jedes Mal an dich gedacht dabei“, sagte er, und das war so leise, dass er beinahe hoffte, Cookie hätte es nicht gehört.

Doch natürlich hatte er das. „An mich –“ Er stockte, und dann änderte sich plötzlich die Stimmung zwischen ihnen. „Und was habe ich da gemacht, als du an mich gedacht hast?“

Oliver sah hoch. Ein Funkeln stand in Henrys Augen, sexy und draufgängerisch und ganz und gar unwiderstehlich. Zu wissen, dass Oliver ihn schon länger begehrte, schien ihn selbstbewusst zu machen. „So was?“ Henry beugte sich vor, legte den Mund auf Olivers Brust und kratzte mit den Zähnen über seinen Nippel.

Oliver keuchte und krallte sich in die Bettdecke. Seine Augen schlossen sich wie von selbst.

Offenbar ermutigt von seiner Reaktion kam Henry näher und seine Fingerspitzen tanzten federleicht über Olivers Haut, hinterließen eine Spur von Gänsehaut, die in Windeseile seinen ganzen Körper überzog. „Oder ... so was?“ Sein Mund wanderte, biss in Olivers Ohrläppchen, und noch während er aufstöhnte, griff Henrys Hand nach seinem Hosenbund und schob sich hinein.

„Oder ... das?“ Und nun lagen Henrys Finger, seine herrlichen schmalen Finger, um Olivers Schwanz, und alles, was er tun musste, war zuzudrücken, ihm die Reibung zu verschaffen, die er brauchte. Doch seine Berührung blieb federleicht. Frustriert bewegte Oliver die Hüfte, um in Henrys Hand zu stoßen. Der lachte, zog die Hand zurück und knöpfte stattdessen seine Anzughose auf, die er sich zusammen mit der Unterhose auszog. Er stieß Oliver nach hinten und legte sich neben ihn, selbst nur noch mit Pants bekleidet. Endlich schloss seine Hand sich um Olivers Schwanz, drückte sanft zu. Oliver biss die Zähne zusammen und ein ersticktes Geräusch entkam ihm.

„Scheiße, Momo." Henrys Stimme war heiser. Er schob sich dichter an ihn heran, begann, die Hand zu bewegen. Langsam zuerst, strich mit dem Daumen über Olivers Spitze, tauchte in den Lusttropfen und verrieb diesen in kleinen, sanften Kreisen auf seiner Eichel.

„Cookie ... *bitte* ..." Oliver hatte sich beim Sex immer genommen, was er wollte, doch nun konnte er nicht anders, als zu betteln. Zum ersten Mal lieferte er sich komplett aus, und er liebte, was das mit ihm tat. Er wusste nicht einmal, um was er da eigentlich bat. Dass Cookie sich keine Zeit ließ, vielleicht, dass er es hart und schnell wollte – brauchte. Oder dass dieser Moment ewig dauern sollte, dass Cookie so verharren und ihn bis in alle Ewigkeiten genießen lassen sollte.

Cookie nahm ihm die Entscheidung ab. Er streichelte seinen Schwanz mit gleichmäßigen Bewegungen und küsste gleichzeitig seinen Körper, fuhr seine Tattoos mit der Zunge nach, den Drachen, der sich von seiner Schulter bis auf den Oberschenkel zog. Als Mund und Hand auf gleicher Höhe waren, entkam Oliver wieder so ein Geräusch, bettelnd und verzweifelt und voller Lust, alles auf einmal. Es ging in ein Stöhnen über, als Henry die empfindliche Haut an seinen Leisten anknabberte.

Henry schob sich wieder nach oben, ohne Oliver loszulassen, und legte sich neben ihn, sodass sie dicht voreinander lagen. Ihre Gesichter waren nahe genug, dass sie weiterknutschen konnten, und Oliver schob blind

Cookies Pants nach unten und griff nach ihm. Das animalische Stöhnen, das Henry daraufhin entkam, ließ Oliver beinahe auf der Stelle kommen.

Sie verloren sich in Berührung und Wärme und Gefühl, bis Oliver irgendwann mehr brauchte und Henry näher zog. Ihre Erektionen berührten sich und Henry keuchte. „Fuck, Momo …“

Oliver wusste nicht, was er getan hatte, um Henry so nahe an den Rand des Abgrunds zu bringen, doch er zögerte keine Sekunde. Er schlang ein Bein um Henrys Hüfte, um ihn enger zu sich zu ziehen, und entlockte ihm damit Laute, von denen er nie gedacht hätte, dass sein Freund dazu fähig war.

Als er dann mit einer Hand ihre beiden Schwänze umfasste und sie gleichzeitig wichste, konnte er sich gerade noch so bei Bewusstsein halten. Es war hart und schnell und intensiv, und Henry klammerte sich an ihn, biss ihm in die Schulter, um einen Schrei zu unterdrücken, und kam. Das war der letzte Impuls, den Oliver gebraucht hatte, dieses triumphale Gefühl, Henry solche Lust bereitet zu haben. Sein Körper zuckte und er kam mit einem leisen Stöhnen.

Es dauerte ein paar Sekunden, bis Oliver nicht mehr schwarz vor Augen war, sein Herz nicht mehr außerhalb seines Körpers zu schlagen schien. Als seine Wimpern sich zögerlich wieder hoben, sah er direkt in Henrys Gesicht. Der lag ebenso keuchend wie er selbst neben ihm, und in seinen Augen stand ein Blick, der Oliver mitten ins Herz traf: offen, verletzlich und voller Zärtlichkeit. Er hatte Henry noch nie so gesehen und begriff, dass dieser Moment für sie beide etwas ganz Besonderes war. Sein Herz schwoll an vor lauter Gefühlen für diese neue Version von Cookie, von der er jetzt schon nicht mehr genug bekommen konnte.

„Scheiße", flüsterte Cookie irgendwann. „Ist Sex immer so?"

Oliver musste lachen. „Nein", sagte er und strich mit den Fingerspitzen über Henrys verschwitzte Stirn. „Das hier war … wow." Mit einer Hand angelte er nach Taschentüchern, die er irgendwo auf dem Nachttisch hinter sich hatte liegen sehen. Vorsichtig machte er sich daran, sie beide zu säubern.

„Ja. Wow." In Henrys Blick stand so viel Wärme, dass Oliver nicht wusste, wie er damit umgehen sollte. „Wann machen wir das noch mal?"

Oliver lachte wieder. „Himmel, Cookie, du bist ja unersättlich! Gib mir fünf Minuten, ja?"

Cookie legte den Arm um ihn und drückte sich an ihn, vergrub sein Gesicht in Olivers Nacken. „Ich wusste nur nicht … es war noch nie so …" Ein Seufzen entrang sich ihm. „Eigentlich bin ich auch müde jetzt."

„Hmmm." Oliver schlang die Arme um ihn und genoss, wie sich ihre Körper aneinander schmiegten, warm und verschwitzt und noch ein bisschen klebrig. Flach, muskulös, ohne unnötige Rundungen. „Wir sollten morgen sowieso fit sein für die nächste Trainingssession."

„Mhm." Cookies Hand fuhr in seine Haare und kraulte seinen Kopf. „Aber ich will mit dir schlafen. Also, neben dir. In einem Bett."

„Du glaubst ja wohl nicht, dass ich dich wieder loslasse", gab Oliver zurück und seufzte wohlig. „Aber lass mich wenigstens ein Handtuch holen zum Abdecken, hier ist ja alles klebrig."

WENN ZWEI DEN GLEICHEN TRAUM TRÄUMEN

OLIVER

Er hatte nicht gewusst, dass es so sein konnte. Er war noch nie aufgewacht und hatte sich zu Hause gefühlt, bevor er auch nur einen bewussten Gedanken gefasst hatte. War noch nie neben einer anderen Person aufgewacht, ohne den Drang, so schnell wie möglich wegzumüssen. Stattdessen strahlte ein Gefühl vollkommener Zufriedenheit tief in seinem Bauch.

Oliver blinzelte und sah direkt in Cookies Gesicht. Dessen Arm lag über seiner Seite, ein warmes, wunderschönes Gewicht. Statt Hektik, wie er sie bei seinen oft wechselnden Übernachtungsgästen meist verspürt hatte, breitete sich ein Grinsen auf seinem Gesicht aus, als er an den letzten Abend dachte.

Henry schlief noch, und Oliver brachte schier endlose Minuten damit zu, sein Gesicht anzusehen und sich verwundert zu fragen, wie er diesen Mann jemals nur als Freund hatte sehen können. Auf einem seiner Augenlider prangten zwei Sommersprossen, die so hell waren, dass sie Oliver noch nie aufgefallen waren. Er brauchte nichts anderes auf der Welt als diese Punkte, knapp über Henrys hellen Wimpern.

Als hätte Olivers intensiver Blick ihn geweckt, regte Henry sich irgendwann. Sein Aufwachen war ebenso hinreißend wie der Rest von ihm: ein kleines Gähnen, aufflatternde Lider und dann, als er ihn sah, ein Lächeln, das sich langsam auf seinem Gesicht ausbreitete und Olivers Magen Salti schlagen ließ. „Morgen", murmelte Henry mit schlafrauer Stimme.

Olivers Herz raste. Offenbar war allein der Klang von Henrys doch so vertrauter Stimme genug, ihn um den Verstand zu bringen. Er beugte sich vor und drückte sanft die Lippen auf Henrys. Die Bewegung sorgte dafür, dass ihre Körper sich enger aneinanderschmiegten. Sie waren noch immer beide nackt, und Olivers Schwanz quittierte diese Erkenntnis mit einem freudigen Zucken.

Henry seufzte – ein himmlisches, leises Geräusch, das Oliver ihm nur noch mehr verfallen ließ. „Ich habe es also nicht geträumt." Und obwohl Oliver neben ihm lag – *nackt* neben ihm lag –, steckte eine leise Frage in seinen Worten.

Oliver hob eine Hand und wickelte sich eine von Henrys widerspenstigen Locken um den Finger. Zog leicht daran, um Henry dazu zu bringen, ihn anzusehen. „Nur, falls wir beide den gleichen Traum hatten."

Henry sah ihn noch einen Moment lang forschend an, dann schlich sich ein Lächeln in seine Mundwinkel und er schloss die Augen wieder. „Ich glaube, wenn zwei den gleichen Traum träumen und ihn dann auch noch zusammen wahr machen, dann ist das ein ziemlich großes Glück."

Die Worte trafen Oliver unerwartet. Er schluckte und wurde unruhig. Ja, wenn Henry das so sagte, klang das wunderbar. Doch er hatte sich noch nie so gefühlt und hatte keine Ahnung, wie er damit umgehen sollte. Das Strahlen in seinem Bauch war beinahe unerträglich, und er flüchtete sich in das, was er kannte: Er warf sich kopfüber in den nächsten Schritt.

Ohne richtig zu wissen, was er tat, drückte er sich näher an Henry und schob ein Knie zwischen seine Beine. Haut rieb an Haut, Erektion – oha, an Erektion. Das freche Grinsen, das ihn noch nie im Stich gelassen hatte, leistete ihm auch jetzt gute Dienste. „Wenn du willst, können wir es gleich noch mal wahr machen."

Henry lachte. Himmel, wann hatte die Welt angefangen, sich schneller zu drehen, wenn er das tat? „Du bist unmöglich", sagte Henry, doch er drückte sich Oliver entgegen, wie um seine eigenen Worte zu entkräften.

Oliver rollte sie herum, sodass er auf Henry lag und ihre Schwänze dicht aneinander waren. „Soll ich dir zeigen, *wie* möglich ich bin?" Das war einfach, hier war er in seinem Element. Flirten und necken, das konnte er. Das Glühen in seinem Bauch benennen oder sich gar damit anfreunden – das war zu viel verlangt.

„Mein Personal Trainer kommt bald", brachte Henry heraus. „Ich muss nach Hau–" Er brach ab, als Oliver den Kopf neigte und sich seinen Kiefer entlang küsste. „Momo, fuck."

„Ja?" Oliver tat unschuldig. „Wir sind gerade erst aus dem Minicamp gekommen, du musst nicht schon wieder trainieren. Gönn dir 'ne Pause."

„Momo …"

Oliver fuhr mit der Nasenspitze über die himmlisch weiche Haut von Henrys Ohrläppchen, bevor er ihn auch dort küsste. „Hmmm?"

„Scheiße, Mann. Du kostest mich jeden Funken an Selbstbeherrschung, den ich habe, mich hier zurückzuhalten." Henrys Stimme war gepresst.

Oliver machte ein gespielt bedauerndes Geräusch. „Leider war Selbstbeherrschung noch nie meine Stärke." Er ließ seine Hüften einen Halbkreis beschreiben und sie stöhnten beide auf.

Henry atmete tief durch, dann schlug er die grauen Augen auf. „Wir können das hier nicht unsere Performance beeinträchtigen lassen", sagte er. „Du weißt so gut wie ich, dass wir uns das nicht leisten können. Wir müssen besser sein als die anderen."

„Du bist so scharf, wenn du redest wie Hammond", murmelte Oliver und fuhr ihm mit einer Hand über die Seite. Doch als er begriff, wie ernst es Henry war, setzte er sich auf und sah seinen Freund aufmerksam an.

Sie tauschten einen ernsten Blick, und Oliver nickte mit einem Seufzen. Henry hatte ja recht. Football war das Wichtigste in ihrer beider Leben, war es schon immer gewesen. Ein paar Küsse würden das nicht ändern, wie atemberaubend sie auch waren. „Football geht vor", sagte er und streckte die Hand aus. „Versprochen."

Henry nahm die Hand und schüttelte sie. Sie mussten albern aussehen, so ernst und gleichzeitig beide nackt und erregt. Doch sie waren beide zu sehr Profi, um sich von dem abbringen zu lassen, was sie tun mussten. Man spielte nicht auf diesem Niveau Football, wenn man nicht in der Lage war, ein paar Dinge zu opfern – oder zumindest unterzuordnen. Und wenn das bedeutete, dass sie sich gelegentlich zusammenreißen mussten, dann war das eben so.

Sie konnten sich ja trotzdem noch ein paar Momente Zweisamkeit stehlen. Oliver drückte Henry zurück in die Kissen und der ließ sich bereitwillig fallen. „Ich verspreche dir, ich beeile mich", murmelte Oliver und verschloss ihm die Lippen mit einem Kuss. „Aber ich will dich, Cookie. In meinem Mund.“

Henry blinzelte ein paar Mal, als müsste er das Gehörte erst verarbeiten, dann nickte er schwach. Oliver leckte sich die Lippen, und Henry wimmerte erst, dann stöhnte er.

Oliver grinste langsam und zufrieden. „Scheiße, bist du heiß.“ Noch immer grinsend beugte er sich vor und begann, sich mit Küssen Henrys Körper entlangzuarbeiten.

Er hatte das hier noch nie getan, hatte nie für möglich gehalten, es jemals zu tun. Doch er hatte so viele Pornos gesehen, und es hatte ihn neugierig gemacht, mit wie viel Enthusiasmus die Männer dort Schwänze in den Mund genommen hatten.

Und er wollte Cookie. Wollte ihn jetzt, sofort. Und mehr als alles andere wollte er ihn glücklich machen.

Cookie wand sich unter ihm, als er sich langsam seinen Weg suchte, und Oliver genoss, dass er es war, der hierfür verantwortlich war. Dass er den sonst nicht aus der Ruhe zu bringenden Henry in ein solches Wrack verwandelte. Und er hatte noch nicht mal richtig angefangen.

„Ich bin blutiger Anfänger“, sagte er vorsichtshalber, als er ungefähr auf Höhe von Henrys Bauchnabel war, „also sorry, falls –“

Weiter kam er nicht, denn Henry krallte sich mit einer Hand in seine Haare und zerrte seinen Kopf ungeduldig weiter. Oliver lachte und beobachtete voller Faszination die Gänsehaut, die sich daraufhin auf Cookies Körper ausbreitete. Dann schob er sich weiter nach unten und schloss ohne weiteres Zögern die Lippen um Henry.

„Hhnghn", brachte Henry heraus. Zu seiner Überraschung genoss Oliver das Gefühl der weichen, heißen Haut unter seinen Lippen, der nicht gerade kleinen Füllung in seinem Mund, den Geruch von Henrys intimstem Bereich. Er begann zu saugen und zu lecken, wie er es in den Pornos gesehen hatte und wie es ihm sein Gefühl eingab. Mit jedem erstickten Geräusch von Henry sammelte sich mehr Erregung in seinem Bauch. Niemals hätte er es erwartet, doch offenbar gab es keinen besseren Start in den Tag als einen Schwanz in seinem Mund.

***

HENRY

Er wusste, dass sein Leben kein Traum war. Im Traum würden seine Muskeln nicht so vor Anstrengung schmerzen, wenn das Training vorbei war. Im Traum könnte er all die Übungen, die sein PT ihm auferlegte, ohne einen einzigen Schweißtropfen absolvieren. Doch manchmal fiel es ihm noch immer schwer, zu glauben, dass all das hier wirklich passierte. Dass Momos Mund, der so laut lachen und so große Sprüche machen konnte, zu noch ganz anderen Dingen fähig war. Dingen, die ihn hart machten, sobald er nur daran dachte. Dingen, die ihn langsam, aber sicher glauben ließen, dass er doch nicht so schlecht in Sex war, wie er immer gedacht hatte. Sondern dass Frauen einfach gar nichts für ihn waren.

Sie achteten darauf, sich tagsüber voneinander fernzuhalten, für den unwahrscheinlichen Fall, dass die Presse sie beobachtete. Henry trainierte jeden Tag hart, Momo trainierte nicht ganz so hart, aber ebenso regelmäßig, jeweils mit ihren eigenen Trainern. Momo ging manchmal mit seinem Bruder laufen, Henry fuhr mit dem Fahrrad durch die Wälder um Portland. Und abends trafen sie sich – meistens bei Momo, denn in dessen Tiefgarage konnte Henry unauffälliger parken als Momo vor seinem Haus.

Sie brauchten nicht lange, um einen neuen Rhythmus für ihr Miteinander zu finden, auch wenn Henry noch immer manchmal das Gefühl hatte, ein paar Zentimeter über dem Boden zu schweben. Auch wenn er noch immer kaum atmen konnte vor Glück, wenn Momo ihn an sich zog, sobald er seine Wohnung betreten hatte.

Er liebte, wie dominant Momo war und doch gelegentlich dahinschmolz, wenn Henry ihn an den richtigen Stellen berührte. Sie hatten sich noch nicht weiter getraut als bis zu Händen und Mündern, doch das reichte. Es war erfüllend und befriedigend und so viel mehr, als Henry sich jemals für sein Leben hätte erträumen können.

Es war eine Blase, von der sie beide wussten, dass sie bald platzen würde. Das Trainingslager und damit die Preseason rückten unaufhaltsam näher, eine Realität, die sie beide ignorierten, so gut es ging. Eine Realität, die bedeutungslos wurde, wenn sie zusammen in Momos Bett lagen oder Henry in Momos Whirlpool auf dessen Schoß saß. Eine Realität, die sie nur allzu bald wieder einholen würde.

***

Obwohl das Trainingslager zur Preseason in Portland stattfand, wurden sie alle zusammen im Hotel untergebracht, statt abends nach Hause fahren zu dürfen. Wie Thompson in seiner Ansprache klarmachte, diente das dem Teambuilding. Es gab diverse Aktivitäten, die für das gesamte Team geplant waren. Auch Carter stellte sich vor die versammelte Mannschaft und sprach darüber, wie wichtig es war, füreinander einzustehen und sich gegenseitig zu helfen. Die Ironie, dass solche Worte ausgerechnet von ihm kamen, hätte Henry zu einem anderen Zeitpunkt vielleicht verbittert. Nun rollte er nur innerlich mit den Augen und freute sich darauf, wenn Momo und er endlich in ihr Zimmer verschwinden konnten.

Es war beinahe wie zu Hause, nur mussten sie diesmal leise sein – etwas, das vor allem Henry überraschend schwerfiel, wenn Momo ihn mal wieder hingebungsvoll in den Mund nahm. Am ersten Abend duschten sie gemeinsam, und Momo ließ es sich nicht nehmen, Henry von Kopf bis Fuß einzuseifen – mit so viel Zärtlichkeit und Ernsthaftigkeit, dass Henry es kaum aushielt.

Bei dieser Gelegenheit drehte Momo ihn auch zum ersten Mal mit dem Gesicht zur Wand und tauchte mit der Zunge zwischen seinen Pobacken ab. Henry, der keine Ahnung gehabt hatte, dass so etwas möglich war, zerfloss förmlich vor Erregung. Momos Zunge war so unfassbar geschickt und wagte sich in Gefilde vor, von denen sie sich beide bisher ferngehalten hatten. Henry hatte noch nie gewagt, selbst mit seinem Po zu

experimentieren, hatte es sich immer verboten. So war
er vollkommen überwältigt von dem Gefühl, das Momos Zunge, frech und forsch und ohne jede Scheu, in
ihm auslöste, als sie seinen Ring durchbrach und Saiten in ihm zum Klingen brachte, von denen er nicht
einmal gewusst hatte, dass sie existierten.

***

Beim Frühstück saßen sie wie immer mit Kaminski
und Perez an einem Vierertisch am Rand der großen
Hotelterrasse, wo Morgensonne alles um sie herum
zum Strahlen brachte. Sie lachten und scherzten miteinander, als wäre nie etwas gewesen. Als wären sie alle
nur Kollegen und nichts weiter. Als wäre das, was
Momo gestern mit ihm getan hatte, nicht passiert. Doch
es war definitiv passiert und allein der Gedanke daran
ließ Henry erneut hart werden. Er bemühte sich, cool
zu bleiben, doch als Momo ihn unter dem Tisch anstupste, fuhr er zusammen. Das hatte also schon mal
nicht geklappt. Hastig sah er sich um, als könnte einer
der über die weitläufige Terrasse zerstreuten Kollegen
ihm seine Erektion ansehen.

Momos Augen strahlten, als wüsste er ganz genau,
woran Henry eben gedacht hatte, und langsam und viel
zu sinnlich fuhr er sich mit der Zunge in den Mundwinkel und fing dort ein verirrtes Stück Rührei auf.

Henry schluckte schwer.

Momo grinste und nahm einen Schluck von seinem
Kaffee.

Kaminski stupste ihn an. „Cookie?"

„Hm?" Er riss sich zusammen und dachte definitiv nicht daran, was Momo mit dieser Zunge alles tun konnte. „Was denn?"

Kaminski sah ihn prüfend an. „Was ist mit dir los, Mann? So kenne ich dich gar nicht. Du bist schon den ganzen Morgen so abwesend."

„Ich –" Henry brach ab, als sich eine Handvoll Kollegen zwei Tische neben ihnen niederließen, doch auch ohne die Ablenkung hätte er keine Ahnung gehabt, was er sagen sollte.

Perez mischte sich ein, noch ehe ihm eine Ausrede eingefallen wäre. „Ja, als hättest du etwas anderes im Kopf als Training. Das passt nicht zu dir. Und du wiederum", sein Blick schwenkte zu Momo, „bist ungewöhnlich still. Nicht, dass es nicht schön wäre, dass Radio Mosley mal Sendepause hat, aber auch das ist auffällig."

Perez taxierte Momo mit einem prüfenden Blick, während Kaminski zwischen ihnen hin und her sah, dann nickten sie einander zu.

„Gibt es vielleicht etwas, was ihr uns sagen wollt?" Perez' Ton war unschuldig, leicht, als sprächen sie übers Wetter, doch sein Blick war viel zu wissend.

Henry rutschte das Lachen aus dem Gesicht und sein Magen begann, gegen den Tee zu rebellieren, den er eben noch getrunken hatte. Panik kroch eiskalt durch seine Adern. Sechs verdammte Jahre lang hatte er alles getan, um zu verheimlichen, wie es in ihm aussah, um sich seine Karriere nicht zu verbauen. Und jetzt brauchte es gerade mal ein gemeinsames Frühstück, um das alles in Gefahr zu bringen?

Er wusste, er musste etwas sagen. Am besten einen Scherz machen, die Situation entschärfen. Doch sein Gehirn brachte keinen klaren Gedanken zustande, und sein Herz flirrte. Das Atmen fiel ihm schwer, und es summte in seinem Kopf. Er starrte Momo an, der ebenso blass geworden war und von dem offensichtlich keine Hilfe zu erwarten war.

Kaminski stupste ihn an und hielt ihm ein Glas Wasser hin. „Cookie. Trink.“

Henry blinzelte. Seine Finger hoben sich wie von selbst, um ein Muster auf seinen Unterarm zu klopfen. Er atmete tief ein und hielt den Atem an, bevor er noch langsamer wieder ausatmete.

„Cookie.“ Perez legte ihm die Hand auf den Arm und brachte seine unaufhörlich klopfenden Finger zur Ruhe. „Sieh mich an.“

Er schloss die Augen und atmete noch einmal tief durch, dann schaffte er es. Er sah Perez an und war überrascht von der Sorge und der Wärme, die in seinen schwarzen Augen standen. „Nimm das Glas und trink“, sagte Perez. „Langsam. Und dann hör mir zu. Du auch, Mosley.“

Henry tat wie befohlen und spürte der kalten Flüssigkeit nach, wie sie seine Kehle hinabbrann und sein Gehirn langsam wieder ankurbelte. Sein Blick flog wieder zu Momo, der schon wieder deutlich gefasster wirkte als er selbst und ihm ein schiefes Lächeln zuwarf.

„Es tut mir leid“, flüsterte Perez beinahe, und auch Kaminski nickte bekräftigend. „Cookie, ich wollte nicht …“ Er brach ab und sah zwischen ihnen hin und her. „Glaubt nicht, ich hätte vergessen, was die Gerüchte letzte Saison ausgelöst haben. Niemals würde ich wollen, dass euch so was noch mal passiert." Er warf einen nervösen Blick über die Schulter, doch die Kollegen in ihrer Nähe waren selbst ins Gespräch vertieft. „Es sollte nur ein Scherz sein, aber ich bin offenbar weit übers Ziel hinausgeschossen."

Momo öffnete den Mund, wie um einen blöden Kommentar dazu abzugeben, doch offensichtlich fehlten ihm die Worte.

„Bei uns seid ihr sicher", fügte Kaminski noch hinzu. Er lächelte sein schüchternes Jungenlächeln.

Henry und Momo tauschten einen Blick, und dann brachte sogar Henry ein Lächeln zustande. Zittrig, aber die Mundwinkel blieben oben.

Perez räusperte sich und sagte viel zu laut: „Der verdammte Sommer ist mal wieder viel zu heiß, oder? Ich schwitze mir jetzt schon einen ab, und wir waren noch nicht mal auf dem Feld!"

Kaminski stieg sofort mit ein. „Wenn du dich in der Off-Season fit gehalten hättest, Perez, dann hättest du nicht solche Probleme." Er zwinkerte Henry zu, dann widmete er sich mit Hingabe seinem Porridge. „Freue mich schon darauf, dich auf dem Feld fertigzumachen."

Momos Fuß streichelte unter dem Deckmantel der langen weißen Tischdecke über Henrys Bein. Er nickte ihm zu, wie um zu bestätigen, dass er sich wieder im Griff hatte. Noch nie im Leben war er jemandem so dankbar gewesen wie Perez und Kaminski in diesem Moment.

***

Die Coaches schienen entschlossen, sie schon am ersten Tag des Trainingscamps an ihre Grenzen zu bringen. Die Konditionseinheit direkt nach dem Frühstück brachte Henry trotz seines strengen Regiments beinahe zum Aufgeben. Nach der Mittagspause ging es mit Drills weiter, die sie wieder und wieder durchliefen, bis Henry kaum noch wusste, wie er sich auf den Beinen halten sollte. Rookie Akers taumelte irgendwann zum Spielfeldrand und wirkte so grün im Gesicht, dass Carter nach ihm sah und ihm gut zuredete.

Henry gab sein Bestes, spritzig zu sein, schnell zu laufen und dabei aufmerksam zu sein, doch als er zum gefühlt fünfzigsten Mal durch den Kegelslalom sprintete, stolperte er über seine eigenen Füße und blieb keuchend liegen, unfähig, direkt wieder aufzustehen.

Als Thompson endlich in seine Trillerpfeife blies und den Tag beendete, wurde ihm vor Erleichterung kurz schwindelig. Blind stützte er sich an einem Kollegen ab, bis der Moment vorbei war. Er wischte sich den Schweiß aus dem Gesicht und öffnete die Augen wieder, nur um festzustellen, dass er Carter erwischt hatte und der ihn mit kaum verhohlenem Abscheu ansah.

„Kannst du deine Finger nicht bei dir lassen?", raunzte der Kapitän prompt und machte einen Schritt zurück. „Es reicht, wenn du und Mosley euch die ganze Zeit befummelt. Lasst mich da raus."

Henry fuhr zusammen, doch er biss die Zähne zusammen und sagte nichts, hob nur die Hände in einer beschwichtigenden Geste und trat einen Schritt zurück.

Carter hatte offenbar noch nicht genug. „Heute Abend ist zur freien Verfügung", sagte er und riss sich den Helm vom Kopf. Seine Augen unter den buschigen

Brauen verengten sich. Offenbar verdiente Henry nicht die gleiche Empathie wie Akers vorhin. „Was habt ihr vor, hm? Wollt ihr ihn euch wieder gegenseitig reinstecken? Das macht ihr doch sowieso die ganze Zeit schon, oder?“

Henry war zu erschöpft, um Panik zu verspüren, auch wenn er wusste, dass er das sollte. Schon wieder eine Situation, die viel zu nahe an dem kratzte, was zwischen Momo und ihm entstanden war. Es war so verdammt gefährlich. Auch wenn er genau wusste, dass der Kapitän ein persönliches Problem mit ihnen hatte, vermutlich froh um die Gelegenheit war, ihn blöd anzumachen. Er wünschte, er könnte etwas Schlagfertiges erwidern, den Angriff abwehren.

Alles, was er herausbrachte, war ein müdes: „Carter.“ Er seufzte und nahm ebenfalls den Helm ab, um sich die schweißnassen Locken aus dem Gesicht zu streichen. „Wenn du glaubst, dass irgendwer in dieser Mannschaft heute noch genug Energie für Schweinkram hat, dann hast du bei der Einheit eben nicht ordentlich mitgemacht.“

„Was unterstellst du mir da?“ Carter wurde lauter und machte wieder einen Schritt auf Henry zu.

Wie aus dem Nichts erschien plötzlich Momo an seiner Seite. Carter lächelte süffisant. „Ah. Und schon ist dein Schoßhündchen zur Stelle, um dich zu beschützen.“

„Ich weiß nicht, was Cookie dir unterstellt, aber ich sage dir, was ich glaube“, sagte Momo und warf seinen Helm beiseite. Dann machte er einen Schritt auf den Kapitän zu. „Ich glaube, du bist ein homophobes Arschloch und ein schlechter Kapitän, dem seine eigenen

Interessen wichtiger sind als das Team. Cookie und ich reißen uns hier den gottverdammten Arsch auf, und du hast nichts Besseres zu tun, als bescheuerte Kommentare abzugeben. Meine Fresse.“

Henry hatte Momo schon immer dafür geliebt, dass er kein Blatt vor den Mund nahm, sondern die Dinge aussprach, so wie sie waren. Und auch wenn es sicher nicht klug war, es sich in ihrer Lage noch weiter mit dem Kapitän zu verscherzen, so feierte er seinen Freund und dessen große Klappe.

„Getroffene Hunde bellen“, sagte Colbert nun, als wäre die Situation nicht schon anstrengend genug. Natürlich konnte Carter auf Unterstützung von seinem Kumpel zählen. „Jeder, der Augen im Kopf hat, sieht, was zwischen euch läuft. Aber wir sind nicht hier, um eure lächerliche Romanze auszuleben. Wir wollen gewinnen. Also hört auf, eure Zeit mit diesem Schwachsinn zu verschwenden. Konzentriert euch aufs Team.“

Die Worte trafen Henry, nicht nur, weil sie so unfair waren. Dass sie schon am ersten Tag so viel Gegenwind bekamen, damit hätte er niemals gerechnet.

„Alles in Ordnung hier?“ Die erhobenen Stimmen hatten Miller herbeigerufen, der fragend in die Runde sah. Schnell nickten alle, und obwohl Miller wissen musste, dass nicht alles in Ordnung war, beließ er es dabei.

Carter spuckte aus und wandte sich ab, ohne Momo und Henry noch eines Blickes zu würdigen.

***

OLIVER

Sie waren am Abend erschöpft eingeschlafen, aneinander gekuschelt auf Henrys Bett, und hatten prompt das Abendessen verschlafen. Als Oliver mitten in der Nacht orientierungslos hochgeschreckt war, hätte er sich selbst ohrfeigen können. Das war überhaupt nicht gut. Sie mussten hier zeigen, wie sehr sie bei der Sache waren, und sich genauestens an die Regeln halten.

Als sie am Morgen mit dem Aufzug nach unten fuhren, begaben sie sich auf die Suche nach dem Head Coach, um sich bei ihm zu entschuldigen. Doch so weit kamen sie nicht.

„Ihr wart nicht beim Abendessen." Carters Stimme klang wie ein Peitschenhieb durch den hellen Frühstücksraum. Alle, die schon an den runden, mit Blumen dekorierten Tischen saßen, drehten sich nach ihnen um.

Oliver ignorierte ihn und ging in Richtung des Tischs, an dem das Trainerteam saß. Er hatte noch nicht mal Kaffee gehabt, da konnte wirklich niemand von ihm erwarten, dass er sich mit Carter beschäftigte.

„Mosley. Cook." Der Kapitän war ihnen gefolgt. Als Oliver sich weiter durch die Tische schieben wollte, fand er sich Nase an Nase mit dem Kapitän wieder. „Die Erwartungshaltung an alle hier im Team ist klar. Training, Mahlzeiten sowie geplante Abendveranstaltungen sind Pflicht für alle. Davon seid ihr zwei nicht ausgenommen."

Henry, wie immer diplomatischer als er selbst, hob reumütig die Hände. „Sorry, Carter, es war keine Absicht. Wir waren kaputt vom Training und sind eingeschlafen. Wir waren eben auf dem Weg zu Thompson, um uns zu entschuldigen. Kommt nicht wieder vor."

„Ich will gar nicht wissen, was genau ihr zwei in euren Betten treibt, wenn niemand dabei ist", knurrte Carter. „Das ist keine Entschuldigung. Wenn ihr eure Perversion schon ausleben müsst, dann doch bitte, wenn ihr zu Hause seid, und nicht hier."

Oliver schloss die Augen und atmete tief durch. Er wusste, dass eine Szene niemandem etwas brachte. Er wusste, dass er sich nicht provozieren lassen durfte, egal, wie eklig Carter zu ihnen war. Er machte es nur so verdammt schwer, ihm keine in die Fresse zimmern zu wollen. „Wir waren beide müde", sagte er und bemühte sich um einen lockeren Tonfall. Alle weiteren Kommentare verkniff er sich, wie sehr sie auch nach draußen drängten.

Spöttisch zog Carter die Augenbrauen hoch. „Wenn ihr so fertig seid, habt ihr euch nicht fit genug gehalten während eures Extra-Urlaubs, oder?"

Oliver ballte die Fäuste, seine Knöchel stachen weiß hervor und Hitze stieg in seinem Gesicht auf – genau das, was Carter erreichen wollte. *Extra-Urlaub*, der hatte sie ja nicht mehr alle. Alle im Raum wussten ganz genau, was wirklich passiert war und dass sie beide liebend gern bei der Mannschaft gewesen wären statt in der Verbannung.

In diesem Moment legte sich eine Hand auf seine Schulter. Deacon schob sich zwischen Carter und ihn, eine Tasse dampfenden Kaffees in der Hand. Er schaffte es irgendwie, es zufällig aussehen zu lassen. Oliver machte dankbar einen Schritt zurück, um den Freund durchzulassen.

„Natürlich ist es wichtig, dass wir alle auf unsere Fitness achten", sagte Deacon und warf Carter einen warnenden Blick zu. „Aber wir sollten uns auch darauf konzentrieren, das Team zusammenzuhalten. Persönliche Angelegenheiten sollten nicht im Vordergrund stehen."

Die Augen des Kapitäns verengten sich. „Das Team und unser Erfolg sind wichtiger als alles andere. Wir müssen an einem Strang ziehen, um erfolgreich zu sein."

„Genau." Deacon nickte lächelnd, als sprächen Carter und er über die gleiche Sache. „Wichtiger als alle persönlichen Befindlichkeiten. Wir müssen uns unbedingt gegenseitig unterstützen."

Für einen langen Moment sahen die beiden Männer sich in die Augen, bis Carter schnaufte und noch einmal anklagend auf Oliver und Henry zeigte. „Wehe, ihr schleicht euch noch mal davon oder schwänzt etwas, dann habt ihr aber ein richtiges Problem!"

Schwänzen, von wegen. Olivers Herz schlug schon wieder schneller. Dann sah er aus dem Augenwinkel Cookie, der kaum sichtbar den Kopf schüttelte, und er atmete langsam aus und beließ es dabei. So ungern er es zugab, Carter hatte recht. Sie hätten das Abendessen nicht versäumen dürfen, egal, wie kaputt sie gewesen waren. Egal, wie wunderschön es gewesen war, in Cookies Armen zu schlafen. Sie hätten sich einen Wecker stellen müssen. Es war dumm, dass sie ihm eine Angriffsfläche geboten hatten.

Er tauschte einen Blick und ein kleines Lächeln mit Henry, klopfte Deacon dankbar die Schulter und stapfte dann davon, um sich seinen wohlverdienten Kaffee zu holen, bevor er sich dem Coach stellte.

Sie würden in Zukunft besser aufpassen und nicht zulassen, dass mehr über ihre – tja, was auch immer das zwischen ihnen war – nach draußen drang, als ohnehin schon alle vermuteten. Er hätte auch nicht gewusst, was er ihnen sagen könnte. Oliver hatte entdeckt, wie unfassbar anziehend Cookies Körper war, ja. Er hatte Gefühle für Cookie, doch die hatte er schon immer gehabt. Er hatte ihn schon lange lieb. Würde für ihn durchs Feuer gehen und sich, ohne zu zögern, für ihn prügeln. Sich *mit* ihm prügeln, wenn es sein musste. Doch *liebte* er ihn? So richtig? So, wie man jemanden liebte, mit dem man zusammen war? Woher wusste man das? Wie konnte man wissen, was es war, das man fühlte, wenn die ganze Situation unbekannt war?

Er hatte nie in Frage gestellt, dass er Frauen mochte. Es war immer nett gewesen, mit ihnen zu schlafen, und das Flirten war ihm längst in Fleisch und Blut übergegangen. Und jetzt mochte er eben Cookie. Reichte das nicht? Reichte das *Cookie*? Und war es wirklich eine so große Sache, dass alle Welt sie darauf ansprechen musste?

WENN DIE SAISON WIEDER LOS-GEHT

OLIVER

Endlich wieder das *Peaks*-Trikot tragen zu dürfen und auf gegnerischem Rasen zu stehen, hätte sich vermutlich besser angefühlt, wäre sein Auftritt nicht von gellenden Pfiffen von den Rängen begleitet worden.

Vermutlich hätte er darauf vorbereitet sein müssen, doch Mannschaft und Trainerstab hatten sie während des Trainingslagers so erfolgreich zu einer Einheit geformt, dass sogar Carter und er es geschafft hatten, einander zu ignorieren, statt sich ständig an die Gurgel zu gehen. Es war leicht gewesen, zu glauben, der Rest der Welt wäre ihm ähnlich gnädig.

Dass dem nicht so war, bewiesen die Fans von San Francisco, wo sie ihr erstes Preseason-Spiel absolvierten, von der ersten Minute an. Als sie einliefen, übertönten die Buhrufe die Musik, die aus den Lautsprechern dröhnte, und über einen ganzen Block hinweg hielt eine Gruppe ein Spruchband hoch:

Schmeißt die Schwuchteln raus.

Es erschütterte Oliver in seinen Grundfesten, dass der Schiedsrichter das Spiel anpfiff, als wäre nichts. Das Plakat wurde nicht entfernt. Es mussten bestimmt zwanzig Menschen sein, die es hochhielten, und nicht einer davon wurde von der Security belangt.

Wieder und wieder wanderte sein Blick dorthin, und Übelkeit schwappte durch seinen Magen, wenn er es sah. Jedes Mal wurde sie ein bisschen heftiger. Störte es denn wirklich niemanden? Er wünschte, er könnte mit Cookie reden, herausfinden, wie es ihm bei all dem erging.

Er bekam den Ball von Deacon für den nächsten Spielzug, warf ohne Probleme zu Kaminski in der Nähe der Endzone und beobachtete dann, wie sein Kollege von San Franciscos Defensive Line abgedrängt wurde.

„Ey, Schwanzlutscher!" Die Stimme in seinem Rücken war sehr laut und offensichtlich sehr betrunken, und er wusste, er sollte sie ignorieren. Irgendein Fan sollte ihn nicht beeinflussen. Rufe von den Zuschauerrängen gab es immer wieder, und in den seltenen Fällen, in denen er sie hörte, hatte er sie ausgeblendet.

Warum also war heute so anders? Er dachte an Carters wütendes Gesicht, wann immer er Cookie und ihn nebeneinander sah. An Hammonds bedauernde Miene, als er sie beurlaubt hatte. Es nagte an ihm und es machte seine Konzentration zunichte – was er hasste, denn er musste Leistung bringen.

Das hier, dieses Spiel, war seine Gelegenheit, sich zu beweisen. Er musste den Coaches beweisen, dass er all die Aufregung wert war. Dass sie ihn aufstellen sollten, obwohl sie dann so empfangen wurden wie heute. Und gleichzeitig war genau der Empfang das, was seinen Fokus zunichtemachte.

„Hau ab!", brüllte die Stimme wieder, von johlendem Gelächter unterstützt, und Oliver fuhr zusammen. „Solche wie euch wollen wir hier nicht!"

Was für ein beschissener Teufelskreis das war, in dem er sich plötzlich wiederfand – mit dem Wissen, dass er Bestleistung zeigen musste und sich doch von einer solchen Nichtigkeit ablenken ließ. Die Übelkeit in seinem Magen verdichtete sich langsam, aber sicher zu schwerem, eisigem Unwohlsein.

Als er schließlich wieder einen Spielzug ansagte, entschied er sich für eine Variante und lief selbst mit dem Ball unter dem Arm los, doch ein gegnerischer Linebacker tackelte ihn zu Boden. Der Aufprall auf dem Gras presste ihm einen Moment lang die Luft aus den Lungen, trotzdem rappelte er sich schnell auf. Er hielt seinem Gegenüber die Hand hin, damit der sich leichter hochziehen konnte, doch der ignorierte ihn. Stattdessen kam er selbst auf die Füße und spuckte vor Oliver aus.

„Fass mich nicht an", zischte er, „Scheißschwuchtel." Ein vernichtender Blick und er ging davon.

Oliver war so fassungslos, dass er nicht mal reagieren konnte, nicht mal wütend wurde, bis es schon zu spät war.

Der Schiedsrichter pfiff das erste Viertel ab und um sie herum entspannte sich das Geschehen. Die Teams bewegten sich zu ihren Seitenlinien, nur Oliver wollte seinem Gegenspieler hinterherlaufen und ihm alle Schimpfwörter an den Kopf werfen, die er kannte. Deacon stand plötzlich neben ihm und sein Arm legte sich wie eine Eisenklammer um seine Schultern, hinderte ihn effektiv daran, sich von hinten auf den Gegner zu stürzen und ihm die Fresse zu polieren.

„Deacon!" Oliver wollte sich losmachen, doch der Ältere schien seine Bemühungen nicht mal zu spüren. „Dude, hast du nicht gehört, was der gesagt hat zu mir –" Beim letzten Wort kippte seine Stimme plötzlich, und er schluckte, räusperte sich. „Hast du gesehen, wie der mich *angesehen* hat?" Wie Hundescheiße unter dem Schuh. Wie etwas Ekelhaftes, das man am liebsten so schnell wie möglich loswerden wollte.

„Habe ich." Deacon nahm Olivers Helm in beide Hände und sah ihn eindringlich an. „Der will provozieren. Lass ihn. Hör nicht hin."

Oliver schnaufte. Deacon hatte gut reden, der wurde ja nicht plötzlich behandelt, als wäre er ein Aussätziger. Doch er atmete tief durch und beruhigte sich selbst aktiv. Böse sah er dem Linebacker hinterher und schwor sich, ihm beide Beine zu brechen, wenn er noch mal in seine Nähe kam.

Deacon führte ihn mit sanfter Gewalt zur Seitenlinie und drückte ihm eine Trinkflasche in die Hand. Das Publikum wurde mit T-Shirt-Kanonen bei Laune gehalten, bis die kurze Pause vorbei war, doch Oliver hatte nur Augen für Henry. Als er ihn inmitten des Teams am Spielfeldrand ausfindig machte, brachte es ihm jedoch nicht die erhoffte Beruhigung und Stärke. Im Gegenteil verunsicherte es ihn nur noch mehr. Er wollte sich in Henrys Arme stürzen, sich in ihnen vor der Welt verstecken, sich einhüllen lassen in Glück und Wärme und dieses wunderbare *Zuhause*. Doch das konnte er nicht. Er durfte so etwas nicht denken, nicht hier, nicht jetzt. Brüsk wandte er sich ab und stapfte davon.

All das führte dazu, dass Oliver sich etwas wünschte, was ihm früher nicht im Traum eingefallen wäre: dass das Spiel endlich vorbei sein, die Zeit schneller vergehen möge. Nicht einmal bei hohen Niederlagen hatte er sich das je gewünscht. Doch gerade war ihm alles zu viel, alles zu persönlich. Die Halbzeit konnte nicht schnell genug kommen.

Als es endlich so weit war, stürmte Oliver vom Feld und setzte sich mit gesenktem Kopf auf seinen Platz in der Umkleide, noch bevor der Rest der Mannschaft sich richtig in Bewegung gesetzt hatte.

Er blieb für sich und war so in seiner Wut und Verunsicherung versunken, dass er Thompsons Halbzeitansprache verpasste. Nach allem, was Cookie und er durchgemacht hatten, um endlich wieder spielen zu können, nach all der Vorfreude, all den Opfern, die sie erbracht hatten, war nur Verzweiflung in ihm. Henry warf ihm immer wieder besorgte Blicke zu, doch Oliver konnte ihm nicht mal in die Augen sehen. Er war viel zu angespannt dafür.

Kaum liefen sie wieder auf den Platz, ergoss sich erneut ein Pfeifkonzert über sie, das so laut war, dass Oliver Mühe hatte, seine Spielzugansagen an das Team weiterzugeben.

Es ging in diesem Spiel um nichts außer um Prestige. Der Druck war so gering, wie er den ganzen Rest der Saison nicht mehr sein würde. Wenn ihn diese Umgebung schon so verunsicherte, wie sollte es dann werden, wenn sie sich den wirklich wichtigen Spielen stellten? Es vielleicht sogar wieder in die Playoffs schafften? Er wollte gar nicht daran denken. Irgendwie musste er resistenter gegen die Anfeindungen werden. So wie Cookie.

Cookie, der über das Feld lief und trotz der widrigen Umstände spürbar Spaß daran hatte, wieder zu spielen. So, wie Oliver es auch vorgehabt hatte. So, wie es in der Vergangenheit immer gewesen war. Darauf musste er hinarbeiten.

***

HENRY

Er war stolz auf sich. Er hatte sich nichts anmerken lassen in diesem schrecklichen Stadion, diesem schrecklichen Spiel. Seine Panik und Verzweiflung für sich behalten und sich unter Kontrolle gehabt. Nicht mal, als das Publikum irgendwann des Pfeifens überdrüssig und es erträglicher geworden war, hatte er seinen eisernen Fokus verloren. Ach ja, und mehrere First Downs hatte er auch noch beigetragen. Jetzt war er körperlich und geistig am Ende und wollte nichts lieber, als sich in sein Bett zu verkriechen und nichts mehr zu hören und zu sehen. Außer vielleicht Momos Arme um und seinen warmen Körper neben sich.

Doch als er erschöpft auf die Umkleide zuging, hörte er von dort laute Stimmen und ahnte, dass diese nervenzehrende Episode noch nicht ihr Ende genommen hatte.

„Der ganze Scheiß da draußen", hörte er Carter fauchen, als er die Tür fast erreicht hatte, „das ist alles wegen dir. Weil du dein Maul nicht halten kannst." Henry blieb stehen, plötzlich viel zu müde. „Glaubst du, es

wird besser, wenn die Saison wieder losgeht?", machte
der Kapitän weiter. „Glaubst du, die Leute werden euch
dann besser empfangen, euch Scheißschwu–"

Es war nicht so sehr die fast ausgesprochene Beleidigung, die Henry dazu brachte, seine müden Beine doch
noch einmal in Bewegung zu setzen, sondern die Ge-
wissheit, dass Momo das auf gar keinen Fall hinneh-
men würde. Er hörte ihn etwas knurren, so leise, dass
er die Worte nicht verstand, doch das musste er nicht.
Er kannte Momo.

„Komm mir nicht noch einmal so nahe", spuckte Carter förmlich aus, als Henry leise die Tür öffnete und die
Szene vor sich betrachtete. Wie er erwartet hatte, standen Momo und Carter sich gegenüber, beide mit geball-
ten Fäusten. Momos Gesicht war rot vor Zorn. Keiner
von beiden schien ihn zu bemerken, ebenso wenig wie
der Rest der Mannschaft. Alle Anwesenden beobachte-
ten wie gebannt das Wortgefecht.

Carter hob den Kopf und lächelte abschätzig. „Ich
muss es nicht mal aussprechen, wir wissen es auch so
alle. Diese Mannschaft hat eine historische Saison hinter sich und wir starten diese hier mit einem Nachteil.
Und du bist schuld. Hast du auch nur einen Hauch von
Scham deswegen?"

Alle Farbe wich aus Momos Gesicht. Henry hatte genug. „Es reicht", sagte er leise, aber bestimmt, und beide
Kontrahenten sahen zu ihm. Momos Blick blieb kurz
an seinem Gesicht haften, doch er riss sich mit Mühe
los. In die Augen hatte er ihm nicht gesehen.

Carter lachte leise. „Natürlich. Willst du deinen Lover
beschützen, ja? Ihr könnt euch haben, ihr zwei, ihr habt
euch wirklich verdient. Aber eines sage ich euch: Ich

bin der Kapitän dieses Teams, und es ist meine Aufgabe, dafür zu sorgen, dass das Klima hier gut ist. Und ihr zwei", sein Finger wanderte bedrohlich zwischen ihnen her, „seid das Gegenteil von gut für das Klima."

„Es reicht", sagte noch mal jemand, doch diesmal war die Stimme tiefer als Henrys und deutlich bestimmter. Deacon trat aus der Dusche, nur in Handtuch und Badeschlappen gekleidet und dennoch eine imposante Figur. Alle Aufmerksamkeit ruhte sofort auf ihm. „Danke, Carter. Wir alle wissen, wie sehr dir die Mannschaft am Herzen liegt. Du hast deinen Punkt deutlich gemacht."

„Ich lasse mir doch von dir nicht vorschreiben –", setzte Carter an, doch Deacon legte ihm den Arm um die Schultern und führte ihn ein paar Schritte zur Seite, wo er leise auf den Kapitän einredete. Seine ruhige Art wirkte offenbar nicht nur bei Momo.

Der ballte noch einen Moment lang die Fäuste, dann löste er die Anspannung ruckartig, klaubte seine Kopfhörer auf, die er wohl in der Hitze des Gefechts fallen gelassen hatte, und setzte sich auf seinen Platz. Henry würdigte er keines Blickes.

Einen Moment lang stand Henry wie versteinert da, die Angst und Panik, die er das ganze Spiel über so gut unter Kontrolle gehabt hatte, wieder dicht an der Oberfläche. Doch er musste sich zusammenreißen. Er konnte unmöglich hier, vor versammelter Mannschaft, eine Panikattacke bekommen. Also tippte er mit den Fingern auf seinen Arm, atmete vier Sekunden ein, hielt den Atem sieben Sekunden, ließ ihn acht Sekunden lang wieder entweichen. Dann ging er zur Dusche und drehte sich mit dem Gesicht zur Wand, um seine

Kollegen nicht ansehen zu müssen. Er wollte nicht wissen, wie sie ihn ansahen, was sie alle heimlich über ihn dachten.

Das Schlimmste war, dass Carter recht hatte. Der Empfang in den Stadien der Liga würde nicht angenehmer sein, ganz im Gegenteil. Und nichts davon wäre passiert, hätte Momo ein einziges Mal seine Klappe gehalten in diesem verflixten Interview. Doch er konnte ihm deshalb nicht böse sein, denn ohne das Interview hätte er nie gewusst, wie zärtlich Momos Blick sein konnte und wie liebevoll seine Lippen. Ja, es war schlimm, dass alles um sie herum so eskalierte und sie es nicht unter Kontrolle hatten. Es machte ihn fertig, dass alle Welt sein großes Geheimnis ahnte und er nichts tun konnte, um sie zu beschwichtigen.

Und trotz alledem war er bereit, um sein Glück zu kämpfen, jetzt, da er es erlebt hatte. Wenn Momo für ihn – für sie beide – in die Schlacht zog, würde er ihm folgen, ohne eine Sekunde zu zögern.

***

Wie sich bald darauf herausstellte, hatte er ein ganz anderes Problem – eines, das ihn mehr traf als die Pfiffe, mehr als die negative Reaktion der Kollegen. Momo ignorierte ihn. Er ließ während des Rückflugs die Kopfhörer auf den Ohren und fuhr in Portland angekommen mit seinem Auto davon, ohne Henry einmal anzusehen. Als Henry ihm kurzerhand nach Hause folgte und sich mit dem Ersatzschlüssel die Tür aufsperrte, lag er bereits auf seinem Bett. Klein und zu einer Kugel zusammengerollt, die so viel negative, ängstliche Energie ausstrahlte, dass er das Bündel Mensch beim besten Willen nicht mit dem Momo in Einklang bringen konnte, den er kannte.

Eine Weile saß er neben ihm und starrte auf seinen Rücken, unschlüssig, ob er ihn berühren sollte oder nicht. Doch irgendwann wurden Momos Atemzüge länger und gleichmäßiger und Henry wurde klar, dass er eingeschlafen war.

Er verstand es ja. Er konnte sich nicht vorstellen, dass das Spiel irgendjemanden im Team kaltgelassen hatte. Sie waren nicht die Art von Team, die normalerweise mit so viel Missfallen begrüßt wurde.

Er wünschte, er hätte Momos Gabe, andere zum Lachen zu bringen. Ihnen mit scherzhaften Worten die Last leichter zu machen, die sie trugen. Doch das konnte er nicht, hatte er nie gekonnt, und so saß er hilflos neben seinem Freund, bevor er ihm durch die verwuschelten blonden Haare strich und aufstand.

Er überlegte kurz, nach Hause zu fahren, doch er konnte Momo so auf gar keinen Fall allein lassen. Stattdessen beschäftigte er sich irgendwie, kochte sich etwas zu essen und sah fern, bis es irgendwann spät genug war, dass auch er ins Bett ging.

Momo musste zwischendurch wach geworden sein, denn er lag unter der Decke, nicht mehr darauf. Dass er sich nicht mal kurz bei Henry gemeldet hatte, schmerzte mehr, als er erwartet hätte.

Ein paar Herzschläge lang stand er hilflos im Dunkeln, bevor er schließlich ebenfalls unter die Decke schlüpfte. Das Bett war groß genug, dass sie einander nicht berührten – sich nicht mal nahekamen. Henry legte sich an den äußersten Rand, denn er hatte nicht das Gefühl, dass Momo sich seine Nähe wünschte.

„Cookie?“ Momos Flüstern ließ ihn zusammenfahren.

„Ja?“

Einen Moment lang war es still, dann raschelte es und die Matratze bewegte sich. Momo kam näher, doch dann hielt sein Freund inne. „Darf ich zu dir?“, fragte er.

Um Erlaubnis zu fragen, war so untypisch für Momo, dass Henrys Herz sich zusammenzog. Er rutschte nur wortlos näher in die Mitte des Betts, bis er Momos warmen Körper vor sich spürte. Er sehnte sich danach, ihn in die Arme zu nehmen, ihn zu halten und zu drücken, bis die schlechten Gedanken keine Chance mehr hatten. Doch er hielt inne und ließ Abstand zwischen ihnen – wartete, ob Momo zu ihm kam.

Als der sich nicht rührte, streckte Henry die Hand nach ihm aus. Einen Moment lang lag sie da, dunkel und allein in der fast völligen Dunkelheit des Zimmers. Dann tat Momo es ihm gleich und umfasste Henrys Finger mit seinen eigenen, erstaunlich kalten. Henry drückte sanft zu, Momo drückte ebenso sanft zurück.

So lagen sie eine ganze Weile, still, und Henry fragte sich, ob Momo eingeschlafen war. Doch er wagte nicht, sich zu bewegen, wollte seinen Freund nicht stören. Also hielt er die Augen geschlossen, blieb aber hellwach und spürte dem Gefühl nach, das Momos Finger auf seiner Haut hinterließen.

„Cookie“, flüsterte Momo wieder und Henry schlug die Augen auf. Mittlerweile war es so dunkel geworden, dass er fast nichts mehr sehen konnte. „Versprich mir, dass wir das schaffen.“

Henrys Herz schwoll an – ob aus Liebe oder Sorge oder Mitgefühl, wusste er selbst nicht. Vielleicht alles gleichzeitig.

Er schlang die Arme um Momo, zog ihn an sich, drückte ihm einen Kuss in die Haare. „Natürlich. Wir zwei gegen den Rest der Welt, Mann", sagte er leise in Momos Ohr. „Immer."

Er spürte die feinen Härchen auf Momos Oberschenkeln, die Muskeln unter der Haut, den Herzschlag an seiner eigenen Brust, und zog ihn noch fester an sich. Er war bereit, ihn zu halten, so lange es notwendig war.

WENN MAN DABEI IST, JEMANDEN ZU VERLIEREN

OLIVER

Nach dem knapp gewonnenen Spiel vom Vortag durften sie den Vormittag mit Lockerungsübungen und gemächlichem Auslaufen zubringen, und Oliver vergrub sich in sich selbst. Die Nacht in Cookies Armen hatte so gutgetan, und das machte alles besser und gleichzeitig so viel schlimmer. Wie konnte es sein, dass es ihn so glücklich machte und doch der Auslöser dafür war, dass andere Menschen ihm solche Dinge an den Kopf warfen? Und wie konnte es sein, dass ihn das alles so störte? Er wusste, dass Cookie sich Sorgen um ihn machte, auch wenn der ihn gut genug kannte, das nicht auszusprechen.

Deacon hatte ihn ebenfalls mit vielsagenden Blicken von oben bis unten gemustert, doch er hatte die Klappe gehalten. Oliver hätte auch nicht gewusst, was er sagen sollte, hätte er ihn gefragt.

Er verstand es doch auch nicht. Noch nie hatte ihn etwas wie ein betrunkener Fan, der ihn anpöbelte, mitgenommen. Ein Gegenspieler, der in der Hitze des Gefechts ausfällig wurde, ein negatives Plakat, eine Anfuhr von Carter. Alles Dinge, die er schon erlebt hatte. Noch nie hatte es ihm etwas ausgemacht.

Vielleicht lag es daran, dass es diesmal so persönlich war. Was die Leute schlimm fanden, war etwas, das ihm noch so neu und doch schon so kostbar war. Was auch immer das zwischen Cookie und ihm war, es füllte seinen ganzen Körper mit Freude, und er hatte noch nie Dinge hinterfragen müssen, die ihm ein gutes Gefühl gaben. Doch nun kam er nicht umhin zu zweifeln, während er seine Runden um den Trainingsplatz lief. Er wollte diese Gedanken nicht haben. Wollte nicht zweifeln. Er wollte dem Ding zwischen ihnen keinen Namen geben, wollte nur genießen und sich wundern über das Flattern in seinem Bauch, das Cookie so mühelos erzeugte.

Fass mich nicht an, Scheißschwuchtel. Der Satz vibrierte durch sein Gehirn, seit er ihn gestern gehört hatte, verscheuchte das Flattern und ersetzte es durch kaltes, schweres Grauen. Es war üblich, sich auf dem Platz Dinge an den Kopf zu werfen, gerade im Eifer des Gefechts. Doch das gestern, das war anders gewesen. Das hatte der Typ so *gemeint.*

„Du siehst richtig scheiße aus heute." Perez' Stimme riss ihn aus seinen Gedanken. Er hatte nicht mitbekommen, dass sein Kollege neben ihm lief.

„Du mich auch", gab er grummelnd zurück. War es denn wirklich nicht möglich, in Ruhe seine Runden zu absolvieren?

„Wie kann ich es besser machen?", fragte Perez nach längerem Schweigen, und Oliver konnte sich ein Schnaufen nicht verkneifen.

„Gar nicht."

Perez trabte gemächlich neben ihm, ließ sich Zeit mit seiner Antwort. „Hilft es dir, wenn ich dir sage, dass

Carter nicht für alle spricht? Im Gegenteil. Du bist vielen hier wichtig, genauso wie Cookie. Wir wollen, dass es euch gut geht. Und ich weiß nicht, was er an dir findet, aber –“ Er verstummte, als Oliver ihn scharf ansah.

„Nicht“, zischte er. „Bist du irre? Kein Wort mehr zu dem Scheißthema, klar?“ Er wusste, dass er selbst bisher zu lässig damit umgegangen war. Dass sein loses Mundwerk das ganze Chaos erst verursacht hatte. Doch jetzt hatte er gesehen, was die Konsequenzen waren.

Perez nickte. „Dann halte ich jetzt die Klappe. Solange du nur weißt, dass ich es ernst meine.“

***

HENRY

Momo entglitt ihm. Es war ein scheußlicher Gedanke, der sich nicht verscheuchen ließ. Nach dem Spiel hatte er noch gedacht, Momo wäre genauso mitgenommen wie er selbst, doch während Henry sich wieder auf das Training konzentrierte, schien Momo die düsteren Gedanken nicht abschütteln zu können. Henry wusste nicht, woran das lag, und vor allem wusste er nicht, wie er es ändern konnte. *Ob* er es ändern konnte.

Es war beängstigend, wie sehr Momos Stimmung umgeschlagen war. Von dem Kerl, der immer Schalk im Nacken und ein mutwilliges Funkeln in den Augen trug, war nichts übrig geblieben. Stattdessen war sein bester Freund ein Häufchen Elend, so sehr er sich auch bemühte, das zu verbergen.

Und ja, natürlich verstand Henry es. Ihm ging es doch auch nicht gut damit. Es war angsteinflößend, sich vorzustellen, welche Ausmaße das Ganze noch annehmen konnte, wenn sie erst in größeren Stadien spielten. Und leider, leider hatte Carter recht. Es war nicht gut für die Mannschaft, wenn sich jetzt schon ein solcher Druck aufbaute.

Während sie im Training als Gruppe zusammenstanden, um den Anweisungen der Coaches zu lauschen, spürte er Blicke auf sich, obwohl sie immer schnell wegsahen, sobald er ihnen begegnete. Auch dann, wenn sich Offense und Defense in zwei separaten Ecken des Feldes zusammenfanden, waren die feindseligen Blicke wie Berührungen auf seiner Haut. Carter, Colbert und ein paar andere aus ihrer Clique standen eng beieinander, und es war nicht schwer, sich vorzustellen, was sie besprachen. Doch auch Kaminski und Perez sahen immer wieder zu ihm herüber.

Er hatte sich bewusst nicht neben Momo gestellt, auch wenn alles in ihm danach schrie, bei ihm zu sein. Es wäre weder für Momo noch für ihn gut, wenn sie das Thema jetzt forcierten. Sie alle hatten letzte Saison alles gegeben, um erfolgreich zu sein, und jetzt, da sie das alles noch übertrumpfen wollten, würde er den Teufel tun und das gefährden.

Also biss er die Zähne zusammen und sah mit schmerzendem Herzen dabei zu, wie Momo kämpfte – um Haltung, um Konzentration –, und kämpfte selbst ebenfalls. Mit den negativen Gedanken, die sich in den Vordergrund schieben wollten. Mit seinem Herzen, das panisch und angsterfüllt schlug.

„Geh doch bitte zu ihm", sagte Kaminski irgendwann, als sie hintereinander in der Schlange standen und darauf warteten, den Drill zu den neuesten Stammrouten zu absolvieren. „Es ist nicht mitanzusehen." Henry fuhr zusammen und sah ihn scharf an, doch Kaminski verzog nur kurz den Mund zu einer Grimasse, die wohl mitleidig sein sollte. „Du bist doch sein bester Freund, oder nicht? Er sieht scheiße aus. Irgendwer sollte sich kümmern."

Er atmete tief durch und nickte knapp, bevor er sich wieder auf die Übung konzentrierte. Wahrscheinlich hatte Kaminski recht. Er sollte sich nicht durch das, was um sie herum passierte, von dem abbringen lassen, was er unumstößlich wusste: Momo war sein bester Freund. Das würde sich niemals ändern. Nicht einmal, sollte das mit ihnen nicht ... Er wollte den Gedanken nicht zu Ende denken.

In der nächsten Trinkpause ging er also zu Momo, so wie er es schon Tausende Male getan hatte. Sein Freund hatte sich an einen ihrer Dummies gelehnt und die Augen geschlossen. „Hey."

Momo öffnete die Augen nicht. „Hey."

„Du siehst aus wie ein richtig schlecht ausgeschlafenes Gespenst", sagte Henry mit einem kleinen Grinsen, das sich falsch auf seinen Lippen anfühlte.

„Hm." Momo machte nicht mal Anstalten, ihm zu sagen, er solle sein Maul halten, und das war *wirklich* besorgniserregend.

„Willst du mich wirklich nicht anpöbeln?", fragte Henry. „Lässt du mich weiterreden, wenn ich dir sage, dass du aussiehst wie ein richtig altes, unausgeschlafenes, hässliches Gespenst?" Keine Reaktion. „Mit schrecklichen Haaren?"

Nun linste Momo ihn doch an und Henry grinste. „Ich wusste, dass du darauf reagierst."

„Ich weiß die Pöbeleien zu schätzen", sagte Momo. „Echt. Aber ich ..." Er zuckte die Schultern. „Na ja."

Henry legte ihm eine Hand an den Hinterkopf, zog ihn zu sich, Stirn an Stirn. „Ich weiß. Und ich weiß, dass das gerade nicht hilft, aber ich bin hier und lasse dich nicht allein."

Momo machte ein Geräusch, das gefährlich nahe an einem Schluchzen war.

Henry wünschte, mehr für ihn tun zu können. Doch weil Kollegen und Trainerstab um sie herum standen, fuhr er Momo nur einmal kurz mit der Hand durch die Haare und ging wieder zurück zum Rest des Teams.

***

Henry
Was tut man, wenn man dabei ist, jemanden zu verlieren?

Nach dem Training, als sie alle in der Mannschaftslounge abhingen, weil das Coachteam einen Karaokeabend organisiert hatte, schickte Henry eine Nachricht an Liam. Momo saß neben Deacon und unterhielt sich mit ihm. Henry hatte sich zu Perez verkrümelt, der ebenfalls auf seinem Handy daddelte und keinen Wert auf ein Gespräch zu legen schien. Gut so. Henry steckte viel zu tief in seinen eigenen Gedanken.

Der Kontakt zu Liam war wieder etwas eingeschlafen, seit sie beide durch ihre Teams voll beansprucht wurden, doch sie schrieben sich immer noch unregelmäßig und er war ein zuverlässiger Gesprächspartner, der immer schnell antwortete. Zum Glück war das auch heute so.

Liam
O Gott, danke, du bist meine Rettung, hier wird Scrabble gespielt. Scrabble! Sind wir Rentner, oder was?

Scheiße, jetzt erst deine Nachricht richtig gelesen. Sorry. Was ist los? Wen verlierst du? Was habe ich verpasst?

Henry biss sich auf die Lippe. Ja, das hatte er nicht bedacht. Liam wusste zwar von seiner Trennung von Meiko, aber nichts von dem, was zwischen Momo und ihm passiert war. Natürlich nicht.

Und natürlich konnte er es ihm nicht erzählen. Es war dumm gewesen, ihn zu fragen. Er hätte daran denken müssen, dass er mit niemandem reden konnte. Mit niemandem reden durfte.

Henry
Nichts, nichts. War eher so ein grundsätzlicher Gedanke.

Das war eine bescheuerte Aussage, und er rechnete es Liam hoch an, dass er nicht nachfragte. Vielleicht ahnte er etwas, vielleicht war er nach all dem Training ebenso kaputt wie Henry und nahm es einfach hin.

Liam
Schwer zu sagen. Ich glaube, ich habe noch nie jeman-
den verloren, der mir wirklich wichtig war. Aber man
kann Menschen nicht festhalten, oder?

Eigentlich kann man der anderen Person nur zeigen,
dass man selbst nicht geht. Und wenn das nicht hilft,
das Nein akzeptieren.

Henry seufzte.

Henry
Das klingt sehr philosophisch und viel zu vernünftig.
Also hast du vermutlich recht.

Hatte er alles getan, was er konnte, um Momo zu zeigen, dass er nicht gehen würde? Nein, mit Sicherheit
nicht. Hatte er alles getan, was im Rahmen ihrer Situation möglich war? Wahrscheinlich schon. Er hatte
Momo seine Scheißliebe gestanden, was sollte er denn
sonst noch tun? Er war für ihn da gewesen, hatte ihn
im Schlaf gehalten, hatte ihn geküsst, als gäbe es kein
Morgen. Wenn das nicht genug war, dann wusste er
auch nicht. Er schielte zu Momo rüber, der glaubhaft so
tat, als hätte er Spaß, und seufzte wieder.

„Du klingst so niedergeschlagen", sagte Perez und
legte sein Handy beiseite. „Das kann ich nicht mitanse-
hen. Komm, wir zeigen den Langweilern mal, wie man
richtig Party macht." Er grinste und in seinen schwarzen Augen blitzte Übermut auf. „Ein Klassiker? *I want
it that way?*"

Henry zuckte zusammen, als ihn die Erinnerung an den Abend im Club überrollte. Das wäre wahrscheinlich etwas, was er tun könnte, um zu versuchen, Momo zu halten: dieses Lied singen. Für ihn. Doch er wusste, tief in sich, dass das der falsche Weg wäre. Momo war nicht so weit. Und er war nicht der Typ dafür.

„Nee, ich bin Team N*Sync", sagte er also. „*Bye Bye Bye*? Aber ohne Choreographie." Auch wenn er nicht bei der Sache war, zumindest würde ihn die Performance ablenken.

WENN DU MICH HÄLTST, BIN ICH MUTIG

OLIVER

Oliver war so mit sich selbst beschäftigt, dass die Tage an ihm vorüberglitten. Er begriff erst, dass das nächste Preseason-Spiel anstand, als Thompson sie am Ende der Nachmittagseinheit zusammentrommelte und auf das Spiel einschwor. Ihm wurde schlecht, wenn er nur daran dachte.

So hatte er sich noch nie gefühlt, wenn es um Football ging. Football war immer Grund zur Freude gewesen, zu positiver Aufregung, oft sogar Bestätigung. Nun bescherte ihm allein der Gedanke ein dumpfes, kaltes Gefühl im Magen.

Cookie war so verständnisvoll und immer für ihn da gewesen in den letzten Tagen, obwohl Oliver meilenweit von seinem üblichen Selbst entfernt war. War das normal, dass man so glücklich sein konnte, allein dadurch, dass man einen anderen Menschen ansah? In seiner Nähe war?

Dass er über diesen Gedanken die komplette Ansprache des Coachs verpasst hatte, wurde ihm klar, als um ihn herum alle klatschten. Er fuhr zusammen und hoffte, dass es niemand gemerkt hatte. Verdammt.

Egal, wie sehr Cookie ihn durcheinanderbrachte, er konnte sich nicht erlauben, nicht bei der Sache zu sein.

Als würde er sein schlechtes Gewissen riechen, kam Deacon zu ihm und legte ihm den Arm um die Schultern. „Mosley, mein Lieber", sagte sein Kollege im Plauderton, doch der Griff seiner Finger war eisenhart. „Wie gedenkst du, sicherzustellen, dass du in Zukunft wieder bei der Sache bist?"

Oliver öffnete den Mund, doch kein einziger blöder Spruch wollte ihm einfallen. Das war nicht normal und sie wussten es beide. Also blieb er stumm.

Deacon seufzte. „Ich weiß nicht, was das ist mit Cookie und dir." Er hielt inne und Olivers Kehle wurde eng. *Bitte sprich nicht weiter,* flehte er in Gedanken. *Bitte hab nichts bemerkt. Bitte, bitte, bitte ...* „Vielleicht liegt es ja gar nicht an ihm, dass du so unkonzentriert bist. Aber egal, was es ist, stell es ab. Hammond hat das Richtige getan, als er euch zurückgeholt hat, aber du musst jetzt beweisen, dass sich das gelohnt hat. Nicht alle sind so tolerant."

„Tolerant." Oliver spuckte das Wort förmlich aus. „Soll ich dankbar sein, ja? Dass die Arschgeigen in SF nur gepfiffen haben, statt mich kaltzumachen? Soll ich beten und hoffen, dass das Publikum mich in Zukunft gnädigerweise meinen Job machen lässt? Nur, weil ich ..." Er stockte. „Nur, weil die Leute denken ..."

Deacon hob die Schultern, wie immer unbeeindruckt von Olivers Gefühlsausbrüchen. „Es ist gut, dass du wieder da bist", sagte er nur. „Und Cookie. Aber nicht alle sind darüber froh, das weißt du so gut wie ich. Ich sage nur, bereite dich darauf vor und tu, was du kannst, um Leistung zu zeigen. Lass die Gerüchte abkühlen."

„Hättest du keinen Bock mehr auf mich in der Mannschaft, wenn es stimmen würde, oder was?", begehrte Oliver auf. Das war nicht, was Deacon gesagt hatte, doch er musste die Antwort hören.

Der winkte ab und fuhr ihm kurz durch die Haare. „Mir ist es egal", sagte er, auch wenn er Oliver dabei nicht ansah. „Aber den Leuten da draußen nicht. Reiß dich ein bisschen zusammen, hm? Mehr sage ich gar nicht."

***

HENRY

Es war beschissen, bei Momo zu sein und zu spüren, dass der ihn eigentlich gar nicht bei sich haben wollte. Er gab ihm bewusst Raum, las beim Abendessen auf Momos Dachterrasse irgendwelche Artikel auf dem Handy, statt ihn anzusehen, doch es war verdammt hart. Und es tat weh. Doch er wollte nichts tun, was ihre Verbundenheit gefährden konnte. Auch wenn die momentan schwächelte, mit einem Momo, der ihn zwar ständig anstarrte, aber kaum mit ihm redete.

Irgendwann, als die untergegangene Sonne auch die letzte Wärme mit sich nahm, gingen sie zurück nach drinnen und Henry machte sich ans Aufräumen. Er kam nicht weit, denn Momo drängte sich an ihn. Das Feierabendbier hatte ihn offensichtlich aufgelockert, und er grinste, wie er es eben tat, wenn er jemanden rumkriegen wollte: routiniert und im vollen Wissen seines unwiderstehlichen Charmes. Doch seine Augen hatten den Glanz der letzten Wochen verloren, und schwere Traurigkeit machte sich in Henrys Bauch breit.

„Jetzt machen wir zwei uns noch einen richtig schönen Abend, oder?", sagte Momo und fuhr ihm mit der Hand über den Arm, kroch mit den Fingern unter den Saum seines T-Shirts.

Henry schluckte trocken. Das hier, das war alles, was er je gewollt hatte. Momo, der ihn wollte. Momo, der ihn küsste. Momo, der ihn in sein Bett ließ. Es war so verdammt verlockend. Doch es fühlte sich falsch an.

Also schüttelte er den Kopf. „Nein, Momo, ich glaube nicht."

Der brauchte ein, zwei Momente, bis er begriff, und dann machte er einen Schritt zurück und sah ihn empört an. Es war ihm anzumerken, dass er es nicht gewohnt war, abgelehnt zu werden. „Nein?", fragte er einigermaßen fassungslos. „Was soll das heißen, nein?"

Hilflos sah Henry ihn an, konnte nicht glauben, dass er das hier wirklich tat. Er hob die Schultern. „Ich habe nicht das Gefühl, dass das gerade gut für dich wäre."

„Gut für …" Momo starrte ihn an. „Du glaubst, es ist nicht *gut* für mich, wenn wir jetzt ein bisschen Spaß haben?"

„Es geht dir nicht gut", sagte Henry. Seine Entschlossenheit wankte, also machte er schnell weiter, bevor er aufgab und sich doch überreden ließ. „Ich bin dein bester Freund, und als solcher ist es mein Job, darauf zu achten, dass es dir gut geht. Oder, na ja, so gut, wie es eben möglich ist."

Er dachte an das Spiel in San Francisco, an die Pfiffe, die Blicke. Das war das Gegenteil von *gut* gewesen. Er biss sich auf die Lippe, als Gänsehaut – die falsche Art von Gänsehaut, nicht die, die er gern gehabt hätte – seinen Körper überzog. „Und ich verstehe es, weißt du? So, so gut. Ich habe ja nicht umsonst all die Jahre nichts gesagt. Es ist so scheißhart da draußen mit der ganzen Ablehnung."

Momo sah ihn an, sein Protest verstummt, und Hoffnungslosigkeit war in seine Augen gekrochen.

„Ich will, dass du glücklich bist", machte Henry weiter, bevor der Anblick ihm das Herz brach. „Und ich wünsche mir mehr als alles andere, dass du dieses Glück mit mir findest. Aber ... aber das – das wird nicht leicht. Das weiß ich. Es wird scheiße schwer. Ich hatte noch nie in meinem Leben vor irgendwas so Schiss wie vor dem ganzen Mist momentan. Aber ..." Er griff nach Momos Hand und drückte sie. Dachte an Liams Worte – man konnte dem anderen Menschen nur zeigen, dass man selbst nicht gehen würde. „Aber ich weiß, dass du das alles wert bist. Wenn du mich hältst, bin ich mutig. Wenn du dabei bist, dann bekomme ich meine Angst unter Kontrolle, irgendwie. Dann bekommen wir das hin."

Momos Finger drückten seine, so fest, dass Henry den Mund verzog. Doch er verstand die Geste. Verstand, was Momo ihm sagen wollte.

„Und wenn du es nicht willst", er atmete tief durch, „dann zwinge ich dich nicht. Ich weiß, das ist nicht die große romantische Geste, die jetzt im Film käme. Aber das wäre nicht fair. Ich kann nicht um dich kämpfen, wenn du nicht um uns kämpfst. Und wenn du es nicht tust, dann weiß ich ganz genau, warum, und mache dir deshalb keinen Vorwurf."

Es war lange still, bevor Momo seufzte und einen Kuss auf Henrys Handrücken hauchte. „Cookie, ich … ich habe noch nie etwas so sehr gewollt wie das hier. Wie dich." Er räusperte sich. „Wie uns." Er sah Henry in die Augen und es war ein Abklatsch des früheren Leuchtens in ihnen. „Ich will, wirklich –" Er brach ab und sah weg. „Können wir heute Nacht einfach kuscheln?"

Henry lächelte und küsste seine Nasenspitze. „Wie die Weltmeister."

Er hoffte, dass Momo nicht merkte, wie sein Herz brach. Seine ausweichende Antwort war alles andere als mutmachend gewesen.

***

Auswärtsspiele in Las Vegas hatten immer ein ganz besonderes Flair, etwas Aufregendes, das die Stadt eben mit sich brachte. Dieser Charme war auch beim Spiel in der Preseason spürbar. Das Publikum würde ähnlich ausgeflippt wie immer sein, bunter und schriller als bei anderen Teams. Toleranter.

So jedenfalls redete er sich das Spiel schön, während sie im Flugzeug saßen, mit dem Bus zum Stadion fuhren, sich für die Begegnung umzogen.

Thompsons Ansprache war kurz und knackig, und Carter stand auf und appellierte an sie, wie wichtig es war, dass sie heute erneut erfolgreich waren, als Zeichen an sie selbst.

Henry konnte glauben, was er sich selbst erzählt hatte, was er Momo zugeraunt hatte, während der mit düsterer Miene aus dem Flugzeugfenster gestarrt hatte.

Er glaubte es bis zu dem Moment, in dem er zum Warmmachen auf den Platz trat und sofort von gellenden Pfiffen empfangen wurde. Angst fuhr ihm in alle Glieder, führte dazu, dass er sich sekundenlang nicht bewegen konnte. Erst Deacon, der zu ihm trat und ihn aufmunternd anlächelte, löste ihn aus seiner Starre. Henry blinzelte, und dann wurden die Pfiffe noch mal lauter, und er wusste, dass nun Momo auf dem Feld war.

Er nahm die Schultern zurück und ließ den Kopf kreisen, tat alles, was er konnte, um sich nicht anmerken zu lassen, wie sehr es ihn bis ins Mark erschütterte. War das nun sein Leben? War das, worauf er sich einstellen musste, in jedem einzelnen Spiel diese Saison? Und in allen Saisons, die danach kommen mochten? Nicht auszudenken, wenn die Öffentlichkeit irgendwann mitbekommen würde, wie viel Wahrheit tatsächlich in ihren Spekulationen steckte.

Mit der Schuhspitze stieß er in den Rasen vor sich und schloss die Augen. Wie konnte er von Momo erwarten, sich unter diesen Umständen für ihn zu entscheiden? Wenn das war, was ihnen blühte? Wie konnte er selbst sich dafür entscheiden?

***

OLIVER

Seine Konzentration bröckelte, wie oft er sie auch mühevoll wieder aufbaute. Bisher hatte das noch nicht zu Konsequenzen geführt, weil ihr Gegner dafür zu wenig bei der Sache war, doch er machte sich keine Illusionen, dass die Coaches es nicht bemerkt hatten.

Es zermürbte ihn. Mit jeder Minute, die verstrich, bekam das mentale Schutzschild, das einst so stark gewesen war, mehr Risse. Es half nicht, dass in den Momenten, in denen keine Musik durchs Stadion dröhnte, die Schmähgesänge der Heimfans deutlich hörbar waren.

„Hängt sie auf, die schwule Sau", tönte es hinter ihm, während er vergeblich versuchte, sich auf den nächsten Play zu konzentrieren.

Cookie wurde von einem lila-gold gekleideten Gegenspieler brutal zu Fall gebracht, und Oliver zuckte zusammen. Sein Freund hielt sich kurz den Knöchel, bevor er wieder aufstand, doch Oliver war schon unterwegs. Es war keine bewusste Entscheidung, er wollte nur zu Cookie. Sicherstellen, dass es ihm gut ging.

Auf halber Strecke verließ ihn die panische Energie und seine Schritte wurden langsamer. Er durfte nicht. Am besten näherte er sich ihm nie wieder, jedenfalls nicht, wenn es nach allen hier im Stadion ging.

Unentschlossen lief er aus und hielt einen Moment inne. Er wusste, er musste zurück auf seine Position, den nächsten Spielzug ansagen. Einen Moment lang versagten seine Beine ihm den Dienst. Dann biss er die Zähne zusammen, wie er es schon das ganze Spiel über getan hatte, und ging zum Rest des Teams, um sich zu positionieren.

„Scheiß Arschficker!", rief einer der gegnerischen Einwechselspieler, der an der Seitenlinie stand, sobald Oliver in Hörweite war.

Er kniff die Augen zusammen, schüttelte den Kopf. Am Rande seines Blickfelds bestürmte Portlands

Trainerteam den Schiedsrichter, die Beleidigung zu ahnden. Oliver tat sein Bestes, das alles zu ignorieren, und konnte es nicht.

Die Sache mit Cookie hatte etwas in ihm berührt, eine Stelle, von der er nicht sicher war, dass es sie vor Cookie gegeben hatte. Etwas Zerbrechliches, Zartes. Etwas, das ihn schwach machte. Das hatte sich in diesen magischen Momenten mit Cookie wundervoll angefühlt, so selbstverständlich, eine wunderbare Schwäche, die durch Cookies starken Herzschlag wettgemacht wurde.

Doch hier auf dem Platz wurde ihm klar, dass er nicht schwach sein durfte. Niemand wollte einen Schwächling auf dem Platz, in der Mannschaft.

Natürlich gelang ihm über all diesen Grübeleien nichts, als der Spielzug endlich lief, obwohl sie die Variante im Trainingslager bis zum Erbrechen geübt hatten. Colbert meckerte ihn an, weil er den Ball leichtfertig dem Gegner überlassen hatte, und er hatte recht. Oliver hatte seinen eigenen Befindlichkeiten mehr Platz in seinem Kopf eingeräumt als dem Spiel, und das durfte nicht sein.

„Mach es besser", brachte Colbert schließlich noch heraus und funkelte Oliver wütend an.

Der nickte stumm und senkte den Blick. Er verhielt sich nicht wie ein Profi, sondern wie ein liebeskranker Teenager, und das tat niemandem gut.

Also tat er sein Bestes, in den wenigen verbleibenden Minuten noch mal alles abzurufen. Doch als er sich bereit machte, den nächsten Spielzug anzusagen, setzten wieder die Pfiffe ein, und er warf einen ungenauen Pass, der weit von seinem beabsichtigten Ziel entfernt landete. Mit Entsetzen sah er zu, wie Cookie alles gab, um den schlecht geworfenen Ball doch noch zu erreichen – vergeblich. Die *Vipers* erlangten den Ballbesitz und nutzten ihre neue Chance gnadenlos aus, passten sich blitzschnell übers Feld, bis sie mit einem Touchdown punkteten.

Die Fans auf den Rängen brachen in lautstarken Jubel aus. Oliver starrte fassungslos auf die Traube jubelnder Spieler. Auf das, was er und sein Versagen angerichtet hatten. Er war schuld an diesem Touchdown, er und sein Unvermögen, sich zu konzentrieren. Er vergrub den Kopf in den Händen und ließ sich zu Boden sinken. Offenbar war er zu schwach, um mit diesem Druck umzugehen. Nicht Manns genug, das auszublenden, was um ihn herum passierte.

Er saß auf dem Feld, den Helm zwischen den Knien, und in seinen Ohren dröhnte das „Lasst ihn liegen, Scheiße tritt sich fest!", das die Heimfans ihm voller Genugtuung entgegenschmetterten. Er hatte keine Kraft mehr, brauchte alles, was er in sich hatte, dafür, nicht in Tränen auszubrechen. Diese eine Genugtuung würde er ihnen nicht geben.

Deacon war bei ihm, versuchte, ihn hochzuziehen, doch Oliver konnte nicht. Es ging nicht. Auch Carter war zu ihnen gelaufen, fragte mit hörbarer Ungeduld, was denn nun los sei. Oliver schüttelte nur den Kopf.

Eine Hand fuhr über seinen Unterarm, langfingrig und schmal, und für einen Moment flaute der Sturm in seinem Inneren ab. „Was ist denn?", fragte Cookie.

Oliver konnte das nicht. Mit Kraft, von der er nicht geahnt hatte, dass sie noch in ihm steckte, rappelte er sich auf, schob Cookies Hand grob von sich, brachte Distanz zwischen sie.

„Fass mich nicht an", brachte er heraus, sah ihn wütend an, wünschte ihn weit weg von sich. Kapierte er nicht, dass er alles noch schlimmer machte? „Merkst du nicht, was hier los ist?"

Cookie sagte nichts, trotzdem sah Oliver, wie sehr er ihn verletzt hatte. Dann zuckte Cookie mit den Schultern, drehte sich um und ging davon. Olivers Zähne pressten sich so fest aufeinander, dass es ihn nicht gewundert hätte, wäre einer von ihnen unter dem Druck gebrochen. So wie er. Ein Schrei braute sich in ihm zusammen, den er auf gar keinen Fall nach draußen lassen konnte. Er würde ihn ignorieren und runterschlucken, so wie alles andere, was in seinem Inneren brodelte.

Als der Schiedsrichter auf ihn zugelaufen kam, um zu sehen, was los war, hob Oliver den Daumen, als wäre alles in Ordnung. Er würde dieses Spiel jetzt hinter sich bringen, ohne sich noch lächerlicher zu machen. Er würde den Rückflug neben Cookie überstehen, ohne ihn zu berühren. Und wenn er endlich zu Hause war und einen Heulkrampf bekam, dann würde das niemand mitbekommen.

Einen letzten Rest an Würde hatte er noch und den würde er sich erhalten. Er hatte schon immer Opfer gebracht für seinen Traum, Football zu spielen. War als Teenager nachmittags zum Training gegangen, statt mit Freunden aus der Schule abzuhängen. Hatte Geburtstage und Familienfeiern verpasst, um bei Spielen und wichtigen Trainingseinheiten zu sein. Er wusste, wie es ging.

Wie man verzichtete.

Und genau das würde er tun, wenn es nötig war, um seinen Traum zu leben.

WENN DU NICHT KÄMPFEN WILLST

OLIVER

Er tat, was er immer getan hatte, wenn er sich ablenken wollte: Er stürzte sich in den Alkohol und Portlands Nachtleben. Während er in einer seiner Lieblingsbars an der Theke saß, kippte er einen Wodka-Soda nach dem anderen in sich hinein, bis er nichts mehr spürte. Eine hübsche junge Frau sprach ihn an, und er lächelte und flirtete ganz ohne sein Zutun, während alles in ihm ganz wund war. Die Verzweiflung kratzte an seinen Organen, doch er tat sein Bestes, sie zu ignorieren.

Er ging mit ihr auf die Tanzfläche, doch während ihr schlanker, kurviger Körper förmlich an seinem klebte, konnte er nur an Henry denken. Wie er mit ihm auf der Tanzfläche gestanden hatte, wie nahe sie sich gekommen waren. Wie wenig sie von einem Kuss getrennt hatte. Die Verzweiflung in ihm wurde lauter.

Irgendwann ließ er sie kommentarlos stehen und stolperte nach Hause. Mit Müh und Not schaffte er es, die Tränen zurückzuhalten, bis die Wohnungstür hinter ihm zufiel.

Er dachte an die zwei himmlischen Wochen, die Henry und er zwischen Minicamp und Trainingslager hier verbracht hatten. Wie voller Glückseligkeit sein Körper, sein Kopf, sein *alles an ihm* gewesen war. Wie verdammt unfair es war, dass alles, was sich so richtig angefühlt hatte, plötzlich zu solchen Reaktionen führte. Wie sehr die Angst ihn aushöhlte, wenn er daran dachte, in Zukunft jedes seiner Spiele mit dieser Kulisse der Ablehnung bestreiten zu müssen.

Mühsam schleppte er sich ins Bad und ließ sich vollständig bekleidet in seiner großen Dusche auf den Boden sinken. Drehte das heiße Wasser auf und heulte, heulte, heulte, bis er nichts mehr in sich hatte und sein Mund pelzig war, als hätte er drei Tage lang nicht Zähne geputzt.

Irgendwann, als das Wasser eiskalt auf seine Haut prasselte, stellte er die Dusche ab, kam mühsam auf die Beine und holte sich seinen flauschigen Bademantel und eine Flasche Rotwein. Dann trank er, bis er in den frühen Morgenstunden erschöpft einschlief.

***

HENRY

Er war sicher gewesen, nach sechs Jahren Freundschaft jeden Einzelnen von Momos Gesichtsausdrücken zu kennen. Doch so wie gestern hatte er ihn noch nie angesehen: als wäre er der schlimmste Mensch der Welt. Noch nie war er das Ziel von Momos Wut gewesen, und er wollte es auch nie wieder sein.

Zu wissen, warum Momo sich so fühlte, half nicht im Geringsten. Dass der vom Leben so verwöhnte Sonnyboy, der mit seinem lockeren Grinsen überall gut ankam, mit so viel Negativität nicht umgehen konnte. Dass der Lokalheld von Portland, der seit jeher vom Publikum geliebt worden war, in seinen Grundfesten erschüttert war. Dass Momos Wutausbruch sich nicht gegen Henry gerichtet hatte, sondern er nur als Blitzableiter für das Gefühlschaos gedient hatte, das in ihm wütete.

Es tat trotzdem so verdammt weh.

Das Schlimmste war, dass Henry keine Ahnung hatte, wie die Dinge nun zwischen ihnen standen. Sie waren ohne Verabschiedung auseinandergegangen, als hätten die letzten Wochen voller Küsse und Nächte in den Armen des anderen nie stattgefunden.

Was blieb ihm da, als weiterzumachen, so wie er es immer getan hatte? Er hatte gewusst, dass die Wahrscheinlichkeit ihres Scheiterns beinahe übermächtig groß war. Er hatte sich trotzdem darauf eingelassen, unfähig, zu widerstehen, als das, was er wollte, endlich in greifbarer Nähe gewesen war.

Nun zahlte er den Preis.

Er schlief schlecht, wälzte sich stundenlang schlaflos hin und her, und stand bereits in den frühen Morgenstunden auf, als ihm klar wurde, dass an Schlaf nicht mehr zu denken war. Er flüchtete sich in das, was ihm schon immer geholfen hatte: Sport und laute Musik. Stundenlang fuhr er mit dem Rad durch die Wälder um Portland, die Musik in seinen Kopfhörern so laut, dass sie irgendwann seine Gedanken zum Schweigen brachte, bis nur noch atmen und treten wichtig waren. Atmen, treten. Atmen, treten.

Durst und seine zitternden Beine zwangen ihn schließlich zum Umkehren, und er tat sein Bestes, die negativen Gefühle unter einer langen, heißen Dusche wegzuspülen.

Wie er wünschte, es hätte sich gelohnt, dass er sich Momo gegenüber so verletzlich gemacht hatte. Er wünschte, Momo hätte seine Emotionen besser unter Kontrolle gehabt. Nicht an ihm ausgelassen.

Doch dann wäre er nicht Momo. Henry hatte ihm gesagt, dass er alles an ihm liebte, und verdammt, das stimmte immer noch, auch wenn er der Leidtragende war.

Er hatte keine Lust, wegen Momo Tränen zu vergießen. Weil er Realist war, weil er wusste, dass sie beide als Paar sowieso keine Hoffnung, keine Zukunft hatten.

Als es an der Tür klingelte, öffnete er sie, vollkommen unvorbereitet darauf, dass plötzlich Momo vor ihm stand. Er hätte nie gedacht, sich einmal dafür wappnen zu müssen, seinen besten Freund zu sehen. Nun stellte er fest, dass es so war.

Die Wut, die gestern so deutlich in Momos Zügen gestanden hatte, war etwas anderem gewichen – Resignation. Momo sah grau und farblos aus, seine Augen stumpf. Er roch nach Alkohol. Henrys Herz verkrampfte sich, sein Magen direkt mit. Was auch immer das hier war, es konnte nichts Gutes bedeuten. Er lehnte sich in den Türrahmen, um sich unauffällig abzustützen, und wartete.

Als ihre Blicke sich trafen, konnte er in Momos Augen sehen, was er sagen würde, und war dankbar für die Sekunde Vorwarnung, die ihm das verschaffte. Er konnte die Zähne zusammenbeißen und seinem Magen befehlen, sich nicht sofort über Bord zu stürzen.

Momo räusperte sich. „Ich kann nicht", krächzte er. Mehr nicht, doch das reichte. Er schaffte es nicht länger, Henry anzusehen.

Obwohl Henry vorbereitet war, schossen ihm Tränen in die Augen, die er energisch wegblinzelte. Die Welt war nicht bereit für sie, und Oliver wollte den Kampf nicht kämpfen.

Henry hätte sich genauso entschieden, hätte er eine Wahl gehabt. Er *hatte* sich genauso entschieden, mit jedem Tag, den er sich selbst verleugnet hatte. Football war alles, was sie beide kannten. Alles, was sie waren.

Und was zwischen ihnen gewesen war, so schön es sich angefühlt hatte, hatte nie eine Zukunft gehabt. Er hatte das ganz tief drinnen gewusst. Also atmete er tief durch. „Ich weiß", sagte er und war stolz darauf, wie ruhig seine Stimme klang. „Ist okay. Ich verstehe es. Football geht vor."

Momo lachte geisterhaft, schüttelte den Kopf, sah ihn nun doch an. „Du bist ein besserer Mensch als ich", sagte er. „Kein Wunder, dass ich dich ..." Er brach ab. Räusperte sich. „Ich wollte es dir wenigstens persönlich sagen, nachdem ich schon zu feige bin ..." Wieder brachte er den Satz nicht zu Ende. Das war nicht fair, denn Momo war der mutigste Mensch, den Henry kannte. Doch das hier, das war mehr gewesen als ein kleines Risiko. Das war gefährlich und dumm.

Momos Hand zuckte in seine Richtung, doch er steckte sie in einer abrupten Bewegung in die Tasche seiner Shorts. „Allerdings denke ich mir jetzt, da ich hier bin, ich hätte schreiben sollen, weil ..." Auch dieser Satz blieb unbeendet. Momos Blick flackerte zu Henrys Lippen und dessen Herz brach endgültig.

Für sich selbst. Für Momo.

Was für eine unfassbare Ungerechtigkeit es war, dass sie nicht haben, nicht einmal ausprobieren konnten, was hätte sein können.

„Ist okay", sagte er noch mal, als das Schweigen zwischen ihnen sich in die Länge zog, obwohl nichts okay war. Was sollte er sonst sagen? Momo hatte ja recht. „Wir waren sechs Jahre lang Kumpels, das sind wir auch weiterhin."

Momo nickte und schwankte kurz. „Wir zwei gegen den Rest der Welt", sagte er mit rauer Stimme und klang wie eine billige Kopie des so draufgängerischen Oliver Mosleys, den Henry kannte.

Sie starrten einander stumm an. Morgen mussten sie weitermachen wie zuvor, es irgendwie hinbekommen, sich platonisch gut zu verstehen. Und sonst nichts.

Es kostete Henry jeden Rest an Selbstbeherrschung, den er noch hatte, um Momo nicht an sich zu ziehen und zu küssen. *Ich liebe dich, Oliver Mosley, du verdammter Scheißkerl*, dachte er. Als Momo keine Anstalten machte, zu gehen, schaffte er es irgendwann, sich loszureißen und die Tür zu schließen.

WENN DUMMER RAT TEUER IST

OLIVER

Er fuhr nach Hause und verschwendete den freien Tag mit einem Ballerspiel, bei dem er sich vorstellte, jeder seiner Gegner sähe aus wie Carter. Doch diese Genugtuung hielt nicht lange vor. Zu schwer wogen die Mühlsteine in seinem Magen.

Er trank Rotwein, bis er die Tränen nicht mehr zurückhalten konnte und im Spiel versagte, weil er nicht mehr klar sehen konnte. *Wie im echten Leben*, dachte er voller Bitterkeit und machte sich auf, auszugehen.

Allein durch Bars und Clubs zu ziehen, hatte ihm noch nie etwas ausgemacht, im Gegenteil. Heute allerdings machten alle einen großen Bogen um ihn. Er wusste nicht, ob es am Alkoholgestank lag oder seinem Anblick, der ihn selbst erschreckte, als er in den Spiegel der Männertoilette sah. Die Haare hingen ihm ungestylt ins rotverheulte Gesicht.

Sein Äußeres war ihm immer wichtig gewesen, seine Art sich auszudrücken und Selbstbewusstsein daraus zu ziehen. Doch er schaffte es nicht, auch nur irgendetwas wichtig zu finden. Ganz besonders nicht so etwas Irrelevantes wie sein Aussehen.

Zweimal versuchte er es bei Frauen, zweimal blitzte er ab. Ein drittes Mal versuchte er es nicht. Stattdessen torkelte er unverrichteter Dinge wieder aus dem Club. Es brachte ja doch nichts.

Er wusste nicht, wie er den Weg zurückgelegt hatte, doch plötzlich stand er vor der Wohnung seines Bruders. Na, wo er schon mal da war, konnte er auch klingeln.

Charlie brauchte verdammt lange, um zu öffnen, und Oliver drückte noch mal mit Nachdruck auf den Knopf. „Momo, das kannst ja nur du sein um diese Scheißuhrzeit", knurrte endlich seine Stimme aus der Gegensprechanlage. „Verpiss dich."

Oliver klingelte noch mal, und als das nicht half, friemelte er sein Handy aus der Tasche und rief seinen Bruder an.

„Es ist zwei Uhr morgens", maulte der als Begrüßung. „Normale Menschen schlafen um die Uhrzeit."

„Chaaaaaarlie", sagte Oliver und lachte, denn was sollte er sonst tun? Weinen? „Charlie! Hey! Hier ist dein Schwuchtel-Bruder!"

Charlie seufzte. „Scheiße." Es summte und Oliver drückte die Eingangstür auf. Als er im zweiten Stock ankam, stand sein Bruder in der Wohnungstür, mit kleinen Augen, verwuschelten Haaren und nichts an außer Boxershorts. „Was zur Hölle ist eigentlich los?", fragte er, als Oliver ihn erreicht hatte, und ließ ihn eintreten.

Er verbeugte sich tief. „Schwuchtel", sagte er noch mal, wie um sich vorzustellen. „Das hat der Spieler von San Francisco zu mir gesagt. Und Carter. Ich bin ein Arschficker. Ein Schwanzlutscher. Hängt sie auf, die schwule Sau!" Er sang leise, dirigierte mit den Fingern.

Charlie presste die Lippen zusammen. „Ja, das habe ich mitbekommen. Die blöden Wichser."

„Mhm." Oliver lachte, doch ihm war zum Weinen zumute. „Lasst ihn liegen, Scheiße tritt sich fest!"

Charlie blinzelte ein, zwei Mal, als müsste er erst noch richtig wach werden, und dann zog er Oliver fest an sich. Oliver ließ den Kopf an seine Schulter fallen und klammerte sich an seinen großen Bruder, während die Welt sich um sie drehte.

„Ich hab mit Cookie Schluss gemacht", nuschelte er in seine schlafwarme Haut. „Besser so. Aber ich hab ihn doch so lieb."

Charlie drückte ihn noch fester, und das Grauen kroch langsam Olivers Wirbelsäule hinauf, erreichte schließlich seinen Kopf. Lähmte ihn. „Ich hab so eine Scheißangst", flüsterte er, und ohne all die Drinks der letzten Tage hätte er das niemals zugegeben. „Die hassen mich alle."

Charlie hielt ihn noch immer und drückte ihm nun einen Kuss in die Haare. „Natürlich hassen dich nicht alle", sagte er. „Ich hasse dich nicht. Ich finde dich gerade ziemlich ätzend, weil du mich mitten in der Nacht aus dem Schlaf geklingelt hast. Aber eigentlich habe ich dich ziemlich lieb."

Oliver lachte schwach, das Gesicht noch immer an seiner Schulter vergraben. „Okay, du nicht. Danke."

„Mom und Dad nicht", fuhr Charlie fort. „Cookie nicht." Oliver schnaubte, doch Charlie machte weiter. „Ich wette, im Team hassen dich auch nicht alle. Hier, Dings, Perez und Kaminski, die garantiert nicht. Und die Fans lieben dich sowieso."

„Na sicher. Die Schwulette im Team werden sie ganz besonders in ihr Herz schließen, da bin ich überzeugt." Langsam löste er sich aus der Umarmung und fuhr sich mit der Hand übers Gesicht. Plötzlich merkte er, wie müde er war. Er hatte seit zwei Tagen nicht mehr richtig geschlafen. Nicht mehr, seit er neben Cookie –

Nein. Daran durfte er nicht mehr denken.

„Dann scheiß doch drauf", sagte Charlie, und Oliver brauchte einen Moment, um den Faden ihrer Unterhaltung wiederzufinden. „Scheiß doch auf die Leute, die nicht wichtig sind. Wen interessiert denn, ob dich irgendwelche Fans von irgendwelchen anderen Teams scheiße finden? Was meinst du, wie viele Leute Tom Brady ätzend finden? War trotzdem ein geiler Spieler."

„Nimm wenigstens jemanden, der annähernd auf meinem Level ist", sagte Oliver und kniff die Augen zusammen, denn das Flurlicht erschien ihm plötzlich gleißend hell. „Immerhin habe ich die besseren Haare."

Charlie lachte leise. „Das zählt nicht, du hast so viele Frisuren gehabt, irgendeine davon musste ja besser sein. Aber schau, mein Punkt ist, dass dich nicht alle hassen, glaub mir. Wird halt jetzt 'ne Zeit lang ätzend, aber da musst du durch und danach wird es besser. Bei Heimspielen sowieso. Großer-Bruder-Ehrenwort."

„Jaja." Oliver gähnte. „Sicher. Hey, kann ich hier pennen?"

Charlie warf ihm einen suchenden Blick zu. „Willst du mir nicht noch erzählen, was mit Cookie war?"

„Auf gar keinen Fall." Oliver kniff den Mund zusammen und schüttelte den Kopf.

Charlie seufzte. „Na, dann komm. Aber wenn du schnarchst, pennst du auf dem Sofa, klar?"

HENRY

Das Komischste an der ganzen Sache war, dachte Henry, dass es nicht wehtat. Er fühlte nichts. Keinen Schmerz, keine Verzweiflung. Er weinte nicht. Er fuhr am Tag nach Olivers Besuch zum Training, hörte sich Thompsons Kommentare zum verlorenen Spiel an, saß in der Umkleide neben Momo, lief über den Platz. Und es tat ihm nicht weh.

Wenn überhaupt, dann war sein Herz wie ein eingeschlafener Fuß, taub und nicht ganz zu ihm gehörig. Der einzige Unterschied war, dass all seine Bewegungen langsamer geworden waren, als befände er sich im Wasser. Doch sie schienen für den Rest der Welt in Normalgeschwindigkeit abzulaufen, sonst hätte einer der Coaches längst etwas gesagt.

Also zog er das Training durch, duschte mit dem Rest der Mannschaft, sah Momo nicht an, fuhr nach Hause, machte sich Nudeln mit Pilzsauce, sah sich irgendeinen Superheldenfilm an und wartete. Er wusste nicht mal genau, worauf – dass es endlich wehtat? Dass er aus diesem Albtraum erwachte?

Doch es ging so weiter und aus einem Tag wurden drei, dann fünf. Abends konnte Henry nicht mehr sagen, wie er den Tag zugebracht, mit wem er geredet hatte. Er funktionierte auf Autopilot. Und niemandem schien etwas aufzufallen.

Ich muss mit jemandem reden, dachte er und wusste auch direkt, mit wem.

Er hatte sich selbst etwas gegönnt und Burger und Pommes vom Fast-Food-Laden ums Eck geholt, um mit Fett und Salz seine Angst zu überwinden. Es war die Art von Aktion, die er normalerweise nur mit Momo unternahm, doch er verbat sich, schon wieder an Momo zu denken. Stattdessen genoss er das ungesunde Dinner, setzte sich auf sein weiches Sofa, und rief seine persönliche Seelsorge der letzten Monate an. „Liam, ich brauche einen Rat."

„Mhm", machte der in seiner typischen trockenen Art, „und damit kommst du ausgerechnet zum dümmsten Menschen, den du kennst?"

Henry musste lachen – etwas, von dem er nicht sicher gewesen war, ob er es überhaupt noch konnte. Allein dafür hatte sich der Anruf schon gelohnt. „Rede keinen Scheiß", sagte er. „Ich habe als Kind geglaubt, dass man als Erwachsener sein Leben im Griff hat. *Das* war dumm." Dann wurde er ernst und hatte urplötzlich Gänsehaut. „Ich habe sonst niemanden, mit dem ich reden kann. Und der es versteht."

Liam blieb einen Moment still. „Äh, sorry, das ist wahrscheinlich eine dämliche Frage, aber was ist mit Mosley?"

Henry atmete langsam aus. „Tja", sagte er dann, „um den geht es."

„Oh." Liam machte eine kurze Pause, und plötzlich veränderte sich die Stimmung. „Verstehe." Er klang angespannt, und Henry fragte sich, ob er ahnte, worum es ging.

„Du darfst niemandem ein Wort von dem sagen, worüber wir hier reden", beschwor Henry ihn.

„Ich schwöre bei meiner Footballer-Ehre", sagte Liam feierlich und Henry schnaubte.

Liam lachte. „Okay, okay, du hast recht. Kennst mich zu gut. Ich schwöre auf meine wertvollen Footballer-Hände, auf die lege ich definitiv mehr Wert als auf meine Ehre."

Henry brummte zustimmend. „Wenn du auch nur einen Pieps sagst, breche ich sie dir alle beide. Mit bloßen Händen."

„Oookay. So aggressiv kenne ich dich nicht. Aber ich verspreche es. Hoch und heilig."

Und dann saß Henry da und schwieg. Er wusste, er war dran. Er hatte angerufen, um zu reden. Also musste er reden. Doch er brachte die Worte nicht über die Lippen. Seine Angst schnürte ihm die Kehle zu. Man trug etwas nicht sechs Jahre lang mit sich herum und redete dann entspannt darüber. Und ja, natürlich, Momo hatte er die Worte ins Gesicht gesagt, doch das war etwas anderes gewesen. Momo hatte ihn vorher geküsst.

Scheiße, daran wollte er nicht denken. Es tat zu weh.

Noch einmal atmete er tief durch. Er wusste, es musste sein. Er würde sonst wahnsinnig werden. Also tat er es und schubste sich selbst von der Klippe. „Ich bin in Momo verliebt."

Liam zog scharf die Luft ein. „Oh", sagte er dann leise. „Scheiße."

Henry lachte bitter. „Ja. Und du verstehst sicher, dass das ein Problem ist."

„Das verstehe ich in der Tat." Auch Liam klang bitter, doch Henry musste weitermachen, bevor er den Mut verlor.

„Und ich glaube, vielleicht ist er auch in mich verliebt. Aber er ... na ja. Er will den Kampf nicht kämpfen."

„Mosley?", fragte Liam ungläubig. „Geht freiwillig einem Kampf aus dem Weg? Das wäre ja wirklich das erste Mal." Henrys Schweigen signalisierte ihm wohl, dass das nicht unbedingt die sensibelste Reaktion gewesen war. „Shit, sorry. Nehme ich zurück. Und glaub mir, ich verstehe sehr gut, warum er sich das nicht antun will."

Henry ließ sich nach hinten fallen und stöhnte frustriert. „Was mache ich denn jetzt, Mann?"

„Willst du es mir denn erzählen? Also, von Anfang an? Hilft das?", fragte Liam nach einer kurzen Pause.

„Was gibt es da schon groß zu erzählen ...", sagte Henry, aber dann sprudelten die Worte doch aus ihm heraus. Worte, die er seit Jahren zurückgehalten hatte und die endlich nach draußen mussten, jetzt, da er sich überwunden hatte. Von seiner Verzweiflung als frisch verliebter Teenager, der genau wusste, dass seine Schwärmerei hoffnungslos war, von Momos Küssen, als sie noch nichts bedeutet und deshalb immer geschmerzt hatten, und von Momos Küssen, als sie dann plötzlich etwas bedeuteten und deshalb jetzt so sehr schmerzten. „Und jetzt hat er aufgegeben, bevor wir es wirklich versucht haben, und ich *verstehe* es so gut, aber ich *will* nicht, dass es so ist, und ich bin so *sauer*!"

Der letzte Satz war förmlich aus ihm herausgeplatzt. Er schwieg, erstaunt ob der Wucht seiner Worte. Mit einem Mal war die Taubheit verschwunden, und er erkannte, dass es stimmte, was er gesagt hatte: Er *war* sauer. Er war verletzt – und traurig und einsam – und so scheißwütend.

Nicht auf Momo.

Doch, auch auf Momo. Aber nicht *hauptsächlich* auf Momo. Wütend vor allem auf die Welt, auf alle um ihn herum, die ihm sein Glück nicht gönnten. Auf jeden einzelnen gegnerischen Fan, der gepfiffen hatte, Jack Carter, Walt Hammond, alle, die ihnen Steine in den Weg legten.

„Danke, dass du dir das alles angehört hast", sagte er, und dann heulte er plötzlich. Er konnte es nicht aufhalten, hatte keine Chance gegen das, was endlich nach draußen wollte. Er schämte sich, er *wollte* nicht weinen, aber es ging nicht anders. Schluchzer schüttelten ihn und die Tränen liefen, als wollten sie niemals mehr enden.

Liam murmelte gelegentliche Ermunterungen und tröstende Worte und wartete ansonsten ab, bis sich der Sturm in Henrys Innerem gelegt hatte. Es dauerte ein paar Minuten, doch irgendwann war nichts mehr übrig, und Henry schnäuzte sich, trocknete sein Gesicht und biss sich auf die Lippe.

„Sorry", sagte er schließlich und lächelte verlegen. „Damit hast du nicht gerechnet, als ich angerufen habe, was?"

„Ach, Cookie." Liams Tonfall war ungewohnt warm und sanft. „Du kannst dir nicht vorstellen, wie geehrt ich mich fühle, dass du mir das alles anvertraust. Danke dafür. Wirklich. Ich weiß, wie schwierig das ist."

Henry schniefte und merkte plötzlich, dass es ihm besser ging. Er war wie befreit, als hätten seine Tränen die Schwere all dessen weggeschwemmt, was er seit Monaten mit sich herumgetragen hatte. Er ließ die Schultern kreisen und lächelte überrascht. „Das hat geholfen. Danke, Mann. Das vergesse ich dir nie."

„Willst du meine Meinung hören?", fragte Liam.

„Vom dümmsten Menschen, den ich kenne?" Henry grinste, noch schief. „Unbedingt."

Liam lachte, doch er wurde schnell wieder ernst. „Ich glaube", sagte er, ungewohnt bedächtig, „dass du auf dich gucken solltest. Und auf das, was du beeinflussen kannst. Du kannst das Team nicht dazu zwingen, dir das Leben leichter zu machen. Aber du kannst ihnen sagen, wie es dir geht und was du dir von ihnen erhofft hättest. Wie sie darauf reagieren, liegt nicht in deiner Macht, aber zumindest hast du dann getan, was du kannst. Gleiches gilt für Mosley. Vielleicht gibt es ja etwas, was du tun kannst, um es ihm leichter zu machen."

Henry schnaubte. „Da ist dummer Rat teuer, mein Lieber. Sehr weise Worte. Aber ich kann doch nicht mit den gegnerischen Fans reden und sie bitten, in Zukunft ein bisschen netter zu sein."

„Nee, du nicht", sagte Liam. „Aber vielleicht gibt es ja jemanden, der das kann. Und du kommst irgendwie an die Person ran."

Henry furchte die Stirn und bohrte die große Zehe in den weichen Stoff des Sofas. Er selbst konnte wenig beeinflussen. Aber er konnte etwas in Bewegung setzen, um Momo zu helfen. Um ihnen beiden zu helfen. Auch wenn es niemals etwas mit ihnen werden würde – und danach sah es ja aus –, mussten sie trotzdem einen Weg finden, damit zu leben. Mit sich selbst, dem Team, den Medien, den Fans ihren Frieden zu finden. Es schmerzte immer noch, dass Momo nicht kämpfen wollte. Egal, ob er wusste, dass es vernünftig war. Doch er war noch immer sein bester Freund, er wollte noch immer tun, was er konnte, um sein Leben besser zu machen.

Henry biss sich auf die Lippe und atmete tief durch. „Danke“, sagte er, und es kam von Herzen. „Ich ... In meinem Kopf ist noch immer sehr viel los, aber jetzt ist es anders. Nicht mehr so ...“ *Verzweifelt. Hoffnungslos. Erdrückend.*

Er konnte es nicht aussprechen. Es schien zu genügen, denn Liam lächelte hörbar ins Telefon. „Immer gern, mein Lieber. Ich melde mich, wenn du dich revanchieren kannst. Und bitte halte mich auf dem Laufenden.“

***

OLIVER

Er schlief wieder etwas besser. Nein, das war gelogen, er schlief tiefer und länger. Besser war es nicht, denn er träumte jede Nacht von Cookie. Von seinen Küssen, seinen vor Übermut funkelnden Augen. Seiner nackten Haut an Olivers. Als würde sein Geist ihn damit quälen, dass er ihm wieder und wieder vorspielte, was er so dringend zu vergessen suchte. Vergessen musste.

Entsprechend mies gelaunt war er, als Charlie ihn mit großem Nachdruck zu einem Spaziergang einlud. Sein großer Bruder war in letzter Zeit so fürsorglich, beinahe gluckenhaft, wie er ihn noch nie erlebt hatte, und es ging ihm gewaltig auf die Nerven. Er wusste, dass es mit dem Abend zu tun haben musste, an dem er sturzbetrunken bei ihm aufgetaucht war und ihm vermutlich die Ohren vollgeheult hatte. Zum Glück hatte er an diese Episode keinerlei Erinnerung. Er hoffte nur, dass er nicht allzu peinlich gewesen war.

Der Eingang zum Fields Park lag nur ein paar Gehminuten von seiner Wohnung entfernt und eigentlich liebte er es, hier herumzustromern oder im Sommer mit einem Bier in der Sonne zu sitzen. Doch in letzter Zeit hatte er darauf keine Lust. Er hatte, genau genommen, auf gar nichts mehr Lust.

Thompson hatte ihn nach dem katastrophalen Spiel in Vegas beiseite genommen und lange mit ihm geredet. Oliver hätte ihm niemals so viel Einfühlungsvermögen zugetraut, wie er in diesem Moment an den Tag gelegt hatte, und er dankte es ihm mit wilder Entschlossenheit, es beim nächsten Mal besser zu machen. Er fuhr zum Training und verausgabte sich jeden einzelnen Tag, wie er es nicht mehr getan hatte, seit er im College unbedingt hatte gedraftet werden wollen. Die Coaches waren sichtlich beeindruckt von seinem Engagement. Es war gut, dass sie nicht wussten, dass Oliver sich vor allem deshalb bis zur Erschöpfung trieb, um seinem Kopf keine Möglichkeit zu geben, allzu viel nachzudenken.

Seine Beine schmerzten, sein Herz schmerzte, alles war beschissen. Er hatte überhaupt keinen Bock auf dieses Treffen. Doch er wusste, wie hartnäckig sein Bruder sein konnte, wenn er sich etwas in den Kopf gesetzt hatte, und so ergab er sich in sein Schicksal und marschierte auf den Treffpunkt zu, Sonnenbrille auf der Nase und ein Baseballcap tief über die immer weiter herauswachsenden blonden Haare gezogen.

Zwei Männer standen bei der Bank, an der sie sich treffen wollten, und Oliver verengte die Augen. Wenn der Arsch ein *Date* mitgebracht hatte, dann rastete er aus. So unsensibel konnte nicht mal Charlie sein. Der Mann war sehr attraktiv, wie er feststellte, als er immer näher kam, groß, ein paar Jahre älter als er, mit blonden Surferhaaren und einem durchtrainierten Körper. Nicht, dass er auf solche Dinge achtete.

„Momo!" Charlie machte einen Schritt auf ihn zu und zog ihn in seine Arme, sobald er in Reichweite war. „Hey. Schön, dich zu sehen."

Oliver schnaubte. „Jaja, du mich auch."

„Und das hier", fuhr Charlie fort, als hätte er seine schlechte Laune nicht bemerkt, „ist Jamie. Jamie, das ist Oliver." Der attraktive Typ hielt ihm die Hand hin und lächelte ein Zahnpastawerbungslächeln, in dessen Schatten Oliver wie eine graue Maus stand, doch er schlug ein. „Jamie ist Vorsitzender von *Pride of Portland*, dem queeren Fanclub der *Peaks*."

Oliver ließ los, als hätte er sich verbrannt. Queer? Sein Kopf fuhr zu Charlie herum. Was sollte das? Wollte er ihm jetzt unbedingt etwas aufdrängen?

Sein Bruder kannte ihn gut genug, um seine Fragen zu erahnen, ohne dass er sie laut stellte. „Ich dachte mir, es täte dir ganz gut, mal die Fanseite zu hören. Die dir gegenüber positiv gestimmte Fanseite vor allem. Um dir etwas die ..." Er brach ab, wollte offenbar nicht von *Angst* sprechen. „Um dich optimistisch für die Saison zu stimmen."

Jamie lächelte wieder so. „Dein Bruder meinte, es wäre gut für dich, zu sehen, dass es im Stadion nicht nur Leute gibt, die dich hassen. Sondern im Gegenteil."

„Aha. Und du gibst jetzt die Seelsorge für Charlies kleinen Schwächling von Bruder, der nicht mit ein paar Pfiffen umgehen kann", knurrte Oliver. „Herzlichen Dank."

Die beiden tauschten einen Blick, dann drückte Charlie ihn noch mal an sich und gab ihm einen Kuss in die Haare. „Ich lasse euch mal allein." Und bevor Oliver hätte protestieren können, schlenderte er schon davon.

„Sollen wir ein bisschen laufen?", schlug Jamie vor, und weil nichts dagegen sprach, nickte Oliver.

Er wusste nicht, was er sagen sollte, wie er ein Gespräch mit einem wildfremden Menschen darüber führen sollte, wie es ihm ging. Noch dazu, ohne etwas darüber preiszugeben, was die ganze Situation mit Cookie mit ihm machte. Also schwieg er. Auch Jamie schwieg, bis er irgendwann sagte: „Ich war in San Francisco. Und in Las Vegas."

Oliver nickte, noch immer stumm, doch diesmal, weil er seiner Stimme nicht traute.

„Ich bin oft vor Ort, auch auswärts", machte Jamie weiter. „Ich habe schon viel gesehen. Aber das war … heftig. Ich hätte wirklich gedacht, dass wir weiter sind als solche … solche primitiven Gesänge."

Oliver schnaubte und bohrte die Hände tiefer in die Hosentaschen. „Jep." Ein paar Meter legten sie schweigend zurück, dann bat er: „Sag mir, dass es nicht immer so sein wird."

Jamie lachte trocken. „Du überschätzt meinen Einfluss auf gegnerische Fans."

„Ach, Scheiße." Oliver zog die Sonnenbrille von der Nase und bohrte die Handballen in die Augenhöhlen. Es war seltsam, mit diesem Fremden so offen zu reden. Aber, so ungern er es zugab, Charlie hatte recht – ein Blick von außen war genau das, was er brauchte. Und wenn Charlie ihn angeschleppt hatte, musste er vertrauenswürdig sein. Hoffte er jedenfalls. „Das Team hat die *Guardians* und die *Vipers* gebeten, dazu Stellung zu nehmen, was passiert ist. Hast du das mitbekommen?"

„Der überkorrekte Hammond", sagte Jamie versonnen und lächelte. „Dass der auf seine alten Tage noch mal der Beschützer der Schwulen wird, hätte ich mir nicht träumen lassen."

„Ey!", fuhr Oliver auf. „Pass auf, wen du hier schwul nennst, ja!" Sofort tat ihm die heftige Reaktion leid. Inzwischen sollte er wissen, wie beschissen es war, wenn die Leute so abgingen. „Sorry. Ich meine nur ..." Er brach ab, wusste nicht, wie er es erklären sollte.

Dunkelblaue Augen sahen ihn lange von der Seite her an, doch Jamie sagte nichts weiter dazu. Oliver war dankbar, obwohl er befürchtete, dass dieser Mann, der ihn erst so kurz kannte, trotzdem spürte, was Sache war.

„Ich ahne, was du von mir hören willst", sagte Jamie schließlich. „Blüht euch bei uns in der Rose City Arena ein ähnlicher Empfang? Ich persönlich glaube, nein, dafür ist unsere Kurve zu liberal. Und, mal im Ernst, alle Portland-Fans lieben dich, Oliver. Das dürfte euch auch helfen."

Oliver merkte erst, dass er den Atem angehalten hatte, als er ihn jetzt langsam wieder ausließ. „Mal sehen, wie viel von der Liebe noch übrig ist nach den letzten Wochen.“

„Ich kann natürlich nicht für alle sprechen“, gab Jamie zu und sah nach oben in die dichten Blätter der Bäume über ihnen, die nur kleine Sonnensprenkel auf den Weg durchließen. „Es gibt mit Sicherheit auch bei uns Arschlöcher, die sich aufführen werden, wenn ihr das erste Mal auflauft. Aber das Gute ist ja, dass sich so etwas verläuft, wenn es nicht von anderen Fans aufgegriffen wird. Letztendlich wollen ja doch alle vor allem das Spiel sehen. Bist du alt genug, dass du dich an Pearce erinnerst?“

Oliver nickte und Jamie grinste. „Ein Engländer als Coach und das bei uns! Skandal! Und als wir plötzlich vier Spiele in Folge gewonnen haben, haben sie ihn gefeiert, als wäre er der nächste Bill Belichick.“

Oliver machte ein zustimmendes Geräusch. Das stimmte, er konnte sich noch dunkel daran erinnern, wie es damals gewesen war. Auch wenn das natürlich nicht mit dem zu vergleichen war, was gerade rund um Cookie und ihn passierte. Aber der Gedanke war zu schön, um ihn direkt wieder zu vertreiben. Wenn sie bei Heimspielen einigermaßen nett empfangen werden würden – wenn sie wenigstens hier in ihrer Arena nicht ständig ausgepfiffen werden würden –, das wäre so viel wert. Das wäre vielleicht nicht genug, aber doch besser als die Alternative.

„Ein queerer Fanclub?“, fragte er also. „Wie werdet ihr denn aufgenommen im Stadion?“

Jamie schnaubte. „Auch nicht anders als sonst wo. Es gibt ein paar Leute, die das scheiße finden. Die meinen, man kann ja queer sein, aber es dann auch noch zu zeigen, das ist zu viel." Er verdrehte die schönen blauen Augen, was ihn Oliver sehr sympathisch machte. „Aber weißt du, es gibt mehr queere Leute, als man meint. Nicht allen sieht man es an, nicht alle wollen es preisgeben. Aber alle sind froh, dass es Repräsentation für sie gibt."

Die Worten rührten Oliver mehr, als ihm lieb war. Er fühlte sich angesprochen, ohne es zu wollen. „Wie hast du es eigentlich bemerkt?", fragte er Jamie also, bevor der noch merkte, was er in ihm ausgelöst hatte. „Also, dass du schwul bist?"

Jamie sah ihn wieder lange an und sagte dann: „Du stellst interessante Fragen. Ich habe so eine Ahnung, was der Hintergrund davon ist. Willst du darüber reden?"

„Nein!" Die Antwort kam schnell und hart, und Oliver schob hinterher: „Bitte nicht. Ich ... das ist –"

Jamie nickte. „Verstehe ich sehr gut." Er fuhr sich durch die blonde Mähne. „Wie habe ich es bemerkt? Zum ersten Mal geahnt bei unserem neuen Mathelehrer in der Junior High, der war cool und locker und einigermaßen gutaussehend. Und von da an ging es langsam los. Plötzlich sind mir ein paar Typen an der Schule aufgefallen, in die ich mich prompt verschossen habe. Dann habe ich gemerkt, dass man im Sears-Katalog gut die männlichen Unterwäsche-Models ansehen kann, und so weiter." Er grinste.

„Und ist dir das leichtgefallen?", fragte Oliver, dem klar war, dass seine Fragen so gut wie ein Geständnis waren, und trotzdem unbedingt die Gelegenheit nutzen wollte, sie zu stellen. „Also, dir das einzugestehen?"

Jamie lachte leise. „Überhaupt nicht, ich kannte keine Schwulen. Im Fernsehen war schwul immer gleich Paradiesvogel und tuckig. Und das ist cool und richtig für die, die so sind, versteh mich nicht falsch. Aber ich bin nicht so. Ich habe mich lange schwergetan damit, das unter einen Hut zu bekommen.“

„Und wie bist du dann trotzdem damit klargekommen?“, fragte Oliver gespannt.

„Eine Erkenntnis, für die ich sehr lang gebraucht habe und die ich dir deshalb jetzt mitteile, in der Hoffnung, dass es dir anders geht.“ Oliver schluckte, doch Jamie sprach weiter, als hätte er das eben nicht gesagt. „Schwul zu sein, definiert mich nicht. Es ist ein Teil von mir, nicht mehr, nicht weniger. Und ich verstehe, dass dein Leben ganz anders ist als meins. Football ist ein riesiges Ding, was total viel in deinem Leben definiert, wahrscheinlich mehr, als ich mir vorstellen kann. Aber das ist doch nicht alles, was du bist. Es gibt so viel mehr, was dich ausmacht. Und du verdienst, dass du glücklich bist. Wie auch immer Glück für dich aussieht. Okay?“ Er stupste Oliver in die Seite und schob ihm ein aufmunterndes Lächeln zu.

Tief atmete Oliver durch und schaffte es nicht ganz, Jamie anzusehen. „Danke“, murmelte er.

„Überlege dir, ob du willst, dass die anderen glücklich werden, oder ob du selbst glücklich wirst. Das ist mein einziger wirklicher Rat.“

Oliver nickte und zwang sich zu einem Grinsen, als er aufsah. Er wollte jetzt nicht noch tiefer schürfen. Nicht, dass sie noch in Bereiche stießen, an die er gerade nicht denken wollte. „Kommt die Weisheit mit dem Alter, oder wie ist das?", fragte er also mit mehr Leichtigkeit, als er verspürte.

Jamie zögerte keine Sekunde und passte seinen Tonfall an. „Mit jedem Schwanz, den man lutscht, saugt man ein bisschen mehr Weisheit auf", sagte er und lachte schallend, als er Olivers Gesichtsausdruck sah. „Sorry. Sorry! Aber der musste sein."

WENN JEMAND ETWAS GESAGT HÄTTE

HENRY

Er war auch in der Vergangenheit öfter mal länger geblieben nach dem Training, doch in letzter Zeit häuften sich seine Extraschichten. Die nahezu durchgehende Erschöpfung, in der er sich in letzter Zeit befand, war eine hervorragende Ablenkung zu den düsteren Gedanken, die ihn sonst heimsuchten.

Heute hatte er sich nach dem Training die Wurfmaschine und ein paar Bälle geschnappt und Lauf- und Fangübungen gemacht. Ohne Mitspieler, ohne Coach. Nur um sich daran zu erinnern, dass er den Football liebte – eigentlich. Dass es die richtige Entscheidung gewesen war, alles aufzugeben, um diesen Traum leben zu können. Es war befreiend, mit aller Kraft über das Feld zu sprinten. Von der Genugtuung, die Bälle nach einem erfolgreichen Fang wieder und wieder auf den Boden zu donnern, ganz zu schweigen.

Als langsam die Dämmerung einbrach, machte er sich auf den Weg zurück ins Gebäude. Im Fitnessraum brannte noch Licht, und er ging neugierig nachsehen. Normalerweise war er der Letzte, der noch hier war.

Noch ehe er den Raum erreicht hatte, hörte er bereits eigenartige Geräusche, die bis auf den Flur drangen –

Keuchen, Schluchzen, vielleicht eine Kombination aus beidem. Egal, was es war, die Verzweiflung darin war deutlich zu spüren, und er musste die Tür nicht mal öffnen, um zu wissen, dass es Momo war. Allein die Tatsache, dass Momo nach dem Training freiwillig länger geblieben war, war bemerkenswert, genoss er die lauen Sommerabende doch sonst am liebsten mit Charlie in irgendeiner Bar.

Doch was Henry traf, bis in sein Innerstes, war das Wissen, wie schlecht es Momo ging. Wie schlecht es ihnen beiden ging, einer drinnen im Fitnessraum, einer draußen auf dem Flur, verbunden durch die Verzweiflung und den Verlust, den sie sich selbst zugefügt hatten. Den die Welt ihnen aufgezwungen hatte.

Wie sollte er das aushalten können, dass das hier nun sein Leben war und er so vollkommen machtlos, etwas dagegen zu tun?

Er dachte an Liam und ihre Unterhaltung. An die Wut, die in ihm explodiert war, wild und laut und voller Frust.

Er hatte sechs Jahre lang geschwiegen, hatte alles in sich hineingefressen. Und was hatte es ihm gebracht? Nichts. Absolut gar nichts. Er stand trotzdem vor dem Trümmerhaufen seines Lebens.

Er hatte genug. Zum ersten Mal in seinem Leben war er so richtig sauer, und wenn Momo über dieser ganzen Tragödie seinen Kampfgeist verloren hatte, dann musste jetzt eben er ran. Momo hatte so oft für ihn gekämpft. Es wurde Zeit, dass er den Gefallen zurückzahlte.

***

276

Ungeduscht und noch in seinem Trainingsoutfit parkte er wenig später auf dem großzügigen Grundstück von General Manager Hammond. Die Anzeige in seinem Auto sagte ihm, dass es schon fast zweiundzwanzig Uhr war, doch das war ihm so was von egal. Es gab wirklich Wichtigeres als den ungestörten Feierabend seines Chefs.

Hammond hatte das Jackett und die Krawatte abgelegt, doch er trug noch Anzughose und Hemd, als er ihm öffnete. „Nanu, Cook, ist alles in Ordnung?"

„Nein", sagte Henry ehrlich, und es war ihm egal, dass sich das nicht gehörte. „Kann ich mit Ihnen reden." Es war keine Frage. Er fragte auch nicht, ob er störte, denn natürlich tat er das, doch da mussten sie nun eben durch.

„Ja, natürlich." Der Manager hatte sich wieder gefasst und trat zurück, um ihn einzulassen. „Ich gebe nur eben meiner Frau Bescheid. Das Wohnzimmer ist da." Er wies auf eine Tür am Ende des Korridors, die halb angelehnt stand, und Henry stiefelte darauf zu, voll nervöser, wütender Energie, für die er kein Ventil fand.

Der Raum war offen gestaltet und in harmonisch aufeinander abgestimmten Grautönen gehalten, mit einem Ledersofa, dessen sachlicher, kühler Look perfekt zu Hammond passte. Henry war zu aufgewühlt, um sich zu setzen, und stellte sich stattdessen an die Verandatür, von der aus man einen wunderschönen Blick die West Hills hinab hatte, mit Portland, das sich unter ihm ausbreitete.

Sorge stand in den Augen des Managers, als er kurz darauf zu ihm trat. Verständlich, dachte Henry, doch was brachte ihm Sorge, wenn dieser keine Handlungen folgten? „Ich bin sauer", stieß er hervor, noch ehe Hammond eine Gelegenheit gehabt hätte, etwas zu sagen. „Ich bin sauer und traurig und verletzt, und Oliver geht es mindestens genauso beschissen, und ich bin enttäuscht, weil ich anscheinend der Einzige bin, dem das wichtig ist."

„Okay", sagte Hammond, doch Henry wollte sich jetzt nicht unterbrechen lassen – nicht jetzt, da er endlich einmal alle seine Gefühle nach draußen ließ.

„Ich meine, wie kann das sein? Wie können wir ausgepfiffen und angepöbelt werden und das Team tut nichts? Oh, ja, sorry, ich weiß, Sie haben um eine Stellungnahme gebeten, aber mal ehrlich, das bringt doch nichts! Davon werden die Erlebnisse nicht weniger traumatisch. Wenn das jetzt die ganze Saison so geht, sagen Sie dann auch im Nachhinein, wie unschön das aber ist? Und überhaupt, warum gibt es niemanden, der sich darum kümmert, das mit uns aufzuarbeiten? Sollten wir das nicht als Mannschaft besprechen? Machen Sie das? Der Coach? Wer?" Er holte tief Luft. „Und eine Sache noch, dann bin ich fertig, aber wie kann es bitte sein, dass jemand sich Kapitän schimpfen darf, der nichts dafür tut, den Zusammenhalt im Team zu stärken, sondern im Gegenteil ganz aktiv gegen uns vorgeht? Was ist das für ein Vorbild? Was setzt das für ein Signal? Ich habe keine Lust mehr! Ich kann nicht mehr!" Er hieb mit der Faust in die Handfläche, um seinen Worten Nachdruck zu verleihen, und atmete dann aus.

Die Augen des Managers hatten sich bei seinen letzten Worten verengt, doch er sagte nichts, sah Henry nur an. „Ich wusste, dass ein Leader in dir steckt“, sagte er schließlich. „Ich bin froh, dass du das jetzt zeigst.“

Henry blinzelte überrascht, denn das war nun wirklich nicht, was er als Antwort auf seine Tirade voller Anschuldigungen zu hören erwartet hatte. „Das war alles richtig beschissen“, sagte er schließlich, weil er nicht das Gefühl hatte, dass Hammond verstand, wie wichtig ihm das hier war. „Für Momo und mich. Aber es wäre weniger schlimm gewesen, wenn jemand was dagegen gesagt hätte. Wenn irgendwer klargemacht hätte, dass das nicht okay ist. Und mit *jemand* meine ich jemanden Offizielles.“ Henry hob den Kopf und sah Hammond direkt an. *Also dich.*

Hammond schwieg kurz. „Verstehe. Und was, glaubst du, würde euch helfen?“

Henry sah den Manager aus zusammengekniffenen Augen an. Er fühlte sich nicht ernst genommen, und das trug nichts dazu bei, seine Wut abflauen zu lassen. „Ist das nicht Ihr Job, sich dazu etwas einfallen zu lassen?“

Der Manager nickte. „Natürlich. Ich dachte nur, du hättest schon Ideen.“ Er nahm die schmale Brille ab und rieb sich die Nase, wo die Pads kleine rote Druckstellen hinterlassen hatten. Endlich schien er zu begreifen, wie ernst es Henry war. „Wenn ich ehrlich bin, habe ich das alles nicht so wichtig genommen, es waren schließlich nur Preseason-Spiele. Aber wenn sie einen solchen Effekt haben, ist es das Gegenteil dessen, was ich oder das restliche Management will. Es tut mir leid, Cook.“ Hammond sah ihn ernst an und setzte die Brille wieder auf. „Ich werde sicherstellen, dass wir solchen Situationen in Zukunft aktiver vorbeugen. Wahrscheinlich werden wir sie nicht ganz verhindern können, aber es gibt schon ein paar Maßnahmen, die wir ergreifen können.“

Henrys Energie schwand plötzlich, jetzt, da seine Wut sich entladen hatte, und er ließ sich auf das Sofa fallen. Hammond setzte sich in den passenden Sessel ihm direkt gegenüber. „Ich bin außerdem bereits auf der Suche nach therapeutischer Begleitung für das Team“, fuhr er fort, und Henrys Kopf schnellte hoch. Damit hatte er nun wirklich nicht gerechnet. „Die ersten Gespräche sind schon durch, und ich bin zuversichtlich, dass wir spätestens zum Saisonstart jemanden finden werden. Denkst du, das reicht?“

Henry dachte daran, wie erleichtert er sich gefühlt hatte, nachdem er mit Liam gesprochen hatte, und überlegte, wie viel besser es wäre, mit jemandem zu sprechen, der das beruflich tat. Er nickte. Es war nicht mehr lange hin zum Start der Saison, das würde er schaffen.

„Du bist nicht der Einzige, der sich an mich gewandt hat“, sagte Hammond weiter. „Die Kollegen machen sich Sorgen um Mosley – und um dich.“

Altbekannte Panik sammelte sich in Henrys Bauch. Um ihn? Was sollte das heißen? Hatte jemand etwas gesagt? Konnte Hammond etwas wissen? „Um mich?“

„Aber natürlich. Wir wissen alle, dass diese Situation für euch beide nicht einfach ist. Und nur, weil du damit nach außen besser umgehst, heißt das nicht, dass du keine Unterstützung verdienst.“

Henry schluckte, plötzlich eigentümlich berührt. „Oh. Danke.“

Hammond lächelte. „Ich verstehe, dass es sich momentan nicht so anfühlt, aber es gibt viele Menschen, denen ihr wichtig seid. Die hinter euch stehen und auf euch aufpassen. Ich gehöre explizit dazu, und es tut mir leid, dass ich nicht genug getan habe. Auch ich lerne noch dazu.“

„Okay.“ Henry wusste nicht, was er dazu sagen sollte. „Danke.“

„Eine Sache noch, und ich verstehe, dass das kein angenehmes Thema ist. Aber du hast vorhin etwas angesprochen und bist da nicht der Erste. Erzähl mir mehr darüber, wie du den Umgang von Jack Carter mit der Situation empfindest.“

„Oh.“ Henry schluckte nervös. Ja, er wollte Konsequenzen. Wollte, dass sich etwas änderte. Aber es fühlte sich trotzdem nicht gut an, vor dem Chef schlecht über Kollegen zu sprechen. „Ich möchte klarstellen, dass es mir hier um den Erfolg der Mannschaft geht. Aber ich … ich fühle mich in der aktuellen Situation nicht wohl und es beeinträchtigt meine Leistung.“

Genau dafür war er hergekommen, erinnerte Henry sich. Um seine Situation besser zu machen. Erträglicher zu machen, was er ändern konnte, wenn er schon Momo nicht haben konnte. Also atmete er noch mal tief durch und begann zu erzählen.

***

OLIVER

Vor dem letzten Spiel der Preseason absolvierten sie ein Benefizspiel für die Boy Scouts, zu denen die *Peaks* schon seit ihrer Gründung enge Verbindungen hatten. Sie würden nicht mal gegen ein professionelles Team spielen, sondern eine zusammengewürfelte Mannschaft aus lokalen Berühmtheiten und ehemaligen Spielern. Trotzdem war Oliver ein einziges Nervenbündel.

Es half nicht, dass er weiterhin in Umkleide und Mannschaftsbus neben Cookie saß, ihn in diesen Minuten der Nähe kaum ertragen konnte und ihn gleichzeitig am liebsten gepackt und nie wieder losgelassen hätte.

Als der Bus nun vor der Arena hielt, fuhr er zusammen, aus seinen Gedanken gerissen, und war Cookie dankbar, als der förmlich aufsprang, um die Nähe zwischen ihnen zu beenden. Bewunderte den Freund, wie gut der schauspielern konnte, als er sich mit einem Lächeln zu ihm umdrehte.

„Kommst du?", fragte Henry, als wäre alles in Ordnung zwischen ihnen. Als hätte Oliver ihn nicht so tief verletzt.

Oliver nickte. „Klar. Gleich." Doch er würde trödeln, sodass Henry schon umgezogen wäre, bis er in der Umkleide ankam, so wie er es in letzter Zeit immer tat. Dann musste er sich nicht mit dem Anblick seines nackten Körpers herumplagen.

Als Henry abzog, hatte Oliver eigentlich vor, sitzen zu bleiben, doch Earl durchkreuzte seine Pläne, denn der Busfahrer scheuchte sie alle nach draußen. Oliver wollte nicht nach draußen. Er wollte so lange wie möglich versteckt bleiben, damit ihn niemand auspfeifen konnte.

Als er den Bus dann schließlich verließ, schrie jemand seinen Namen. Er fuhr zusammen, erwartete Beleidigungen und Pfiffe, zog vorsorglich den Kopf ein. Nichts kam, und als sie wieder seinen Namen riefen, begriff er, dass da keine aggressiven Männerstimmen brüllten, sondern ihm junge Mädchen zujubelten. Etwas, das er früher als selbstverständlich hingenommen und mit dem er jetzt nicht mehr gerechnet hatte. Nicht in seiner aktuellen Situation. Langsam ließ er die Schultern sinken und zwang sich ein Lächeln auf die Lippen, dann drehte er sich um und winkte ihnen zu.

Eine ganze Gruppe stand da, bestimmt zwanzig junge Frauen und eine Handvoll junger Männer. Das Kreischen wurde lauter, sein Grinsen echter. Er hatte nicht gewusst, dass ihm das hier gefehlt hatte, doch die positive Rückmeldung gab ihm Energie, die er dringend benötigte. Er ging zu den Mädchen hinüber, die sich alle auf die eine Wange einen Regenbogen geschminkt hatten und auf die andere dunkelgrüne und hellblaue Streifen – die Farben der *Peaks.* Er machte Fotos mit ihnen, signierte Trikots und sein Herz wurde immer leichter. Ihre atemlose Freude, als er sie im Arm hielt, wärmte ihn auf eine Weise, die er nicht erwartet hatte. Es gab also auch Fans, die ihn nicht hassten. Das war ein Anfang.

***

In der Umkleide wies Thompson sie darauf hin, dass die Kapitäne der beiden Teams vor Anpfiff noch etwas verlesen würden, was Oliver nicht weiter beachtete – vermutlich Glückwünsche für die Boy Scouts, die ihn nicht weiter interessierten. Vielmehr dachte er darüber nach, wie der Empfang gleich wäre, wie sie auf ihn reagieren würden dort draußen. Die Arena war nicht ausverkauft, und er fragte sich, ob das ein Vorteil für ihn war oder nicht.

Immerhin ließ die Stadionregie zum Einlauf so laut Musik laufen, dass er keine Pfiffe hörte. Vielleicht sollten sie das in Zukunft immer machen, dachte er mit einem müden Lächeln. Durchgängig Musik aus den Lautsprechern jagen, so dass er nicht hören konnte, wie sie ihn beschimpften. Dann fiel ihm auf, dass der Captain Patch des gegnerischen Kapitäns weder golden noch weiß war, sondern in Regenbogenfarben gehalten, und er war mit einem Schlag hellwach. Sein unverbesserliches Herz schöpfte sofort Hoffnung, auch wenn er sein Bestes tat, sie sofort wieder zu unterdrücken.

Während Portland sich auf der einen, ihr Gegner sich auf der anderen Seite der 50-Yard-Linie aufstellte, traten die beiden Kapitäne zusammen an ein Mikrofon. Gemeinsam verlasen sie eine Erklärung der beiden Teams, sich zu Toleranz und Respekt zu bekennen, Vielfalt zu fördern und ihre Fans aufzufordern, das Gleiche zu tun. Carters sauertöpfisches Gesicht machte Oliver klar, dass das hier wirklich passierte. Warum auch immer das Team plötzlich solchen Wert darauf legte – die Geste war ein Lichtblick in all der Dunkelheit, die ihn so fest im Griff hatte.

Er schmuggelte einen Blick neben sich zu Cookie, und der grinste breit, die Brust raus, Schultern zurück. Als hätte er Olivers Blick gespürt, sah er zu ihm und zwinkerte ihm zu. Scheiße, eine so winzige Geste sollte ihm nicht solches Herzrasen verschaffen, doch das tat es. Oliver atmete tief durch.

Perez, der an seiner anderen Seite stand, legte ihm den Arm um die Schultern und zog ihn an sich. „Wird alles gut, Mann", flüsterte er, und für diesen einen Moment war Oliver geneigt, ihm zu glauben.

***

Das Spiel verlief entspannt. Cookie trug zum nie gefährdeten Sieg zwei Touchdowns bei. Die Atmosphäre war fröhlich und friedlich, und trotzdem meinte Oliver, erst mit Abpfiff wieder normal atmen zu können. Er hatte keinen einzigen Pfiff gehört, kein Plakat gesehen. Was war da los? Das konnte nicht normal sein. Hatte Hammond irgendetwas gegen den Veranstalter in der Hand? Anders konnte er es sich nicht erklären.

Alle um ihn herum klatschten zufrieden ab und tauschten Trikots, die Stimmung war gelöst. Der Druck fiel nun endgültig von ihm ab, und als Deacon zu ihm trat und ihm zum guten Spiel gratulierte, gelang ihm ein echtes Lächeln – gefühlt das erste seit Wochen. Als er sich umsah, entdeckte er hinter ihrer Endzone eine Fahne mit der Aufschrift *Pride of Portland*, weiß auf dunkelgrünem Grund. Er grinste in sich hinein und winkte in die generelle Richtung. Vielleicht hatte Jamie ja doch recht gehabt mit seinem Optimismus.

WENN DAS LEBEN SCHON NICHT SCHÖN SEIN KANN

HENRY

Hammond hatte ihn mit seiner Geste vor dem Benefizspiel beeindruckt. Als sie sich danach im Innenraum der Arena über den Weg gelaufen waren, hatte der Manager ihm mit einem beinahe verschmitzten Gesichtsausdruck zugeraunt: „Das machen wir jetzt bei jedem Spiel so, bis sie es alle kapiert haben."

Wie gut es getan hatte, wieder ohne Pfiffe zu spielen. Auch wenn es gegen eine Mannschaft gewesen war, die den Titel „Gegner" kaum verdiente. Die beiden Touchdowns hatten dennoch geholfen, seine Laune merklich zu bessern. Er litt noch immer unter der Trennung von Momo – wenn man sie denn überhaupt so nennen konnte –, litt unter dem Verlust ihrer Freundschaft, dem Wissen, dass das seine Chance auf Glück gewesen war und sie sich in Luft aufgelöst hatte.

Doch immerhin hatte er den Sport, um sich abzulenken. Den Dopaminstoß, den ihm ein Durchbruch in die Endzone durch den Körper jagte, konnte nicht mal ein gebrochenes Herz aufhalten. Es tat so gut, wieder das zu tun, was er schon sein ganzes Leben lang gewollt hatte.

Immerhin half ihm sein wiedererlangtes Selbstbewusstsein dabei, weiter für sich selbst einzustehen. Und für Momo, denn der war weiterhin ein solcher Schatten seiner selbst, dass klar war, dass er nicht kämpfen konnte. Nach und nach, immer den richtigen Moment abwartend, sprach Henry mit den Kollegen. Er schnappte sie sich einzeln, manchmal zu zweit, und verwickelte sie in ein Gespräch, unverfänglich zunächst, bis er sie irgendwann fragte, warum sie nicht zu ihm standen, wenn es darauf ankam. Zumindest diejenigen, von denen er glaubte, dass sie Momo und ihm gegenüber neutral oder zumindest nicht negativ eingestellt waren. Carter, Colbert und das Grüppchen um sie herum ließ er wohlweislich aus.

Jedes einzelne dieser Gespräche bedeutete für ihn, über seinen Schatten springen zu müssen, denn konfrontativ war er noch nie gewesen. Doch er wusste, warum er es tat: für sich und vor allem für Momo. Um ihm das Leben so angenehm wie möglich zu machen, wenn es schon nicht schön sein konnte. Er wollte nie wieder von Carter so angegangen werden und dann allein dastehen, wie es in der Vergangenheit der Fall gewesen war.

Die Reaktionen auf seine provokante Frage fielen so unterschiedlich aus wie seine Kollegen selbst es waren – Akers wurde blass und stritt alles ab, Deacon sah ihn verwundert an und versprach dann mit einem grimmigen Nicken, dass er in Zukunft noch konsequenter einschreiten würde. Perez und Kaminski hatte er sich bis zum Schluss aufgespart, weil sie ihm am nächsten standen und er deswegen den größten Bammel vor dem Gespräch hatte.

Doch als sie eines Tages zu dritt beim Mittagessen saßen, niemand aus der Mannschaft vor Ort außer ihnen, da war die Gelegenheit zu perfekt. Mit einem tiefen Seufzen schmiss er sich in den Kampf. „Würdet ihr sagen, dass wir Freunde sind?", begann er und warf einen Blick über den Tisch zu seinen beiden Kollegen, die dampfende Teller voller Lachs und Spaghetti vor sich hatten.

„Hä, na klar", sagte Perez. Von Kaminski, der sich zum falschen Zeitpunkt einen Löffel voller Essen in den Mund gesteckt hatte, kam nur ein Grunzen, doch Henry wertete das unter den gegebenen Umständen als Zustimmung.

„Warum verhaltet ihr euch dann nicht so?"

Sie sahen ihn überrascht an, und Henry wusste, dass das hart war. Die beiden waren immer unterstützend gewesen. Kaminski hatte ihn im Trainingslager vor einem sehr peinlichen Moment bewahrt. Er wusste, dass er auf sie zählen konnte.

Nur eben nicht in den Momenten, in denen es wirklich darauf ankam.

„Ich glaube, da musst du dich deutlicher ausdrücken, Cookie." Ein Hauch von Kühle schwang in Perez' sonst immer so freundlicher Stimme mit, und Henry konnte es ihm nicht verdenken. Das hier war kein angenehmes Gespräch – für keinen von ihnen. Wichtiger war aber ja auch, dass es danach besser wurde.

Er griff nach seinem Glas Soda und drehte es nervös hin und her. „Bitte versteht mich nicht falsch, ich weiß, dass ihr alle beide immer für mich da seid, wenn ich euch um etwas bitte. Und ihr habt im Trainingslager – also, als ihr etwas geahnt ..." Er kam ins Straucheln, wollte nicht über das reden, was passiert war. „Na ja, also, ich weiß, dass ich auf euch zählen kann. Aber Carter ist Momo und mich schon so oft angegangen. Und ich fühle mich damit oft ziemlich allein. Deacon hat schon öfter was gesagt, und ich weiß, dass es für ihn als Vizekapitän leichter ist. Trotzdem … manchmal wäre es schön, wenn von euch mehr kommen würde als nur Schweigen." Und als die beiden nicht sofort reagierten, fügte er noch hinzu, etwas leiser diesmal: „Ich will doch nur, dass sich das alles nicht mehr so unfassbar beschissen anfühlt."

Perez stand ruckartig auf und kletterte über die helle Sitzbank, dann zog er Henry in die Arme, dass der beinahe das Gleichgewicht verlor. „Scheiße, Mann, du hast recht", sagte er. „Es tut mir leid. Ich habe mir bis gerade eben nie Gedanken darüber gemacht, wie sich das anfühlen muss, und das ist sehr unsensibel von mir gewesen. Ich bin halt, na ja, irgendwie damit aufgewachsen, dass Mosley ständig mit irgendwem im Clinch ist, dass es mittlerweile eine normale Sache für mich ist. Aber das heißt ja nicht, dass es für dich auch normal ist. Ich werde es besser machen, versprochen."

Auch Kaminski hatte sich erhoben und kam nun zu ihm. „Sorry", sagte er nur, und hätte er nicht Saucenreste rund um den Mund gehabt, wäre sein feierlicher Gesichtsausdruck vermutlich noch eindrucksvoller gewesen. „Machen wir."

Perez ergriff ihre beiden Hände und drückte sie mit einem verschwörerischen Lächeln. „Und wenn als angenehmer Nebeneffekt unser lieber Momo endlich kapiert, dass er sein darf, wer er ist …" Er brach ab, als er

Henrys entsetzten Blick sah, zwinkerte stattdessen und legte den Zeigefinger an die Lippen.

Henry atmete tief durch. „Danke. Ihr wisst nicht, wie viel mir das bedeutet."

Die beiden gingen zurück an ihre Plätze. Bevor sie sich alle wieder ihrem Essen widmeten, bekam Henry mit, wie Kaminski mit den Fingern ein Herz formte und in seine Richtung blickte, woraufhin Perez grinsend nickte. Irgendwie war es schön, dass die beiden wussten, was mit ihm – ihnen beiden – los war, und kein Problem damit hatten. Das bedeutete noch lange nicht, dass er die Worte auch über die Lippen brachte, doch für den Moment brauchte es das offenbar auch gar nicht.

***

Beim alljährlichen Fototermin herrschte wie immer riesiges Chaos. Stylistinnen, Friseure, Beleuchter und Fotografen standen sich gegenseitig auf den Füßen, und niemand schien so richtig einen Überblick darüber zu haben, was gerade passierte. Henry hatte sich schon vor Jahren damit abgefunden, dass er an diesen Tagen nur eine Puppe war, die Klamotten hingehalten bekam und diese anzog, damit irgendjemand ihn irgendwohin zerren und ihn in Pose rücken konnte. Und der Prozess wenige Minuten später von Neuem begann.

Heute jedoch hielt der Tag eine Überraschung für ihn bereit. Als sie sich draußen zum Mannschaftsfoto aufstellten, bemerkte er, dass einige seiner Kollegen besondere Trikots trugen. Auf der Vorderseite trugen sie alle ihre regulären Nummern, doch in der hintersten Reihe, in der er stand, hatte er freie Sicht darauf, dass Momos und seine Nummer die Rücken mehrerer Kollegen zierten. Perez, Deacon, Kaminski, Akers, sie alle trugen Momos oder seinen Namen und Nummer auf dem Rücken.

Als Henry begriff, was seine Kollegen da getan hatten, überzog Gänsehaut seinen ganzen Körper. Unwillkürlich suchte er nach Momo. Der stand in der Reihe vor ihm und ihre Blicke kreuzten sich unausweichlich. Momo wirkte genauso, wie Henry sich fühlte: voller Erstaunen und Dankbarkeit. Und, das war neu, in Momos Blick stand Hoffnung. Ein winziger Funke nur, doch es war das erste Mal, seit die Preseason begonnen hatte, dass die braunen Augen wieder Leben in sich trugen.

Henrys Gänsehaut verstärkte sich, und als Momo sich dann nicht sofort abwandte, sondern ihm direkt ins Gesicht sah, kam ein Kribbeln tief in seinem Bauch dazu. Beinahe hätte er gelacht. Diese dämliche Hoffnung in ihm war doch wirklich unverbesserlich.

Nachdem die Fotos geschossen und sie für den Moment entlassen waren, ging er zu jedem einzelnen Mitspieler mit Sondertrikot und schloss denjenigen fest in die Arme. Aus dem Augenwinkel sah er, dass Momo das Gleiche tat und dass er Deacon sogar einen Kuss auf die kurzgeschnittenen krausen Haare drückte. Beinahe wie der alte Momo.

Zu Perez kamen sie gleichzeitig, und der zog sie kurzerhand beide an sich, einen mit jedem Arm. Es war das erste Mal, dass sie einander so nahe waren, seit Momo sich von ihm zurückgezogen hatte, von Perez eng aneinandergepresst. Dass seine Haut Momos berührte, war wie ein elektrischer Schock, der sich von seinem

Unterarm aus in seinen ganzen Körper ausbreitete. Er hätte nicht loslassen können, nicht einmal, wenn sein Leben davon abgehangen hätte, und war gleichzeitig froh und ungehalten, als Perez ihm die Entscheidung schließlich abnahm.

„Du bekommst wieder Ähnlichkeit mit dem Mosley, den ich kenne", sagte ihr Kollege zufrieden und musterte Momo. Dann wandte er sich Henry zu. „Und du strahlst zum ersten Mal seit Langem wieder. Ich fühle mich sehr geehrt, dass ich anscheinend so gute Umarmungen gebe, dass euch das beiden so guttut." Er grinste breit und sein Tonfall machte deutlich, dass er genau wusste, was er eben getan hatte.

Henry gewöhnte sich langsam daran, dass Perez so selbstverständlich mit dem ganzen Thema umging. Das tat so verdammt gut. Und es war so, so verlockend, sich darauf einzulassen und alle Gefahren zu ignorieren.

„Wartet nur ab", fuhr Perez fort, der keine Antwort zu erwarten schien, „wir machen selber noch Fotos davon und stellen das auf unsere Social-Media-Kanäle. Die Leute sollen ruhig wissen, dass sie sich mit uns anlegen, wenn sie was gegen Cookie und dich haben."

„Danke", flüsterte Momo, und Perez und Henry tauschten einen zufriedenen Blick. Dass ihre Unterhaltung ein solches Ergebnis nach sich zog, hätte Henry nie zu hoffen gewagt, doch er war dankbar und hochzufrieden.

Und dann grinste Momo, breit und frech, und Henrys Magen vollführte ohne Vorwarnung einen Looping. Fuck. Er war also immer noch nicht immun gegen diesen Lausbubencharme, ganz im Gegenteil. Momos Blick ruhte auf Perez und doch hatte Henry das Gefühl, als spräche sein Freund direkt mit ihm. „Was meinst du, wie blöd die Leute erst gucken, wenn sie bald überall meinen halbnackten Körper sehen“, sagte er und lachte.

Henry konnte nichts dagegen tun, dass er bei diesem mentalen Bild zusammenfuhr.

„Bitte was?“ Perez zog die Augenbrauen hoch und Deacon kam herbeigeschlendert, noch immer in seinem Mosley-Trikot, und hörte ebenfalls gespannt zu.

„Ich habe einen neuen Werbevertrag bekommen“, sagte Momo. „Von einer Unterwäschefirma. Die wollen mich als Model. Ich! Unterwäsche-Model!“ Er lachte und die anderen stimmten mit ein, nur Henry nicht.

Er konnte überhaupt nichts tun, außer irgendwie zu versuchen, seine Erektion in den Griff zu bekommen und nicht zu offensichtlich und peinlich zu sein. Aber Gott, was für eine Vorstellung. Was für eine Qual, Momo bald überall so zu sehen und ihn dennoch nicht haben zu können. Er würde ihm noch weniger entkommen können als ohnehin schon.

Während die anderen noch lachten, fing Momo seinen Blick ein. Es stand so viel Hunger darin, dass Henry einen Schritt zurücktaumelte. Momo blinzelte und der Ausdruck verschwand, doch Henry hatte sich das nicht eingebildet. Sein ganzer Körper stand in Flammen, und er wusste, dass er sich gleich kurz auf die Toilette verabschieden musste wie ein hormongesteuerter Fünfzehnjähriger, um etwas gegen diesen Ständer zu tun.

Sein Herz schwebte. Dummes, dummes, unbelehrbares Herz, das es war, hatte es Hoffnung geschöpft und ließ sich nicht beirren.

OLIVER

Das letzte Preseason-Spiel spielten sie zu Hause gegen die *Boise Bighorns* und Oliver tat sein Bestes, seine Nervosität zu ignorieren. Ja, das Benefizspiel war entspannt gewesen und es hatte sich wahnsinnig gut angefühlt. Doch das hieß nichts. Die Situationen waren nicht vergleichbar.

Er wusste, dass er sich zusammenreißen musste, dass er abliefern musste. Die Coaches hatten ihm bisher eine Schonfrist gewährt, doch die endete heute. Er wusste ja, dass er kaum zu stoppen war, wenn er denn abrufen konnte, was in ihm steckte. Nur wie er in dieser neuen Situation da rankam, das hatte er noch nicht herausgefunden.

Als sie dann endlich so weit waren und nach draußen traten, in helles Sonnenlicht, war die Stimmung gelöst. Die Stadionregie spielte Musik, wenn auch nicht so laut wie bei ihrem letzten Spiel, sodass man die Fans noch singen hörte. Die Portland-Fans schwenkten grüne und blaue Fahnen, wie sie es oft taten. Doch als Oliver den Rasen betrat, kamen plötzlich noch andere Farben dazu. Rot, Gelb, Orange, Violett, bis sich ein Regenbogen über die gesamte Kurve hinter ihrer Endzone hin ausbreitete. Ein Raunen ging durch das ganze Stadion, und dann gab es Pfiffe von den gegnerischen Fans.

Oliver stand wie angewurzelt und starrte auf das Fahnenmeer, getragen von Hunderten Händen. Er war sich vage bewusst, dass sein Mund offen stand und Tränen in seine Augen stiegen, doch war unfähig, sich zu bewegen. Die Aktion war für ihn bestimmt und sie verfehlte ihre Wirkung nicht. Auch alle anderen um ihn herum waren stehen geblieben. Nun wurden die Pfiffe von Applaus übertönt, der von den heimischen Fans genauso kam wie von den mitgereisten Boise-Supportern.

Endlich schaffte Oliver es, sich aus seiner Starre zu reißen, klopfte sich mit der Faust auf die Brust, wo sein Herz mit einem Mal so groß und weit und übervoll war. Dann verbeugte er sich in Richtung der Portland-Fans und setzte endlich seinen Weg fort, sich neben den Rest der Mannschaft zu stellen. Carter und Colbert wirkten genervt, doch Cookie und Kaminski grinsten wie die Honigkuchenpferde. Cookie schien überzuquellen vor guter Laune und Selbstbewusstsein.

Zum ersten Mal seit langer, langer Zeit wusste Oliver, dass er es konnte. Er würde heute ein gutes Spiel machen und ihnen allen zeigen, warum er elementarer Bestandteil dieser Mannschaft war, und zwar verdient. Er reihte sich neben Deacon ein, der ihm den Arm um die Schultern legte und lachte.

„Das ist alles für dich, Mann!"

Oliver grinste verlegen und stupste den Kollegen an. Das Strahlen konnte er nicht von seinem Gesicht verbannen.

Als die gegnerischen Spieler kamen, um sie abzuklatschen, waren sie konzentriert, aber freundlich, wünschten ein gutes Spiel, und der Kapitän – mit Regenbogen-Patch, als hätte er es gewusst – sah Oliver sogar kurz in die Augen und wünschte ihm viel Glück. Es war beinahe zu schön, um wahr zu sein, nach allem, was in den letzten Monaten passiert war. Es tat ihm so gut, gutgelaunt in ein Spiel zu starten.

***

Oliver erkannte sich selbst kaum wieder. Er wusste nicht, wann er zuletzt so gut gespielt hatte, aber es war schon eine ganze Weile her. Sein Blick für die Routen seiner Mitspieler war zurück, und jeder Einzelne seiner Pässe kam an. Zu Akers, zu Kaminski auf der linken Seitenlinie und immer wieder zu Cookie. Nicht nur deshalb, aber definitiv *auch* deshalb, waren sie von Anfang an drückend überlegen, ließen ihrem Gegenüber kaum Chance, Luft zu holen. Akers brachte sie vor Ende des ersten Viertels mit einem eroberten Touchdown in Führung, und Cookie brachte sie noch vor der Pause in die perfekte Position, aus der ihr Kicker schließlich ein Field Goal erzielte.

Kurz vor dem Ende des Spiels bekam Oliver es dann wieder hin, warf einen Pass so perfekt in Cookies Lauf, dass der gar nicht anders konnte, als den Touchdown perfekt zu machen. Die Kollegen bestürmten Henry, gratulierten ihm zu seinem Erfolg, und der ließ die Umarmungen auf sich einprasseln, doch sein Blick suchte und fand Oliver. Der war nicht zu ihm gegangen, um die gute Stimmung im Stadion und in der Mannschaft nicht zu gefährden.

Cookie schien daran nicht zu denken, lief zu ihm und zog ihn in eine Umarmung, die kurz davor war, ihm alle Knochen zu brechen. „Alter, danke, du bist unfassbar heute!"

Oliver grinste und sein Herz raste in seiner Brust. Als sie sich wieder voneinander lösten, lag ein Strahlen in Cookies Augen, das ohne jede Vorwarnung Olivers Bauch vor Kribbeln explodieren ließ.

„Ich gebe mir Mühe", sagte er und merkte an Henrys Blick, dass der das nicht nur auf das Spiel bezog.

Obwohl er es nicht so gemeint hatte, tat Oliver nichts, um die unbeabsichtigte Doppeldeutigkeit auszuräumen. Stattdessen ließ er seinen Blick über Henrys strahlendes Gesicht gleiten und erlaubte seinem Herzen zum ersten Mal seit Langem, einen kleinen Looping zu schlagen. „Ich glaube, es wird immer besser." *Das* hatte er definitiv *so* gemeint.

Cookies Augen leuchteten auf. „Das ist super", sagte er mit so viel Sanftheit in der Stimme, als wären nicht Tausende Leute um sie herum. Als wären sie allein auf der Welt. „Wie gesagt ... wenn du kämpfen willst, dann bin ich an deiner Seite. Bis zum Spielende, meine ich, natürlich", fügte er noch hinzu, als die Kollegen langsam wieder auf ihre Positionen zurückliefen und sie hören konnten.

Doch Oliver wusste genau, wie er es gemeint hatte. Und auch, wenn ihm die Worte fehlten, nickte er und sie tauschten einen letzten Blick, bevor Oliver wieder zurück in die Abwehr lief. Wider besseres Wissen konnte er sich nicht wehren gegen die Hoffnung, die mit einem Mal wieder in ihm blühte wie Blumen im Mai.

***

Nach Spielende raste noch immer Dopamin durch seinen Körper, beflügelt von seiner guten Leistung und dem Sieg, und dem Gespräch mit Cookie, das so unerwartet intim gewesen war mitten auf dem Platz.

Er sah wieder hinüber zu den Portland-Fans, denen er für ihre Unterstützung so dankbar war. Als er die *Pride of Portland*-Fahne entdeckte und dahinter einen blonden Surferschopf, konnte er nicht anders. Spontan lief er los. Er musste Jamie einfach abklatschen, denn er war sicher, dass der hinter der Regenbogenfahnen-Aktion steckte.

Also winkte er einem nahestehenden Security, als er den Zaun erreichte, und der öffnete die Barriere bereitwillig. Die anderen Leute im Block machten große Augen, doch Jamie lachte ihm entgegen.

„Danke", sagte Oliver, als er ihn erreichte, seine Stimme von aufrichtiger Dankbarkeit erfüllt. Er machte eine Kopfbewegung, die den ganzen Block einschloss.

„Wenn du immer so spielst, wenn wir so was organisieren, gibt es jetzt jedes Spiel einen Regenbogen." Jamie lachte, und dann wies er auf die Leute um sich herum und begann, sie vorzustellen. Niemand, der hier stand, war hetero, ging Oliver auf, während Jamie ihm Namen sagte, die er vor lauter Adrenalin sowieso nicht behalten konnte. Es war ein beängstigendes, aber auch wahnsinnig beruhigendes Gefühl, in dieser Gruppe zu stehen. Keiner von ihnen würde ihn verurteilen, egal, wer er war. Egal, wen er liebte.

Nicht, dass er irgendwen liebte.

Außer Football.

Er biss sich auf die Lippe, zog sich spontan das Trikot über den Kopf und hielt es Jamie hin. „Als Dank für deine Seelsorgeaktivität", sagte er und lachte über Jamies verdatterten Gesichtsausdruck. Gleichzeitig bemerkte er bewundernde Blicke von dessen Nachbarn und gestand sich ein, dass er das gar nicht so schlimm fand, sondern im Gegensatz geschmeichelt war.

Ein noch intensiverer Blick in seinem Rücken brachte ihn dazu, sich umzudrehen. Henry stand auf dem Feld und sah zu ihm hoch. Die Sonne fiel in seine verschwitzten roten Locken, ließ sie leuchten, die goldenen Sprenkel auf seiner Haut hervortreten. Himmel, er war aber auch ein unfassbar schöner Mann.

Offenbar war er geschickt worden, um Oliver loszueisen, denn um sie herum hatten sich der Platz und der Großteil des Stadions schon geleert.

„Leute, ich muss weiter", wandte er sich noch mal kurz an Jamie und den Fanclub, ignorierte das Zwinkern, das der ihm zuwarf, winkte und eilte zurück aufs Feld.

Im Davongehen legte er den Arm um Cookies Schultern. Er wusste nicht, woher er plötzlich den Mut dazu hatte, nur, dass es ihm guttat und er sich so sehnlich wünschte, sich wieder gut zu fühlen. Cookie versteifte sich einen Moment lang unter der Berührung, bevor er sich an Oliver lehnte, seinerseits die Hand auf dessen Hüfte legte.

„Danke für den Abholservice", sagte Oliver und grinste.

„Na, ich würde noch ganz andere Sachen machen, um dich unter die Dusche zu bekommen", erwiderte Cookie und schlug sich prompt die Hand vor den Mund.

Oliver starrte ihn an, konnte nicht glauben, dass er so etwas gesagt hatte, und ganz offensichtlich konnte Cookie das auch nicht. Es war zum Lachen. Die Instinkte saßen in ihnen beiden so tief, Jahre des Herumalberns, die sich nicht verleugnen ließen, auch wenn die Situation zwischen ihnen so angespannt war.

Also grinste er und stieß den Freund an. „Sag so was nicht, sonst glaube ich noch, dass du das ernst meinst."

Cookie wurde rot, und es sah hinreißend aus, wie die Farbe plötzlich seine Wangen einfärbte, seine Augen glänzten. Oliver wollte ihn küssen, er wollte ihn so dringend küssen, er wollte ihn unter die Dusche zerren und –

„Ey, Homos!", rief jemand hinter ihnen, und Oliver fuhr zusammen. Henry zog ihn weiter, doch er stolperte über seine eigenen Füße. „Ihr seid Missgeburten und beschissen spielen tut ihr auch noch!"

Seine Finger krallten sich in Cookies Oberarm. Es musste wehtun, doch er konnte den Griff nicht lockern, war wie erstarrt.

„Ignorieren", murmelte Henry und steuerte auf die Katakomben zu, die nur noch wenige Schritte entfernt waren. „Komm, Momo, bleib bei mir. Der ist es nicht wert."

„Soll ich ihn euch mal reinstecken?", brüllte der Typ im Publikum ihnen noch nach. „Dann wisst ihr wenigstens, warum –" Mehr hörte er nicht mehr, denn sie hatten das Gebäude erreicht und die Mauern verschluckten den Rest seines Satzes.

Henry zog sie weiter, seine Hand fest und warm auf Olivers Hüfte, und dankbar ließ er sich zur nächstbesten Tür führen. Er schob sie beide in den Raum, der dahinter lag. Ein Geräteraum, stellte Oliver fest, mit einem winzigen Fenster und vollgestopft bis unter die Decke, stickig und mit kaum genug Platz für sie beide.

Doch das war egal. Alles war egal, außer Henry, auf dessen Berührung er sich voll und ganz konzentrierte.

Der drehte sich in Olivers Arm, sodass sie sich gegenüberstanden, und sah ihn so lange an, bis er seinen Blick erwiderte. „Der Typ ist ein blödes Arschloch", sagte Henry mit fester Stimme, „und hat keine Ahnung. Du hast großartig gespielt."

Oliver lachte bitter und wollte sich abwenden, doch Henry legte einen Finger unter sein Kinn. „Sag es, Momo."

Er atmete tief durch. „Der Typ ist ein blödes Arschloch und hat keine Ahnung. Wir haben beide gut gespielt."

Henry lächelte. „So sieht es aus."

„Okay. Danke." Oliver stand unter Spannung. Die Echos aus den anderen Spielen hallten in seinem Kopf nach und schüchterten ihn ein, doch heute war es besser. Es war nur ein Typ gewesen, ein einziger, nach einem guten Spiel und einem Regenbogen von seinen Fans, und Henry, so dicht vor ihm.

„Wir schaffen das", sagte Henry jetzt. „Zusammen. Versprochen."

Einen Moment lang standen sie still, eng voreinander, nur eine minimale Bewegung von einem Kuss entfernt. Das Wissen, wie wenig es bräuchte, um ihre Münder aneinanderzupressen, stand unausgesprochen zwischen ihnen, und Oliver hielt es kaum aus. Er wollte es, er wollte es so sehr, er brauchte es.

Doch er konnte nicht.

Er durfte nicht. Sie durften beide nicht.

Henry löste sich zuerst aus dem Bann. „Na komm", sagte er und deutete mit seinem Kinn in Richtung Tür.

„Ab unter die Dusche mit uns, damit wir den Rest nicht warten lassen."

WENN DU MICH HÄLTST, BIN ICH DAHEIM

OLIVER

Oliver erwachte am Tag nach dem Spiel gegen Boise, wie immer in letzter Zeit, mit Gedanken an Cookie. An sein Gesicht, als Oliver ihm gesagt hatte, dass es besser wurde – voller Hoffnung, so schnell wieder unterdrückt. Es hatte ihm das Herz gebrochen und ihm gleichzeitig Mut gemacht, dass er Cookie mit seinem Verhalten offenbar noch nicht komplett abgeschreckt hatte. Er hatte es bis zu dem Moment, als er es gesagt hatte, nicht gewusst. Nicht geahnt, dass es stimmte.

Doch sobald die Worte draußen waren, wusste er, dass es so war. Die Fahnen-Choreo seiner Fans hatte ihm mehr bedeutet, als sie ahnten, mehr, als irgendjemand verstehen würde. Es war ein so großes Zeichen von Akzeptanz, eine wahrgewordene Prophezeiung von Jamie, dass er in Portland immer willkommen wäre. Dass sie *beide* dort willkommen waren. Auch zusammen.

Zusammen.

Er lag in seinem Bett und spürte dem nach, was das in ihm auslöste. Was er fühlte, wenn er sich den Gedanken daran nicht sofort verbot. Sehnsucht, stellte er fest. Verlangen und Hoffnung und Glück.

Ja, es waren noch negative Gedanken da. Ja, er hatte wahnsinnige Angst davor, dass beim ersten großen Auswärtsspiel aller Fortschritt, den er gemacht hatte, wieder dahin wäre.

Doch er hatte keine Lust mehr, sich ständig schlecht zu fühlen. Er hatte keine Lust mehr auf ein schlechtes Gewissen, nur weil er war, wie er eben war.

Oh.

Er stutzte, und dann setzte er sich abrupt auf. Das war neu. Und gleichzeitig altbekannt. War es ihm endlich wieder egal, was die anderen von ihm dachten?

Nein, egal war es nicht.

Er war noch immer verletzlich und unsicherer, als er gewöhnlich war. Doch er wollte sein Leben davon nicht mehr bestimmen lassen.

„Es reicht", sagte er, horchte nach, wie die Worte klangen, und lächelte. Nickte. „Es reicht." Mit mehr Bestimmtheit diesmal. Er mochte unsicher und ängstlich und verletzlich sein. Doch es gab Dinge, die wichtiger waren als das.

Seine Lebensfreude.

Seine Karriere.

Henry.

Oliver lachte, leise zuerst und dann wie befreit. Das wochenlang eingesperrte Lachen sprudelte förmlich aus ihm heraus, und er ließ sich zurück auf die Matratze fallen, drückte das Gesicht ins Kissen und lachte, bis er nicht mehr konnte. „Willkommen zurück, Mosley", murmelte er und dann, bevor er endgültig verrückt wurde, rief er Charlie an.

Noch bevor der etwas hätte sagen können, lachte Oliver wieder und rief: „Charlie! Gute Neuigkeiten!" Eine

Millisekunde lang zögerte er, doch plötzlich war er sich seiner Sache so sicher wie noch nie zuvor, also sagte er es. „Ich bin in Cookie verliebt!"

Stille am anderen Ende der Leitung, gerade lang genug, dass Oliver sich zu wundern begann, ob Charlie nun doch ein Problem damit hatte, und dann seufzte sein Bruder zufrieden. „Gott, du glaubst nicht, wie froh ich bin, das zu hören."

Das war definitiv nicht die Reaktion, die Oliver erwartet hatte. Er stutzte, aus dem Konzept gebracht. „Was soll das denn heißen?", begehrte er auf. Auf eigenartige Weise war es, als hätte Charlie ihn um seinen Moment betrogen.

„Du weißt nichts mehr von der Nacht, als du stockbesoffen bei mir aufgekreuzt bist, oder?" Charlie lachte leise. „Da hast du es mir schon gesagt. Dass du mit ihm Schluss gemacht hast, aber ihn so lieb hast."

„Was?!" Oliver traute seinen Ohren kaum. „Das habe ich zu dir gesagt?"

„Hmm", machte Charlie, „aber ehrlich gesagt, das hätte es nicht mal gebraucht. Jeder mit Augen im Kopf hat mitbekommen, dass du die letzten Wochen mit gebrochenem Herzen durch die Weltgeschichte geschlichen bist. Und Cookie genauso. Es tut mir leid, du hast dir bestimmt eine andere Reaktion erwartet. Ich bin nur so froh."

Oliver war unsicher, wie er das finden sollte. „Okay. Ich wusste nicht, dass ich so offensichtlich bin."

„Momo ..." Charlies Stimme war wieder so weich. „Was glaubst du denn, warum ich dich so betüdele in letzter Zeit? Nicht aus der Güte meines Herzens."

Oliver seufzte und dann kam ihm ein schrecklicher Gedanke. „Also wissen Mom und Dad auch –?“

„Wissen tun wir alle nichts.“ Er konnte Charlie lächeln hören. „Also, außer ich jetzt. Danke, dass du mir das anvertraust, das bedeutet mir sehr viel. Aber sie ahnen es natürlich. Schon seit Jahren.“

„Ah.“ Oliver musste das erst mal verdauen und seufzte schließlich. „Habe ich es als Allerletzter kapiert?“

„Wofür hat man denn große Brüder, wenn nicht, um beklugscheißert zu werden.“ Ein kurzer Moment der Stille, ehe Charlie fragte: „Und ... weiß Cookie es schon?“
Cookie.

Olivers Bauch explodierte vor lauter Schmetterlingen beim Gedanken an ihn. „Nein“, sagte er und vergrub sein Gesicht in den Händen, als die Schmetterlinge zu einem nervösen Kribbeln wurden. „O Scheiße, Charlie, ich weiß nicht, ob ich mich traue, ihm das zu sagen.“

Charlie lachte schallend, was Oliver zum Schmollen brachte. „Kleiner, du bist Weltklasse“, keuchte Charlie. „Natürlich traust du dich. Sonst wäre der ganze Mist doch für ’n Arsch gewesen. Also, nicht, dass das nicht sowieso das Ziel wäre bei euch beiden ...“ Olivers Wangen wurden heiß, und er war froh, dass Charlie das nicht mitbekam. „Aber mal im Ernst. Ihr habt euch beide so gequält. Meinst du nicht, Cookie verdient es, dass du ihn so schnell wie möglich aus seinem Leid erlöst?“

Oliver atmete tief durch. Er gab es ungern zu, aber ... „Da hast du recht.“

„Aber bitte, fahr nicht so zu ihm, wie du momentan aussiehst. Mach dich hübsch, lass dir wieder ’ne ordentliche Frisur machen, damit du ihn nicht doch noch vergraulst.“

„Cookie liebt mich so, wie ich bin“, behauptete Oliver reflexartig und aus Trotz. Er hielt inne, als ihm klar wurde, was er da gesagt hatte. Sein Herz raste. Ob es wirklich so war? Ob Cookie ihn wirklich … Er wollte den Gedanken gar nicht zu Ende denken.

Was, wenn er es doch versaut hatte? Wenn seine Unfähigkeit in den letzten Wochen zu viel gewesen war für Cookie? Ja, der hatte schon lange Gefühle für ihn und behauptet, das würde sich nie ändern. Doch wer wusste schon, ob das wirklich stimmte. Auch wenn das Strahlen in seinen Augen gestern auf dem Feld eindeutig gewesen war … oder nicht?

„Das glaube ich auch.“ Charlie klang schon wieder so einfühlsam und nett, ungewohnt, aber in Olivers aktuellem Gemütszustand sehr hilfreich. „Trotzdem ist es doch schön, wenn er was fürs Auge bekommt, wenn du bei ihm aufkreuzt.“

„Ja. Stimmt.“ Direkt nach Charlie würde er seine Friseurin anrufen. Die fand immer kurzfristig noch Platz für ihn. Mit dem ausgewaschenen Blond brauchte er wirklich nicht bei Cookie auf der Matte stehen. Und er hatte auch schon eine Idee, was sie für ihn tun konnte.

„Und dann fährst du zu ihm, sagst ihm, was los ist, und steckst ihm die Zunge in den Hals.“

„Du bist so blöd.“

„Und trotzdem wärst du aufgeschmissen ohne mich.“ Charlie war nicht im Geringsten beeindruckt von der Beleidigung.

Oliver seufzte. „Du hast schon wieder recht. Und ich habe dich natürlich lieb. Aber jetzt muss ich los.“

„Ich dich auch, kleiner Mann. Viel Erfolg!“ Und bevor Oliver sich noch über den Spitznamen hätte beschweren können, hatte Charlie schon aufgelegt.

***

HENRY

Es klingelte Sturm an Henrys Haustür. *Momo*, war sein erster Gedanke, denn er kannte niemanden sonst, der so dreist wäre. Natürlich galt sein erster Gedanke ihm. Wem auch sonst, nach einem solchen Spiel, einer solchen Unterhaltung wie gestern. Aber warum sollte Momo bei ihm klingeln? Es war lange her, dass er hier gewesen war, um Zeit mit ihm zu verbringen. Noch mal Schluss machen konnte er ja schlecht. Henry schnaubte, und weil es immer noch klingelte, ließ er das Grübeln sein und ging aufmachen.

Tatsächlich war es Momo, der draußen stand, und Henrys Mund wurde trocken. Er sah anders aus. Gut. Er wusste nicht sofort, woran es lag, doch dann bemerkte er die neue Frisur: haselnussbraun, Momos Naturhaarfarbe, und nicht in Form geföhnt, sondern kraus und wirr, so wie sein Haar von Natur aus wuchs. So, wie Henry es am liebsten mochte, aber seit Jahren nicht mehr gesehen hatte.

Sein Herz raste. Ob dieser Frisurenwechsel etwas bedeutete? Momos Gesicht war auch anders, die graue Farbe verschwunden, stattdessen war sein altbekannter entschlossener Ausdruck zurück. Die dunklen Augen strahlten und er wirkte ... nervös? War das möglich? Die Jeans und das schlichte hellblaue Shirt

308

standen ihm wahnsinnig gut, und Henrys Bauch zog sich in verzweifelter Verliebtheit zusammen.

Er spürte Momos Blick auf sich und wurde sich in dem Moment bewusst, dass er selbst oberkörperfrei war – verletzlich. Instinktiv verschränkte er die Arme vor der Brust. „Momo." Das Wort kam harscher heraus, als er beabsichtigt hatte, doch er wusste nicht, was er von diesem Besuch halten sollte.

„Cookie." Momo wischte sich die Handflächen an seiner Jeans ab, atmete tief durch. „Henry." Er schüttelte den Kopf. „Mann, ich – fuck, das ist nicht einfach. Schau, es … es tut mir leid, okay? Alles." Wieder schüttelte er den Kopf und fuhr sich mit einer Hand durch die Haare, zerzauste sie noch mehr. „Also, nicht *alles* alles. Unsere Küsse nicht. Und was wir sonst … Fuck!" Sichtlich genervt schloss er die Augen. Seine ungewohnte Nervosität war bezaubernd, und Henrys Bauch stand in Flammen vor ungläubigem Staunen.

Er glaubte zu ahnen, worauf das hier hinauslief. Sollte es möglich sein?

„Sorry", sagte Momo. „Ich hatte mir das so schön zurechtgelegt und jetzt weiß ich nichts mehr davon. Aber. Also. Du weißt, wie mich das alles überrumpelt hat mit der Preseason und den Reaktionen. Keine Ahnung, warum ich plötzlich genau da empfindlich geworden bin, aber so war es nun mal. Und ich habe gedacht, wenn ich nur genau das mache, was sie alle von mir wollen, dann hören sie auf. Weißt du? Wieder der alte Momo sein." Er lachte bitter. „Weil sie den ja so gern gemocht haben."

Henry biss sich auf die Lippe. Sein Herz schlug in seinem Hals und in seinem Bauch zugleich, und er war dankbar um den Türrahmen, denn seine Knie begannen, sich in Wackelpudding zu verwandeln.

„Na ja", machte Momo weiter, „aber dann ist mir aufgefallen, dass die Leute das auch nicht gestört hat, am Anfang, als es nur Gerüchte gewesen sind und zwischen uns noch gar nichts ... Und ich glaube, es ist vollkommen egal, was wir machen. Die werden sich so oder so das Maul zerreißen. Aber trotzdem, ich habe gedacht, ich kann es nicht. Mit dir. Mit ... mit uns. Ich habe gedacht, das macht mich schwach und angreifbar und wenn ich es nur gut genug durchziehe, ohne dich, dann wird alles gut." Er leckte sich die Lippen und machte hektisch weiter, als befürchtete er, Henry könnte ihn jeden Moment unterbrechen. Dabei war der stumm vor Erstaunen. Und vorsichtig, ganz vorsichtig, mit jedem weiteren Wort, das Momo sagte, erlaubte er seinem Herzen, wieder zu schlagen.

„Aber ich habe gemerkt, dass ich es *ohne* dich nicht kann. Ich bin nur ein halber Mensch ohne dich, Mann, und ich kann nicht nur dein Kumpel sein. Das halte ich nicht aus." Eine verzweifelte Grimasse, die wohl ein Grinsen sein sollte. „Ich habe immer gedacht, Football wäre alles für mich. Das weißt du. Ist es auch immer noch. Aber ich habe jetzt den Vergleich – mein Leben ohne Football, aber mit dir, und mit Football, dafür ohne dich. Und ich ... Ganz ehrlich, Mann, *scheiß* auf Football. Scheiß auf das Team, scheiß auf die Fans und das Geld und die Kollegen. Scheiß auf *alles*, wenn ich dich nicht haben kann. Die können mich mal."

Er knetete seine Hände so fest, dass Henry befürchtete, sie könnten jeden Moment brechen. „Football macht mich glücklich, aber weißt du, was mich *richtig* glücklich macht? Was mein – und jetzt wird es kitschig, aber so ist es eben –, was mein Zuhause ist? Du. Wenn du mich hältst, bin ich daheim. So, da hast du es, besser kann ich es nicht sagen. Ich weiß, ich habe dir wehgetan, und wenn du keinen Bock mehr auf mich hast, verstehe ich das. Aber ich –"

Endlich sah er hoch und Henry direkt an und in seinem Blick stand so viel Hoffnung, dass Henrys Herz stolperte. „Wenn du mich noch willst, dann bin ich dabei, Cookie. Mit Haut und Haaren. Nach uns die Sintflut. Wir beide gegen den Rest der Welt. Was sagst du?" Er atmete tief durch und hob kämpferisch das Kinn in einer Geste, die so typisch für Momo war, den alten, störrischen, unbezähmbaren, dass Henry beinahe gelacht hätte.

„Momo", sagte er, doch es kam nur wie ein Flüstern heraus. Er schüttelte den Kopf, genervt von sich selbst. Momos Blick wurde furchtsam und Henry räusperte sich. Er begriff, wie falsch seine Reaktion gewirkt haben musste, und machte schnell weiter. „Wenn du mich nicht sofort küsst, dann platze ich."

Ein, zwei Herzschläge lang standen sie einander wie erstarrt gegenüber, und dann ging die Sonne auf in Momos Gesicht. Er machte einen Schritt auf Henry zu und strich ihm eine verirrte Locke aus der Stirn. „Ich glaube, das bekomme ich hin", wisperte Momo, und dann schloss er die Lücke zwischen ihnen und legte endlich, endlich die Lippen auf Henrys.

WENN ICH ES DOCH SAGEN WILL

OLIVER

Henry machte einen Schritt nach hinten und Oliver folgte ihm wie magnetisch angezogen, hätte ihn nicht loslassen können, selbst wenn er gewollt hätte. Die Tür fiel hinter ihnen zu. Seine Hand wanderte an Henrys Seite, seine warme, glatte, sommersprossige Haut. Henry erschauerte und sah ihm in die Augen.

„Hör nicht auf", flüsterte er und grinste. Oliver lachte, sein Herz um mehrere Tonnen leichter als noch vor ein paar Minuten. Dann legte er die andere Hand in Henrys Locken und küsste ihn wieder. Sie seufzten beide gleichzeitig in den Kuss, ein Laut der Erleichterung, und dann mussten sie wieder lachen und Oliver zog ihn noch enger an sich.

Eine ganze Weile blieb der Kuss sanft, zärtlich und vorsichtig auskostend, doch Henrys Haut war noch immer unter Olivers Fingern, und er konnte nicht verleugnen, was das mit ihm machte. Wie sehr es ihn um den Verstand brachte, endlich alles zu haben, was er sich die letzten Wochen über versagt hatte. Vorsichtig begaben seine Finger sich auf Wanderschaft, fuhren Henrys Flanke entlang, seine Wirbelsäule hinauf, und Gänsehaut folgte der Berührung. Er strich über eine Stelle zwischen Henrys Schulterblättern und der machte ein Geräusch, das Olivers Knie weich werden ließ. Mit einem kleinen Stöhnen zog Henry ihn noch enger zu sich und seine Zunge eroberte Olivers Mund.

Fuck. Er konnte sich nicht daran erinnern, sich jemals so gefühlt zu haben, warm und glücklich und erregt und *daheim*.

Angekommen.

Er wollte bis in alle Ewigkeit hier stehen und in diesem Moment gefangen bleiben. Er wollte das hier beschützen, das Kostbarste, das er je besessen hatte, vermutlich jemals besitzen würde.

Irgendwann drängte Henry ihn zurück, gegen die Wand des Flurs, und ihre Körper klebten förmlich aneinander. Ihre Hände flogen in fieberhafter Unrast über die Konturen des anderen, als müssten sie sich versichern, dass das hier echt war. Dass es kein Traum war, nicht gleich wieder aufhörte. Ein Kuss ging nahtlos in den nächsten über, hungrig und gleichzeitig so zärtlich. Oliver wollte nicht, dass sie jemals endeten. Henrys Hände schoben sich in die Gesäßtaschen von Olivers Jeans, zogen ihn an sich, ließen ihn seine Erregung spüren. Olivers Atem stockte. Das hier war so gut, besser als alles andere, besser sogar als in den zwei Wochen nach dem Minicamp – denn jetzt wusste er, woran er war. Was er wollte.

„Gott, Cookie", murmelte Oliver irgendwann atemlos. „Ich hatte Schiss, dass du mir die Tür vor der Nase zuknallst. Ich bin so froh, dass du's nicht gemacht hast."

Henry lachte, und der Laut brachte alles in Oliver zum Klingen. „Du weißt doch genau, dass ich noch nie Nein zu dir sagen konnte. Da wäre heute der denkbar schlechteste Tag gewesen, um damit anzufangen."

Olivers Herz wuchs noch mal ein Stück mehr, falls das überhaupt möglich war. Die Tatsache, dass sie so fließend wechseln konnten, dass sie sich aufziehen konnten, wie sie es immer getan hatten, dass sie eine so lange gemeinsame Vergangenheit hatten und jetzt eine verheißungsvolle Zukunft dazukam, mit Küssen und Erektionen und allem, was diese noch versprachen – es haute ihn fast um. Was für ein verdammter Glückspilz war er eigentlich?

„Ich liebe dich", platzte es aus ihm heraus.

Henry gab ein undefinierbares Geräusch von sich, wie ein getroffenes Tier, entglitt Olivers Griff und ließ sich zu Boden sinken, mitten in seinem Eingangsbereich, zwischen Schuhen und Taschen auf den makellos weißen Fliesen. Streckte sich lang aus, legte den Arm über die Augen und lachte.

Oliver starrte ihn ungläubig an, denn das war nun wirklich nicht die Reaktion, mit der er gerechnet hätte. Hatte er etwas falsch gemacht? Er hatte das mit der Liebe nicht sagen wollen, hatte das noch nie zu jemandem gesagt. Doch er wusste ohne den Hauch eines Zweifels, dass es stimmte. Auch wenn, oder gerade weil, er so etwas noch nie zuvor gefühlt hatte.

Henrys Lachen verebbte zu einem lautlosen Beben seiner Brust. Er streckte eine langfingrige Hand nach Oliver aus, grub sich in sein Shirt und zog ihn nach unten auf den Boden.

Ein Sneaker bohrte sich in Olivers Rücken und einer Sporttasche entstieg ein etwas strenger Geruch. All das wurde egal, als Henry sie herumrollte, sodass er plötzlich auf Oliver lag, auf den Unterarmen über ihm abgestützt, ihre Körper in ihrer gesamten Länge aneinandergedrückt. Rote Locken fielen nach vorn, rahmten sein noch immer lachendes Gesicht, und er hatte noch nie so schön ausgesehen wie in diesem Moment. Er drückte Oliver einen sanften Kuss auf die Lippen und hob eine Hand, um ihm durch die Haare zu fahren. „Du bist ein Unikat“, sagte Henry und schüttelte den Kopf.

„Warum?“, begehrte Oliver auf, weil er das Gefühl hatte, sich verteidigen zu müssen. „Ich meine, wahrscheinlich ist es sowieso offensichtlich wegen ...“ Er fuchtelte mit einer Hand, so gut er in seiner aktuellen Lage konnte, schloss sie beide in seiner Geste ein, ihre vom Knutschen geröteten Lippen, sein vor Glück beinahe platzendes Herz. „Aber wenn ich es doch sagen will –“

Henry schnitt ihm mit einem weiteren Kuss das Wort ab, und Oliver war noch nie schöner zum Schweigen gebracht worden. „Es ist nur so, dass die meisten Menschen ein bisschen damit warten, bis sie das sagen“, erklärte er, „und nicht in den ersten zwanzig Minuten direkt damit rausplatzen. Aber ich hätte wissen müssen, dass es mit Oliver Mosley nur ganz oder gar nicht gibt.“

Oliver war noch immer verunsichert – ein Gefühl, das ihm fast so fremd war wie dieses Verliebtsein – und drückte Henry einen Kuss auf die Lippen. „Ich meine, ich bin kein Experte, ich habe so was noch nie erlebt. Aber ich bin mir trotzdem sicher, weil so, wie es hier drinnen gerade abgeht ...“ Er klopfte auf sein Herz. „Ich meine, du ...“ Wie sollte er das in Worte fassen? Das überstieg seinen Wortschatz ebenso wie seinen Erfahrungshorizont.

Es reichte dennoch aus. Henry lächelte so liebevoll, dass ganze Schmetterlingsschwärme in Olivers Bauch aufgescheucht wurden. „Ich weiß", sagte er. „Du auch."

Dann änderte sich sein Blick, wurde herausfordernd und sexy, und seine Hüfte machte eine kreisende, druckvolle Bewegung. Jogginghose rieb an Jeans und Oliver dachte: *Oh.*

Er drückte sich Henry entgegen, nahm dessen Kopf in beide Hände und legte all sein Verlangen, seine übermütige Freude in diesen Kuss. Henry keuchte in den Kuss hinein, und Himmel, wenn es nach ihm ginge, würden sie sich hier nie wieder wegbewegen.

***

HENRY

Er war nicht sicher, wie lange sie mitten in seiner Diele lagen, in der unbequemsten Position, die man sich vorstellen konnte, und knutschten. Olivers Haare zwischen Henrys Fingern, seine Hände auf Henrys Haut, seine Erektion so nahe an seiner eigenen, das war so unfassbar gut.

„Wir sollten dringend", brachte er irgendwann zwischen Küssen heraus, „ins Bett."

„Mmmh." Momo wollte den Kuss offenbar nicht unterbrechen und schob seine Finger unter den Bund von Henrys Hose. „Dringend."

Henry riss sich mit Mühe aus dem Kuss und rappelte sich auf, hielt Momo die Hand hin, um ihn mit sich zu ziehen. Der hatte offenbar noch nicht genug von ihrem Körperkontakt, denn als Henry ihn an der Hand hinter sich her zu seinem Schlafzimmer ziehen wollte, packte Momo ihn kurzerhand und hob ihn hoch, offenbar nicht gewillt, auch nur ein paar Sekunden von ihm getrennt zu sein. Henry lachte in seinen Mund hinein und schlang die Beine um Momos Hüften, um sich abzustützen.

So taumelten sie, nicht sonderlich elegant, dafür aber ununterbrochen küssend, zu seinem Schlafzimmer. Er war nun wirklich kein Fliegengewicht, doch Momo schien die Anstrengung nicht mal zu spüren und das war verdammt scharf. So durch die Gegend getragen und aufs Bett geworfen zu werden, tat Dinge mit ihm, von denen Henry keine Ahnung gehabt hatte, dass er sie fühlen konnte.

Nachdem Momo ihn abgeladen hatte, stand er vor ihm und sah ihn an, als wäre Henry das Schönste, das er je gesehen hatte. Sein Blick war hungrig und liebkosend und ehrfürchtig, alles zugleich, und Henry wand sich vor Verlegenheit und beinahe unerträglichem Glück. Momo machte keine Anstalten, sich zu bewegen, gefesselt von seinem Anblick, und so setzte Henry sich auf und rutschte an die Bettkante, bis sein Kopf auf einer Höhe mit Momos Bauch war.

Verlangen loderte in ihm hoch. Er schob das blaue Shirt hoch und biss sanft in die weiche Haut unterhalb seines Bauchnabels. Momo stöhnte und Henry lächelte, bevor er seine Finger auf Wanderschaft schickte, erst mit den Handflächen Momos herrlich festen Po griff und dann langsam nach vorn wanderte, unter dem Bund der Jeans entlang streichelte. Tief sog er den Geruch von Momos Erregung ein.

„Cookie …“ Momos Stimme war kaum mehr als ein Hauch, doch die Hand, die sich in seine Haare wand, war dominant und ließ Henry zufrieden aufseufzen. Er bohrte seine Nase in Momos festen, warmen Bauch und erkundete mit der Zunge, was unter dem Bund lag. Welche Geräusche er Momo entlocken konnte, ohne ihn auszuziehen, nur mit Lippen und Zunge und Händen, die ihn durch die Jeans hindurch berührten.

Momo war noch nie sonderlich geduldig gewesen, und so wunderte es Henry nicht, dass es nicht lange dauerte, bis er einen Schritt zurück machte, in seinen Nacken packte und das Shirt auszog. Henry sah ihm atemlos zu, als sähe er ihn zum ersten Mal. Eilig öffneten Momos Finger den Knopf seiner Jeans, zogen den Reißverschluss nach unten, und dann fiel die Hose über seine Hüften bis auf seine Knöchel. Henry schluckte trocken und bemühte sich, ruhiger zu atmen. Momos Erektion war so deutlich sichtbar durch den dünnen Stoff seiner Pants. Henry konnte nicht widerstehen und zog seinen Freund wieder an sich.

Nun machte er sich seinerseits daran, den Stoff nach unten zu ziehen, Millimeter für Millimeter, und seinen Weg mit Küssen nachzuverfolgen. Jeder Einzelne von Momos Bauchmuskeln war sichtbar, und eine von Henrys Händen glitt nach oben, um sie vorsichtig mit den Händen nachzufahren, zu liebkosen.

„Fuck.“ Momo beugte sich nach vorn, unterbrach Henrys Zärtlichkeiten, drückte ihn nach hinten ins Bett. „Das ist unfassbar geil, Cookie, aber ich kann jetzt nicht … Ich brauche dich, *jetzt*.“ Damit kniete er sich über ihn und eroberte seinen Mund, strich in fieberhafter Hast über Henrys nackte Haut, während seine Füße die Jeans endgültig abstreiften.

Henry lachte leise und zog sich Trainings- und Unterhose auf einmal nach unten, denn wenn Momo es schnell wollte, war er definitiv an Bord. Das Geräusch, das Oliver entkam, als er ihn in ganzer Länge nackt an sich presste, war genug, um Henry an den Rand des Abgrunds zu bringen.

In Rekordgeschwindigkeit entledigte sich Momo seiner eigenen Unterhose, drückte Henry mit seinem Körper in die Matratze, ließ sie aneinander reiben. Henry füllte sein Bewusstsein mit dem Wissen, dass Momo ihn wollte.

Momo griff zwischen sie, nutzte die Lusttropfen auf Henrys Schwanz und seinem eigenen, um sie besser aneinander gleiten zu lassen, und dann senkte er den Kopf, vergrub seinen Mund in Henrys Halsbeuge und stieß zu. Henrys Hüften hoben sich ihm entgegen, hilflos dem Gefühl von himmlischer Reibung ausgeliefert, hinweggerissen von Momos Lust und seiner eigenen Atemlosigkeit. Es dauerte für keinen von ihnen beiden sehr lange, bis sie zum Höhepunkt kamen. Zu viel hatte sich angestaut, zu viel war es, das sich in diesem Moment löste. Als Momo plötzlich erschauerte und sich mit einem leisen Stöhnen und einem Biss in Henrys Hals über ihn ergoss, konnte Henry nichts tun, als sich in seinen Körper zu krallen, sich noch ein, zwei Mal an Momo zu reiben und sich dann dem Kontrollverlust zu ergeben.

Oliver brach auf ihm zusammen, und ihr Sperma vermischte sich zwischen ihren Bäuchen miteinander, klebte auf ihrer beider Haut. Irgendwann rollte Momo sich von ihm herunter, sein Atem noch immer schwer. Er lächelte Henry an, plötzlich beinahe schüchtern. „Ich liebe dich“, flüsterte er noch mal, und Henry meinte, sein Herz müsse ebenfalls einen Orgasmus bekommen, so sehr überwältigten ihn die Worte.

„Und ich dich erst“, gab er zurück und vergrub sein Gesicht im Kissen. „Momo … ich kann nicht glauben, dass wir das hier in Zukunft immer machen können.“

„Immer?“ Momos Stimme war neckend geworden. Als Henry den Kopf wieder hob, grinste er ihn an. „Also, meinetwegen gern. Vor dem Training, nach dem Training … *während* des Trainings …“ Ein Funkeln trat in seine Augen, als er darüber nachdachte. „Es gibt so viele Orte, die wir irgendwann einweihen sollten. Unser Stadion, jedes einzelne andere NFL-Stadion … Meinst du, wir passen zu zweit in die Klokabine im Bus?“

Henry musste lachen. „Okay, nicht *immer* immer. Ich kann es nur nicht glauben.“

„Sollen wir noch mal? Damit du es glaubst?“ Momo grinste immer noch. Er strich ihm eine schweißfeuchte Locke aus der Stirn und küsste ihn so sanft und zärtlich, dass Henry schwindlig wurde. „Sorry wegen des Gestammels von vorhin“, sagte er an Henrys Lippen. „Ich glaube nicht, dass ich in meinem Leben schon mal so nervös gewesen bin.“

„Es war wahnsinnig süß.“ Nun war es an Henry, zu grinsen, und er küsste Momos Nasenspitze. „Und die Haare stehen dir richtig gut.“ Er fuhr mit seinen Fingern durch die widerspenstigen Kraushaare, die er schon immer am liebsten gemocht hatte an Momo, weil sie so gut zu ihm passten.

„Hm." Momo lächelte ihn verlegen an und küsste ihn wieder. „Dann passt es ja, habe gehofft, dass es dir gefällt. Du hast mir nach meinem ersten Frisurenwechsel im College gesagt, dass ich den Scheiß mit den Farben und Frisuren lassen soll, weil mir Natur sowieso am besten steht. Also habe ich gedacht, ich probiere mal, ob du es immer noch so siehst."

Henry zog sich ein Stück zurück und sah ihn ungläubig an. „Momo – dein Ernst? Das ist sechs Jahre her, willst du mir erzählen, dass du dir das die ganzen Jahre über gemerkt hast?"

„Hm", machte Momo noch mal und biss sich auf die Lippe. „War mir schon immer wichtig, was du denkst. Wollte nur nicht, dass du recht hast."

Henry musste wieder lachen. „Du bist schon wirklich ein Idiot", sagte er. „Und bist du nicht froh, dass ich recht hatte? Auch ..." Er gestikulierte, schloss ihre nackten, klebrigen Körper mit ein.

Momo streckte eine Hand nach ihm aus und verflocht ihre Hände miteinander. „So froh", sagte er, plötzlich ernst. „Weißt du, ich habe so viel Sex gehabt in meinem Leben und es war oft gut, aber nie ... *so*. Ich habe nicht gewusst, dass es so sein kann."

„So gut?", fragte Henry grinsend, und Momo rollte sich herum, sodass er nahe an Henry gepresst lag, stützte sich auf einen Ellbogen und fuhr ihm mit dem Zeigefinger sanft über Stirn, Nase, Lippen, Kinn.

„Ja, so gut", sagte er. „Und so, keine Ahnung, so – Mann, *alles*. Gut und heiß und schön und ..." Er klopfte sich mit der Hand auf die Brust, wo sein Herz schlug. „Du bist der Erste, mit dem ich im Bett war, der mich kennt. *Wirklich* kennt. Wie blöd ich manchmal sein kann und die ganzen schlechten Sachen, die in mir stecken und –"

„Und ich habe mich jeden Tag mehr in dich verliebt, weil du so bist, wie du bist. Weil du für mich perfekt bist."

Das verlegene Lächeln, das auf Momos Gesicht aufblühte, brachte Henrys Magen dazu, sich mehrfach um die eigene Achse zu drehen.

Ihre Blicke verflochten sich und sprachen wortlos miteinander. Irgendwann brach Momo den Bann, lachte leise und vergrub sein Gesicht an Henrys Schulter. „Sieh uns an, wie wir da liegen und über Gefühle reden", sagte er und knabberte an Henrys Haut. „Es wird dich überraschen, aber auch in der Hinsicht bist du der Erste für mich."

„Wenn du mit deinen Zähnen so weitermachst", sagte Henry – *knurrte* Henry –, „dann werden wir nicht mehr lange reden."

Oliver sah ihm mit hochgezogenen Augenbrauen ins Gesicht. Sein Blick glitt Henrys Körper entlang und er grinste. „Du bist ja unersättlich", sagte er und klang höchst zufrieden. „Scheiße, Cookie, und du willst mir erzählen, dass du schlecht in Sex bist?" Wie beiläufig streckte er die Hand aus und streichelte Henry, der schon wieder komplett hart war und sich kaum selbst wiedererkannte. „Wenn das deine schlechte Form ist, dann möchte ich dich mal an einem guten Tag erleben."

„Hör auf zu reden, jetzt bin ich mal dran." Henry merkte, wie atemlos er schon wieder klang, doch der Gedanke daran, jetzt in aller Ruhe endlich Momos Körper zu erkunden, langsam und genüsslich und so lange, bis Momo ihn um Gnade anbettelte und dann in seinem Mund kam, ließ ihn stöhnen.

„Genau das meine ich", brachte Momo noch heraus, und dann verschloss Henry ihm die Lippen mit einem hungrigen Kuss.

WENN IHR ES GEHEIM HALTEN WOLLT

OLIVER

Perez machte große Augen, als Oliver am nächsten Morgen die noch fast leere Umkleide betrat. Nicht, weil er so früh dran war – er hatte in den letzten Wochen hart daran gearbeitet, ein Vorzeigeprofi zu sein. Nein, offenbar sah er etwas in seinem Gesicht, das er trotz aller aufgesetzter Coolness nicht verbergen konnte.

„Mosley!", rief sein Kollege und fiel ihm um den Hals. „O Gott, Mann, ich bin so froh."

„Mich zu sehen? Das freut mich." Oliver grinste und machte sich los. „Wird das jetzt meine Standardbegrüßung? Muss sagen, ich könnte mich daran gewöhnen."

Eine Faust traf seinen Arm und Perez warf ihm einen strengen Blick zu. „Schnauze, Mann. Du brauchst gar nicht so zu tun." Dann wurde sein Blick weicher und er ließ sich wieder auf die Bank fallen. „Ich kann nicht glauben, dass ihr es endlich hinbekommen habt. Habe schon nicht mehr daran geglaubt."

Oliver bemühte sich um ein Pokerface, denn sie wollten ihre Beziehung zunächst geheim halten. Ihre *Beziehung*! Das Grinsen zerrte trotz aller Bemühungen allein beim Gedanken daran an seinen Mundwinkeln. „Keine Ahnung, wovon du redest."

Perez schnaubte. „Ich kenne dich bald zehn Jahre, und noch nie hast du so glücklich ausgesehen wie heute. Und vor allem noch nie so *befriedigt*, es ist abartig.“

Oliver gab auf, ließ sich neben ihn plumpsen und lachte glücklich. „Ich sag's dir, Mann, es war der Hammer.“

„Erzähl mir alles. Obwohl, nein, erzähl mir nichts. Obwohl, doch, erzähl mir genug, dass ich weiß, was los ist.“ Er grinste.

Oliver grinste zurück, glaubte nicht, dass er heute noch mal damit aufhören konnte, und seufzte glücklich. „Weißt du, es ist so *gut*, wenn Gefühle mit dabei sind, es ist unglaublich.“

Perez schnaubte trocken. „Na, das sind ja wirklich bahnbrechende Erkenntnisse. Danke dafür.“ Doch er stupste ihn in die Seite und verstrubbelte ihm die Frisur. „Gut siehst du aus. Glücklich. Und endlich mal normale Haare.“

„Alles Cookies Schuld. Alles, *alles* Cookies Schuld.“ Oliver ließ den Kopf an seinen Spind zurückfallen und gestattete sich das verliebte Lächeln, das unbedingt nach draußen wollte.

„Gott, du bist ja komplett verschossen, es ist kaum zu ertragen.“ Perez schüttelte nachsichtig den Kopf. „Aber wenn ich deinen lächerlichen Versuch richtig gedeutet habe, dann wollt ihr es noch niemandem sagen, ja?“

Oliver nickte und seufzte. „Ja, bitte. Du kannst dir ja vorstellen, was hier sonst los wäre.“ Mit dem Kinn ruckte er in Richtung von Carters Spind – nicht mehr schräg gegenüber seines eigenen, sondern am anderen Ende des Raums. Carter hatte mit Akers getauscht, und

Oliver hatte nichts dagegen gehabt, seinen Anblick nicht mehr direkt vor der Nase zu haben.

„Dann hoffe ich mal, dass Cookie besser schauspielert als du.“

****

Wie nicht anders zu erwarten, schaffte Cookie es, normal aufzutreten, als er zwanzig Minuten später in die Umkleide kam, doch auch er konnte das Strahlen nicht verhindern, das ihn wie ein Heiligenschein umgab. Der Raum war schon gut gefüllt, mit Kollegen in diversen Stadien des Umziehens und in ihre eigenen Unterhaltungen vertieft, und so fiel sein Erscheinen nicht auf.

Oliver hingegen schaffte es kaum, den Blick von ihm loszureißen. Es konnte keine Stunde her sein, dass sie sich voneinander verabschiedet hatten, und doch schlug sein Herz Salti bei Cookies Anblick. Perez stieg ihm unsanft auf den Fuß und Cookie zog vielsagend die Augenbrauen hoch, als er auf sie zukam, doch es ging nicht. Oliver konnte das Lächeln nicht zurückhalten.

„Hey, Jungs“, sagte Henry laut, als er sie erreicht hatte, und murmelte dann: „Reiß dich zusammen!“ Doch seine Augen verschlangen Oliver förmlich.

Perez machte Würgegeräusche. „Gott, das ist ja ekelhaft, wie glücklich ihr seid. Das könnt ihr mir armem Single nicht antun!“

Henry grinste. „Willst du ’nen Kuss?“, fragte er, und ehe Perez hätte reagieren können, drückte er ihm die Lippen mitten in den dichten schwarzen Schopf. Solche Zuneigungsbekundungen waren eigentlich Olivers

Sache, doch heute schien alles möglich für diesen Henry, der so gelöst wirkte wie noch nie.

Oliver spürte einen stechenden Blick im Rücken und wusste, dass ihr sorgloser Morgen vorbei war. Dass er es ignorieren sollte, hielt ihn nicht davon ab, den Kopf zu wenden. Colbert musterte ihr kleines Grüppchen intensiv und Oliver sprang auf. Obwohl der Kollege noch kein Wort gesagt hatte, war er in der Vergangenheit oft genug arrogant und ablehnend ihm gegenüber gewesen. Wenn er jetzt ein Problem mit ihm und seinen Freunden hatte, würde Oliver auch die Fäuste sprechen lassen.

„Wa–" machte Henry, folgte Olivers Blick und legte ihm dann instinktiv eine beruhigende Hand auf den Arm.

Colberts Augen verengten sich bei dem Anblick, und er machte einen Schritt auf Oliver zu. Sein Blick flog von Henry zu Oliver und wieder zurück. „Spielst du jetzt endlich wieder konzentriert?", fragte Colbert und Oliver starrte ihn überrascht an.

„Äh", machte er, „ja, ich denke schon."

Colbert sah noch einmal von ihm zu Henry, dann verdrehte er die Augen und nickte mit unlesbarer Miene. *„Bien."* Damit wandte er sich ab und ging in Richtung Tür davon.

Ungläubig sah Oliver ihm hinterher. Dann drehte er sich zu Henry und Perez, deren Münder halb offen standen. „Also wenn *Colbert* damit okay ist ..." sagte Henry und musste den Satz nicht beenden, damit sie ihn verstanden. Erstens: Sie waren offenbar richtig schlecht darin, zu verstecken, wie es um sie stand. Zweitens: Wenn sogar der übelgelaunte Kanadier keinen Stunk machte ... wäre es vielleicht wirklich okay. Nicht so entspannt, wie es vorher gewesen war, aber okay.

Perez fing sich als Erster wieder und sprang auf. „Na kommt", sagte er und legte ihnen beiden einen Arm um die Schultern. „Ab zum Training, das wartet nicht mal auf euch!"

***

Sie hielten sich fern voneinander, so wie in den letzten Wochen schon, doch diesmal aus einem anderen, schöneren Grund. Niemand sonst sprach sie an, und sogar Oliver schaffte es, sich daran zu erinnern, dass das hier sein Job war, und konzentrierte sich auf die Konditionsübungen, die heute auf dem Plan standen.

Erst nach dem Training kam Deacon zu ihm und legte ihm den Arm um die Schultern, während sie zurück zum Gebäude gingen. „Gut gemacht", sagte er nur, doch hinter seinem Schulterklopfen stand so viel Schwung, dass Oliver fast stolperte.

Er vergrub das Gesicht in den Händen. „Bin ich denn wirklich so offensichtlich?", fragte er in nur halb gespielter Verzweiflung. „Deacon, ich versuche wirklich, mich hier nur auf den Job zu konzentrieren."

Deacon grinste. „Das ist dir hoch anzurechnen. Aber ja, der Unterschied zwischen dem Mosley der letzten Wochen und dem Mosley von heute ist enorm."

„Er fühlt sich auch enorm an." Oliver biss sich auf die Lippe, doch gegen das glückliche Grinsen, das sich schon wieder auf sein Gesicht stahl, war er machtlos.

∗∗∗

HENRY

Um es seiner Familie zu sagen, hatte Momo direkt am nächsten Tag ein außerplanmäßiges Treffen im *Malt & Flame* arrangiert, und so machten sie sich nach dem Training auf den Weg, um auch Familie Mosley auf den neuesten Stand zu bringen. Es war ein herrlicher Sommerabend, und die Sonne senkte sich nur langsam dem Horizont entgegen. Sie waren – natürlich – später dran als geplant, doch dieses Mal musste Henry sich eine Mitschuld einräumen. Er hatte Momo einfach noch mal küssen müssen, bevor sie losgefahren waren, und natürlich war es nicht bei dem einen Kuss geblieben. So waren die anderen schon versammelt, obwohl sie doch um das Treffen gebeten hatten.

Charlie sah sie zuerst, und den begeisterten Blick auf seinem Gesicht würde Henry so schnell nicht vergessen. *So sollten alle Familien auf ein Outing reagieren,* dachte er.

Charlie sprang bereits auf und reckte die Hand in die Luft. „Yes!", schrie er, dass sich die Leute um sie herum umdrehten, machte dann einen Satz über die Holzbank hinweg, auf der er gesessen hatte, und zog Momo in eine augenscheinlich knochenbrechende Umarmung. Nur Sekunden später streckte er einen Arm aus, um auch Henry an sich zu ziehen. „Ich bin so froh, dass ihr es endlich kapiert habt", sagte er und küsste sie beide abwechselnd in die Haare, „froh und stolz, ihr zwei Schnuckis."

Lachend schob Momo ihn von sich. „Ist ja gut, Mann! Ruinier doch nicht meinen großen Moment!"

Rick und Frankie waren sitzen geblieben und hatten die Szene mit großen Augen beobachtet. Momo strahlte sie an, und dann griff er nach Henrys Hand und zog ihn eng zu sich. „Ich hasse es, dass ihr recht hattet", sagte Momo, „aber was soll ich sagen. Ich präsentiere euch Cookie. Meinen festen Freund."

Rick grinste das Mosley'sche Lausbubengrinsen und Frankies Mund stand offen, doch nicht lange. Schnell hatte sie sich wieder im Griff und stand auf, um erst ihren Sohn, dann Henry in die Arme zu nehmen. „Wie schön", sagte sie immer wieder. Dann war Rick dran und drückte sie ebenfalls.

„Gut gemacht, Oliver", sagte er. „Willkommen in der Familie, Henry." Es war sehr viel Körperkontakt, und Henry wurde klar, dass er sich daran wohl gewöhnen musste.

„Setzt euch, setzt euch." Frankie war ganz hektisch. „Kommt, wir bestellen was zu trinken, darauf müssen wir anstoßen."

„Ja, und ein paar Würste am besten gleich dazu", kam es lakonisch von Charlie. „Von was anderem ernährt ihr beiden euch ja nicht mehr, oder?"

Oliver ließ sich neben seinen Bruder fallen und boxte ihn lachend in die Seite, während Henrys Wangen heiß wurden. „Glaub mir, so große Würste wie die, die ich kenne, die gibt es hier nicht zu bestellen", gab Momo zurück, und Henry wollte im Boden versinken vor Peinlichkeit.

Frankie bemerkte es und legte ihm die Hand auf den Arm. „An die zwei wirst du dich gewöhnen müssen", sagte sie und lächelte. „Es hilft, wenn man gelegentlich auf Durchzug stellt." Sie zwinkerte ihm zu, als ihre Söhne gleichzeitig empört nach Luft schnappten. „Aber erzählt doch lieber mal, wie das alles passiert ist. Wie habt ihr zueinandergefunden?"

„Haben sie alles mir zu verdanken", tönte Charlie. „Ohne mich wüsste Momo nicht mal, dass man auch Männer küssen kann."

„Was du wieder für Mist laberst", sagte Momo, doch diesmal war er derjenige, dessen Wangen rot anliefen. Da schien es ein Detail zu geben, das Henry selbst noch nicht kannte, und er nahm sich vor, nachzuhaken, wenn sie wieder zu Hause waren.

„Glücklicherweise hat Cookie ja effektive Möglichkeiten, dir das Maul zu stopfen, wenn du mal wieder derjenige bist, der Mist labert", gab Charlie zurück, und Henry wurde schon wieder rot.

„Ich stopf dir gleich das Maul", setzte Momo an, hielt inne und schüttelte den Kopf. „Nein. Ich bin jetzt ein erwachsener Mann in einer Beziehung, ich habe *Standards*." Das brachte sie alle zum Lachen. Als die Bedienung an ihren Tisch trat, um die Bestellung aufzunehmen, lag Momos Hand auf seinem Oberschenkel und die wohlwollenden Blicke von Familie Mosley auf ihnen, und für den Moment war Henry mit sich und der Welt im Reinen.

***

Diese Zufriedenheit wurde schon am Tag darauf auf eine unerwartete Probe gestellt. Wieder einmal wurden sie zu Hammond geladen, und kalte, schwere Angst sammelte sich sofort in Henrys Bauch. Ja, der Manager hatte ihm zugehört und war aktiv geworden, um ihre Situation zu verbessern. Aber das hieß noch lange nicht, dass er gutheißen würde, was auch immer ihm zu Ohren gekommen sein mochte. Verdammt, sie waren wirklich nicht gut darin, ihre Beziehung geheim zu halten.

Beziehung. Trotz aller Anspannung konnte er nicht anders, als zu lächeln und Oliver einen kurzen Blick zuzuwerfen, als sie stumm nebeneinander hinter Conny herliefen. Was auch immer in dem Büro passieren mochte – sie hatten einander.

Hammond sah auf seine teure Armbanduhr, als er ihnen öffnete. „Kaum kommen Sie mit Cook zusammen hier an, sind Sie nicht mehr zu spät, Mosley. Er scheint einen guten Einfluss auf Sie zu haben." Sein Ton war schwer zu deuten. Henry hoffte, dass es sich um den Versuch eines Scherzes handelte, nicht eine negative Anspielung.

Wie angespannt Momo war, zeigte sich darin, dass ihm außer einem leisen, abgehackten Lachen keine Reaktion entkam. Kein blöder Spruch, kein Augenrollen. Zu sehr erinnerte sie beide diese Situation an die von vor ein paar Monaten.

Hammond ging hinüber zu dem Besprechungstisch neben den bodentiefen Glasfenstern, damit sie sich alle setzen konnten. Wie im Winter saßen Nora Lopes und Coach Thompson bereits dort. „Bitte, die Herren. Ich habe gehört, dass Sie sich ins Zeug gelegt haben im Training", fuhr Hammond fort und Thompson nickte bekräftigend. „Wir wissen das zu schätzen, es ist sicher nicht einfach gewesen. Allerdings sind mir auch noch

andere Dinge zu Ohren gekommen." Er stellte keine
Frage, doch sein erwartungsvolles Schweigen verlangte dennoch eine Antwort.

Henry atmete tief durch. Sie hatten keine Zeit gehabt,
sich hierauf vorzubereiten, hatten keinen Schlacht-
plan. Alles, was Henry hatte, war der sehnliche
Wunsch, Momos Hand halten zu können.

Er hatte lange mit seinem Geheimnis gelebt und hätte
es auch weiterhin geschafft. Wahrscheinlich wäre das
auch die klügere Alternative gewesen. Doch es fühlte
sich falsch an, etwas zu verleugnen, das ihn so glücklich machte wie noch nie zuvor etwas in seinem Leben.
Außerdem hatten sie den Shitstorm doch schon erlebt.
Es wäre ein Rückschritt, sich jetzt zu verstecken.

Momos Augen waren warm, und trotz der sichtbaren
Anspannung in seinem Gesicht brachte er ein Lächeln
zustande. Henry lächelte zurück. Dann also auf in den
Kampf.

Er hob den Kopf und sah Hammond direkt in die Augen. „Falls Sie gehört haben, dass Oliver und ich glücklich sind, dann stimmt es. Falls Sie gehört haben, dass
wir endlich das losgeworden sind, was uns daran ge-
hindert hat, unser volles Potenzial auszuschöpfen,
dann stimmt auch das." Er räusperte sich, im vollen Bewusstsein, dass dieses Gespräch nach seinem nächsten
Satz katastrophal weitergehen könnte. „Und falls Sie
gehört haben, dass wir zusammen sind, dann stimmt
auch das."

Niemand sagte etwas. Henry sah wieder zu Momo,
und dessen stolzer Blick erdete ihn. Hammond hatte
den Kopf gesenkt, Lopes und Thompson sahen ihn

beide an. Lopes mit strahlenden Augen, Thompson mit fragendem Gesichtsausdruck.

Hammond hob den Kopf und nickte. „Vielen Dank für die Ehrlichkeit. Dann sollten wir jetzt unser weiteres Vorgehen besprechen. Ms. Lopes, wie halten wir das am besten aus der Öffentlichkeit?"

Henry starrte ihn mit offenem Mund an, denn das war besser, als er befürchtet hatte, und gleichzeitig so viel schlimmer. Hammond wollte sie *verstecken*?

„Nein." Momo hatte seine Stimme wiedergefunden und sie war fest und ruhig, ganz ohne sein übliches Temperament. Alle Köpfe fuhren zu ihm herum, und er hob das Kinn in seiner so typischen Momo-Arroganz. „Wir verstecken uns nicht. Sie haben uns letzte Saison dazu gezwungen, abzutauchen, und das machen wir nicht noch mal mit." Henry nickte bekräftigend. „Sie nehmen uns entweder als Paar oder gar nicht."

„Mosley, bitte –"

Momo ließ den Manager nicht ausreden. „Nein." Er sah wieder Henry an und sein Gesichtsausdruck wurde so weich, dass Henry sich schon wieder in ihn verliebte. „Ich war noch nie in meinem Leben so glücklich. Und das werde ich nicht vor der Welt geheim halten."

„Männer, das wird richtig hässlich", sagte Thompson. „Ihr könnt euch nicht vorstellen –"

„Doch." Nun war es Henry, der seinem Coach ins Wort fiel, und er fühlte sich ungehörig und mutig zugleich. „Das können wir. Wir waren da, bei den Preseason-Spielen. Wir haben es schon abbekommen. Wir haben *alles* schon abbekommen, die Presse, die Suspendierung, die Pfiffe, die Beleidigungen, die Spaltung der Mannschaft." Er warf Hammond einen scharfen Blick zu, in der Hoffnung, ihn an das Gespräch zu erinnern, das sie beide zu genau diesen Themen schon geführt hatten. „Wir sind zu zweit und können uns aufeinander stützen, wenn es nötig wird."

„Das wird es vermutlich", brummte Thompson.

Henry nickte. „Und das hier ist es wert."

Lopes räusperte sich leise. Sie war die Einzige am Tisch, die glücklich aussah. „Wir könnten das richtig schön aufziehen", sagte sie. „Uns positionieren. Regenbögen, überall. Wir sind *das* tolerante Team in der NFL. Es ist ein großer Markt, den bisher noch niemand für sich erschlossen hat", fügte sie mit einem Schulterzucken hinzu. „Wir können das ganze Thema definitiv zu unseren Gunsten nutzen, wenn wir uns gut anstellen."

Henrys Abscheu beim Gedanken daran, so vermarktet zu werden, musste sich auf seinem Gesicht abgezeichnet haben, denn sie verzog leicht den Mund. „Ich weiß, das ist nicht schön für euch. Aber wir müssen realistisch bleiben." Ihr Blick wanderte zu Hammond und sie zog die Augenbrauen hoch. *Und wir müssen ihn überzeugen*, sollte das wohl heißen, und Henry nickte widerwillig.

Es war wieder still, dann seufzte der General Manager, so tief, als läge die Last der Welt auf seinen Schultern. Das tat sie vermutlich auch irgendwie. Noch kein Team vor ihnen hatte geoutete Spieler gehabt. Niemand wusste, wie eine solche Situation verlaufen würde. „Unser Hauptsponsor hat mich kontaktiert", sagte er schließlich leise. „Sie haben Interesse daran, ein paar Werbespots mit euch zu drehen. Queere Spieler würden perfekt zu ihrer geplanten Imagekampagne passen. Und ein tolerantes Team natürlich auch." Er warf Lopes einen Seitenblick zu. „Ich hatte ihn eigentlich schon vertröstet, weil ich gedacht habe, wir sollten dem Thema nicht noch mehr Aufmerksamkeit geben. Aber ... tja.“

„Verstehe ich das richtig, dass Sie prophezeien, wie sehr uns alle hassen werden, und uns aber gleichzeitig fürs Marketing ausschlachten wollen?“ Momos Stimme triefte vor Verachtung. Er sprach aus, was Henry fühlte.

Hammond schnaubte leise. „*Wollen.* Mosley, Sie sind doch lange genug dabei, dass Sie wissen, wie der Hase läuft. Dieses Team – wir sind ein Wirtschaftsunternehmen. Und der Druck der Sponsoren ist einer der Gründe gewesen, warum wir Sie letzte Saison beurlaubt haben.“ Sein langsames Ausatmen klang beinahe wie ein Seufzen. „Wenn wir das alles tatsächlich öffentlich machen, werden uns Geldgeber abspringen. Das weiß ich.“

Momo vibrierte förmlich vor Anspannung, und nun endlich griff Henry nach seiner Hand, drückte sie fest. Hoffte mit allem, was er hatte, dass der Manager weitersprechen würde. Eine Lösung präsentieren würde.

„Unser großes Glück“, fuhr Hammond schließlich fort, „ist unser sportlicher Erfolg der letzten Saison. Unser Wert als Marke ist gestiegen und wir haben ein neues Standing in der Liga, das uns auch Anfragen von neuen Sponsoren eingebracht hat. Nicht alle werden begeistert sein.“ Er lächelte schmallippig. „Aber es sollte möglich sein, das abzufangen, was an Verlusten auf uns zukommen wird.“

Henry wagte kaum zu atmen. Verstand er richtig, was der Manager da sagte? War das eine Zusage gewesen?

Hammond sah Thompson an. „Coach, das Team wird am meisten unter der Unruhe zu leiden haben. Und wir wollen den Erfolg der letzten Saison unbedingt wiederholen." Wieder stellte er keine Frage, doch sie alle verstanden, was er wissen wollte.

Thompson zögerte keine Sekunde. Er sah zu Henry und Momo, auf ihre ineinander verschränkten Hände, und dann nahm er die massigen Schultern zurück und nickte. „Wir sind aus hartem Holz gemacht", sagte er. Momos Finger drückten so fest zu, dass es schmerzhaft war. „Und wir sind vor allem Menschen, die verstehen, wie wichtig persönliches Glück für die professionelle Leistung ist."

Henry könnte ihn küssen. Momo sah aus, als wäre er kurz davor, aufzuspringen und ihn zu küssen.

„Also ... wollt ihr euch outen?" Lopes war es, die die Worte schließlich aussprach, erst zu Henry und Oliver sah, dann zu Hammond.

Der Manager nickte langsam und zuckte dann mit den Schultern. Ein kleines Lächeln lag auf seinen Lippen. „Mir scheint, darum werden wir nicht herumkommen."

„Vor allem wollen wir Football spielen", sagte Henry. „Aber das Thema wird uns so oder so begleiten. Wir wissen, dass es schwierig werden wird. Aber irgendwer muss den ersten Schritt machen, sonst kommen wir nie voran."

„Und wenn wir uns dafür als Maskottchen verkaufen müssen ..." Momo seufzte, dann grinste er plötzlich. „Vielleicht können wir das ja mit der Werbekampagne für Unterwäsche verbinden, die mir vor Kurzem angeboten worden ist."

Lopes machte große Augen, Thompson hustete. Hammond legte den Kopf in den Nacken und schloss die Augen, doch das Lächeln in seinen Mundwinkeln war eindeutig.

„Mosley, Sie sind wirklich ein Unikat.“

Momo grinste. Und auch Henry war zufrieden, im Großen und Ganzen jedenfalls. Wenn er es sich hätte aussuchen können, dann würde er einfach nur sein Leben leben. Ohne dass alle Welt ein Anrecht darauf hatte, zu erfahren, was er in seinen eigenen vier Wänden tat. Doch er war Realist genug, um zu wissen, dass dem Team Einnahmen wegbrechen würden. Nicht nur Sponsoren – auch Fans, die keine Karten und keinen Merchandise mehr kaufen würden. Social-Media-Follower, die sie verlieren würden. Er hasste, dass sie an all diese Dinge denken mussten, doch wenn ein wenig Werbung genügte, um das irgendwie auszugleichen, dann würde er damit leben können.

„Wir wollen so wenig Tumult wie möglich“, sagte er also. „Das Outing selbst muss keine große Sache sein, dazu wird es von außen sowieso gemacht werden. Also, von uns aus, je kleiner der Rahmen, desto besser.“

„Ein Video“, sagte Lopes versonnen. „Ein Interview mit euch beiden, über unsere eigenen Kanäle ausgespielt. Damit wir das Narrativ kontrollieren. Interaktionen auf Social Media.“

„Lieber ein Video als eine Pressekonferenz“, stimmte Momo sofort zu.

„Und ihr seid euch sicher?“ Thompson legte die Hände auf dem Tisch zusammen. „Es wird danach keiner mehr nur noch den Footballer in euch sehen. Ihr werdet für den Rest eures Lebens *schwule Footballer* sein."

Momo schnaubte. „Wer in Cookie nur einen Footballer sieht und nicht ein wandelndes Sexsymbol, hat sowieso Tomaten auf den Augen." Er erntete ein Augenrollen von allen im Raum, genau, wie er es sicher beabsichtigt hatte.

Henry trat ihm unsanft auf den Fuß. „Wir sind sicher", sagte er. „Und wir wissen, dass es natürlich immer Konfliktpotenzial gibt, wenn ... wenn Paare zusammenarbeiten. Aber wir kennen uns schon so lange und spielen so lange zusammen, dass ich nicht glaube, dass die geänderten Umstände einen großen Unterschied machen werden."

„Ich werde mein Bestes tun, ihn nicht dauernd anzuhimmeln", warf Oliver ein, „auch wenn es schwer wird." Hammonds Mund wurde zu einem schmalen Strich und Momo grinste. Er hatte seinen Frieden mit der Situation offensichtlich schon gefunden.

„Ihr werdet euch nicht ewig vor der Presse drücken können, ich hoffe, das ist euch klar", sagte Lopes, nicht ohne Mitleid. „Eine ganze Weile lang werdet ihr nach jedem Spiel das Thema Nummer eins sein."

„Natürlich." Henry blieb ruhig und professionell. „Solange wir den Zeitpunkt der Erstausstrahlung bestimmen können."

„Gut. Das nenne ich mal ein produktives Meeting." Hammond klatschte zufrieden in die Hände, und damit war das Thema offenbar beendet. „Ms. Lopes wird sich darum kümmern, dass wir das alles sehr kurzfristig organisieren, nicht wahr? Und dann können die Social-Media-Leute dafür sorgen, dass es überall veröffentlicht wird." Er räusperte sich, dann sah er sie noch mal direkt an. „Das wird jetzt eine ganze Weile für uns alle ziemlich unangenehm", sagte er. „Aber jetzt, da wir uns geeinigt haben, ziehen wir das auch gemeinsam durch. Versprochen."

WENN ER DICH GLÜCKLICH MACHT

HENRY

Es war ihm noch nie so schwergefallen, seine Mutter anzurufen, doch er wusste, es musste sein. Sie würde sofort wissen, dass etwas passiert war, denn außerhalb ihrer regelmäßigen Telefonate hatten sie so gut wie nie Kontakt. Entsprechend nervös war er und starrte auf sein Handy, als würde es ihn jeden Moment beißen.

„Na komm." Momo stupste ihn sanft an. „Bring's hinter dich, danach fühlst du dich besser." Und als Henry nicht sofort reagierte, fügte er noch hinzu: „Je schneller du anrufst, desto schneller kann ich dich dafür belohnen, wie mutig du warst."

Henry lachte, und sogar in seinem nervösen Zustand schaffte Momo es, ihm Bauchkribbeln zu verursachen. Sie saßen einander gegenüber auf Henrys großem, bequemem Sofa, in Shorts und T-Shirts, im Entspannungsmodus nach dem heutigen anstrengenden Termin mit der Führungsriege des Teams. Nun ja. So entspannt, wie es eben ging. Er wusste, dass Momo recht hatte. Er fürchtete sich nur vor der Reaktion seiner Mutter. Seine Eltern waren sehr konservativ, gingen regelmäßig zur Kirche. Standen für traditionelle Werte. Ein schwuler Sohn passte da nicht ins Bild.

Doch er hatte gewusst, dass diese Konfrontation kommen würde, sobald sie sich dazu entschlossen hatten, an die Öffentlichkeit zu gehen. Und er wollte, dass sie es von ihm erfuhr. Ein letztes Mal atmete er tief durch, dann rief er sie an.

„Sweetheart!", begrüßte sie ihn nach nur zweimal Klingeln und ihre Stimme war besorgt. „Ist etwas passiert?"

„Nein", sagte Henry. „Na ja, doch. Na ja, also – wie man's nimmt." Er atmete wieder tief durch und sah zu Momo, der ihm im Schneidersitz gegenübersaß, ein Kissen vor dem Bauch an sich drückte und ihm aufmunternd zunickte. „Ich ... ich will dir etwas sagen. Etwas Wichtiges."

„Okay." Sie klang abwartend und angespannt.

„Ich ..." Himmel, es war so verdammt schwer, die Worte über die Lippen zu bringen. „Ich, Mom, ich bin schwul." *Es tut mir leid*, lag ihm auf der Zunge, doch er schluckte es gerade noch herunter. „Und ... und ich bin mit Momo zusammen und sehr, sehr glücklich."

So. Jetzt war es raus. Bei seinem nächsten Atemzug wurde seine Brust so viel weiter und seine Schultern leichter. Er hatte es getan. Sein großes Geheimnis ausgeplaudert. Schon wieder. Langsam, aber sicher wurde es zur Gewohnheit.

Seine Mutter war so lange still, dass Panik die Erleichterung zu ersetzen begann, und dann seufzte sie. „Oh, Honey", sagte sie und dann wieder lange nichts. „Weißt du, dass du mir in der Grundschule mehrfach erzählt hast, dass du in Jungen verliebt warst? Seitdem habe ich darauf gewartet, dass dieser Tag kommt."

Henry blinzelte überrascht und starrte Momo mit großen Augen an. Der hatte über Lautsprecher alles gehört und starrte ungläubig zurück, dann grinste er und drückte Henrys Hand. „Oh … stimmt. Das hatte ich verdrängt“, sagte er. „Wow.“

Ein kleines Lachen am anderen Ende der Leitung. „Ja. Du wusstest in allen Dingen früh, was du wolltest. Und es hat mir … viel Zeit gegeben, mich darauf vorzubereiten. Auch auf Oliver.“

Henry schluckte. „Was heißt das?“

Sie seufzte. „Honey, ich will ehrlich mit dir sein. Meiko wäre mir lieber gewesen als Oliver. Nicht nur, weil er so ein schlechter Einfluss auf dich ist.“ Sie hielt inne, erwartete offenbar Protest, doch wo sie recht hatte, hatte sie ja recht. Auch Momo zuckte mit den Schultern und zog eine Schnute, denn nicht mal er konnte das leugnen. „Aber ich –“ Sie räusperte sich. „Ich möchte, dass du glücklich bist. Und wenn das mit Oliver ist …“

„Ja, Mom“, sagte er leise. „Sehr. So sehr. Er macht mich oft wahnsinnig, aber vor allem wahnsinnig glücklich. Und ich bin so froh, dass wir uns endlich gefunden haben.“ Auf seinem Gesicht breitete sich das strahlende Grinsen aus, das Momo so mühelos hervorzaubern konnte.

Der hatte sich plötzlich aufrecht hingesetzt und streckte fordernd die Hand nach dem Handy aus. Ein paar Sekunden lang stritten sie sich stumm, nur über Blicke, dann gab Henry nach und seufzte. „Mom, warte mal kurz.“

„Hallo, Mrs. Cook“, sagte Oliver in das Handy und räusperte sich. „Hier ist Oliver. Entschuldigung, dass ich so in das Gespräch platze, ich … na ja, ich schätze, ich wollte Ihnen nur sagen, dass ich Ihre Bedenken verstehe. Ich würde Ihnen gern versprechen, dass ich kein

Idiot sein werde, aber Sie kennen mich gut genug, um zu wissen, dass ich das unmöglich einhalten kann."

Henry grinste unwillkürlich und Momo warf ihm einen schnellen Blick zu, dann machte er weiter. „Aber was ich Ihnen verspreche, ist, dass ich alles tun werde, was ich kann, um Henry glücklich zu machen. Jeden Tag. Das tue ich schon, seit ich ihn kenne, und es hat sehr lang gedauert, bis ich kapiert habe, warum mir so wichtig ist, ihn lachen zu sehen. Aber jetzt weiß ich es und ich bin so froh, dass er mich immer noch mag – obwohl ich manchmal so eine Knalltüte bin." Er grinste verlegen, sprach aber immer noch weiter. „Ich verspreche Ihnen, außer Ihnen gibt es niemanden auf dieser Welt, der sich so um ihn sorgt wie ich."

Es war einen Moment lang still und Henry biss sich auf die Lippe und hielt die Luft an. Dann atmete seine Mutter hörbar aus. „Was für eine Liebeserklärung", sagte sie. „Ich nehme dich beim Wort. Ich glaube, es ist ein offenes Geheimnis, dass ich nicht immer dein größter Fan gewesen bin", fuhr sie fort, und Henry und Momo tauschten eine kleine Grimasse. „Aber wenn du ihn glücklich machst, kann ich nicht mehr verlangen."

Ein ganzer Berg purzelte Henry vom Herzen. „Dann bist du nicht ...", setzte er an, doch wagte nicht, den Satz zu beenden.

Sie machte ein kleines Geräusch. „Ich hätte es dir anders gewünscht", sagte sie leise. „Weil du so viel Widerstand bekommen wirst. Ich bin sicher, es wird nicht leicht werden, und keine Mutter sieht ihr Kind gern leiden. Und ich werde bestimmt noch Zeit brauchen, um mich richtig daran zu gewöhnen. Gib mir die, ja? Ich verspreche, mein Bestes zu tun. Es kann nur sein, dass ich ein bisschen brauche. Ich habe viel zu lernen."

„Alle Zeit der Welt", sagte Henry und meinte es so. „Wenn du was wissen willst, dann frage mich. Und … und Dad?" Er hatte durchaus bemerkt, dass sie die ganze Zeit über nur von sich gesprochen hatte.

„Um den kümmere ich mich", sagte sie und ihre Stimme klang hart. „Aber du solltest davon ausgehen, dass er länger brauchen wird als ich."

Mit trockener Kehle nickte Henry. Das hatte er erwartet. „Danke", flüsterte er, und dann sagte er etwas, das er noch nie zu ihr gesagt hatte, so lange er sich erinnern konnte. „Hab dich lieb."

„Ich dich auch, Henry. So sehr."

Henry legte auf, sein Herz voll widersprüchlicher Emotionen. Erleichterung, Dankbarkeit, Furcht. Er sah auf, direkt in Momos Gesicht, und der sah ihn so voller Wärme an, dass alles andere sofort unwichtig wurde. Das hier, das war sein Glück. Das war, was er schon so lange gewollt hatte.

„Ich bin so stolz auf dich", sagte Momo und kletterte über die Kissen hinweg zu Henry, zog ihn in seine Arme. „Du warst so mutig, ich kann mir gar nicht vorstellen, wie schwer das war. Aber du hast es geschafft. Und jetzt hast du dir eine Belohnung verdient. Aber so was von." Ohne Henrys Antwort abzuwarten, begann er, ihn zu küssen und ins Sofa zu drücken, und Henry überließ sich seiner Aufmerksamkeit nur zu gern.

***

Die „Social-Media-Leute", von denen Hammond gesprochen hatte, waren in Wahrheit eine Ein-Mann-Show mit ein wenig Unterstützung. Steve war Kameramann, Social-Media-Manager und alles, was dazugehörte, in einer Person. Für das große Interview mit Henry und Momo hatte er Unterstützung bekommen, denn sie brauchten ordentliches Licht und gute Mikrofone, hatten Make-up verpasst bekommen und irgendjemand hatte – mit wenig Erfolg – versucht, Henrys Locken zu bändigen. Auch Lopes war natürlich da, wieder in ihrem angespannten Normalzustand, doch sie hielt sich im Hintergrund. Sie hatten sie sogar davon abbringen können, ihnen Skripte zu schreiben, denn das hier wollten sie in ihren eigenen Worten sagen.

Sie saßen auf zwei Stühlen Steve gegenüber, der das Interview führen würde, und obwohl sie die Fragen und Antworten vorher genau durch- und mit Lopes abgesprochen hatten, war Henry nervös. Momos Finger trommelten auf seinen Oberschenkel, denn auch er war nicht gegen die Aufregung gefeit.

Es war eine Sache, sich zueinander zu bekennen. Es war etwas ganz anderes, ihre Beziehung nun öffentlich zu machen und sich den Hunden zum Fraß vorzuwerfen. Sein großes, beängstigendes Geheimnis so auszusprechen. Dieses Interview bildete den Startschuss eines wahren Marathons, den sie sich selbst aufgehalst hatten – am Nachmittag gab es eine Session mit der Mannschaft, in ein paar Tagen ein Interview mit einem Magazin, um mehr Kontext zu geben.

Es passierte alles sehr schnell, so schnell, dass Henry kaum Zeit gehabt hatte, darüber nachzudenken. Doch er wollte sein Glück in die Welt hinausschreien, und genau das würde er jetzt tun.

Steve machte seine Sache gut, scherzte mit ihnen und ließ ihnen doch Raum, um sich zu sammeln. Er kannte sie lange und gut genug, dass die Situation so angenehm war, wie sie unter den Umständen eben sein konnte.

Prüfend sah Henry zum zwanzigsten Mal an sich hinab, um sicherzugehen, dass sein Hemd ja keine Flecken hatte oder sein Kragen falsch saß. Sie hatten sich gegen Vereinskleidung entschieden, denn hier ging es in erster Linie um sie als Privatpersonen, nicht als Angestellte der *Portland Peaks*. Nach vielem Hin und Her hatten sie sich für dunkle Jeans und aufeinander abgestimmte, aber nicht gleiche Hemden entschieden. Sie sahen gut aus zusammen, stellte Henry fest, als er ihre Spiegelung im Fenster betrachtete. Vor allem Momo mit seinen neuen, natürlichen Haaren. Auch er selbst war erstaunlich locker, bedachte man, wo sie gerade waren, was sie gleich tun würden. Doch mit Momo an seiner Seite erschien ihm nichts unmöglich.

Steve trat auf sie zu. „Wir wären so weit", sagte er und Henry atmete tief durch. „Ich gebe euch gleich den Countdown, okay? Und dann seht zu mir, ignoriert die Kameras, ihr kennt das ja. Wir unterhalten uns ein bisschen, und nachher schneiden wir es so zusammen, dass es kurz und gut wird. Also kein Druck für euch. Ja?"

Sie nickten, Steve nahm auf einem Stuhl ihnen gegenüber Platz und Momo drückte ein letztes Mal Henrys Oberschenkel. Henry griff noch einmal nach seiner

Hand und hielt sie, dann lösten sie sich voneinander und es ging los.

„Danke, dass ihr hierhergekommen seid und mit mir redet", begann Steve. „Fangen wir doch mal mit einer offenen Frage an, und danach können wir ins Detail gehen. Ihr wollt heute der Welt etwas mitteilen?"

Wie vereinbart war Momo derjenige, der diese Frage zuerst beantwortete, und Henry bewunderte ihn für seinen Mut, als er Steve frech und voller Lausbubencharme angrinste, als wäre das hier ganz locker-flockig. „Richtig. Ich fange mal mit mir an und Cookie kann gleich über sich reden. Ich weiß, dass alle, die meinen bisherigen Lebenswandel über die Medien mitverfolgt haben, das hier überraschend finden werden, aber es ist dennoch nicht weniger wahr." Er holte tief Luft. „Sexualität ist ein Spektrum. Und ich weiß nicht genau, wo ich auf dem Spektrum lande ... aber ich bin definitiv nicht hetero. Und ich bin bis über beide Ohren in einen Mann verliebt." Er legte eine Hand auf Henrys Bein und sah ihn an, mit Wärme in seinen Augen und einem Lächeln in seinen Mundwinkeln. „Und der sitzt direkt neben mir."

***

OLIVER

Wenig überraschend gestaltete sich die Unterhaltung mit der Mannschaft nicht so angenehm wie das Interview mit Steve. Sie trugen noch ihre Hemden, als sie – flankiert von Hammond und Thompson – in die Umkleide gingen, und stachen allein dadurch heraus.

Thompson klatschte geschäftsmäßig in die Hände. „Bitte mal alle zuhören!“ Sofort flog ihnen alle Aufmerksamkeit zu. Oliver war mit einem Mal schrecklich nervös, auch wenn doch ohnehin schon alle ahnten, was Sache war. Doch es jetzt auszusprechen, würde alles verändern. „Bevor wir mit der Nachmittagseinheit weitermachen, haben Mosley und Cook noch etwas zu sagen.“

Kaminskis Augen wurden riesig, und er sah sie mit offenem Mund an. Oliver konnte nicht anders, als zu grinsen, und nickte dem Freund zu. Die pure Freude, die daraufhin dessen Gesicht überzog, machte es ihm leichter. Das hier würde nicht schön werden, doch es gab auch Leute, die auf ihrer Seite standen. Sie würden die Sache nicht allein durchstehen müssen. Und alles andere war doch irgendwie machbar.

Thompson trat einen Schritt zur Seite und sie standen allein da, die Augen aller auf sich. Oliver warf Henry einen Seitenblick zu, denn im Gegensatz zum Interview hatten sie das hier nicht geplant. Henry biss sich auf die Unterlippe, offenbar unsicher, was er sagen sollte, und Oliver beschloss, die Dinge abzukürzen. Kurzerhand griff er mit beiden Händen Henrys Gesicht, zog ihn zu sich und küsste ihn auf den Mund. Henry versteifte sich unter dieser Berührung, doch jetzt war es wenigstens raus. Sicher, es war nicht die diplomatischste Herangehensweise, doch das hatte ihm ohnehin noch nie gelegen. „Wir sind zusammen und verdammt glücklich“, sagte er, als er sich wieder von Henry löste. „Fragen?“

Aus dem Augenwinkel sah er Hammond schmunzeln – der alte Fuchs hatte eben doch eine Schwäche für ihn, auch wenn er es nicht zugab.

Dann erklang ein Jubellaut und Oliver sah zurück zu seinen Kollegen. Perez war aufgesprungen und klatschte und Kaminski folgte prompt. „Ja, Mann!", rief Kaminski. „Glückwunsch!"

Carter stand abrupt auf und ging zu dem Beistelltisch, auf dem wie immer Essen und Getränke bereitstanden. Er nahm eine Banane und zerquetschte sie beinahe zwischen seinen Fingern, dann stellte er sich zu einigen seiner Kollegen aus der Defense. Sofort bildete sich ein Grüppchen um ihn, das leise, aber intensiv miteinander sprach.

„Müssen wir jetzt Angst beim Duschen haben, dass ihr uns auf den Arsch starrt?", fragte einer ihrer defensiven Spieler, der sich nicht um Carter geschart hatte, aber dennoch nicht glücklich wirkte.

Oliver konnte sich ein Schnauben nicht verkneifen. „Ich kann Cookie haben und du glaubst, ich will *dich* anschauen?" Das sorgte für vereinzelte Lacher, doch das Gesicht ihres Kollegen verdüsterte sich. Zum Glück sprang Henry ihm schnell bei.

„Was Momo sagen will", sagte er mit einem warnenden Blick zu ihm, „ist, dass wir zusammen sind, und zwar exklusiv. Ich habe keinerlei Interesse an anderen Männern. Momo geht es genauso."

„Glaubt mir, wir sind auch so beschäftigt genug", konnte Oliver sich nicht verkneifen hinzuzufügen und ergötzte sich an Cookies entsetztem Gesichtsausdruck.

„Ich fühle mich trotzdem nicht wohl damit", sagte ein anderer Kollege, der mit verschränkten Armen an seinem Spind lehnte.

„Und das ist dein gutes Recht", sagte Cookie, wie immer diplomatischer als Oliver. „Wir wollen niemandem vorschreiben, wie er sich fühlt. Vielleicht schaffen wir es mit der Zeit, euch zu überzeugen, dass wir immer noch eure Kollegen sind, nichts weiter. Aber das machen wir in eurem Tempo, okay?"

Zögerlich nickte der junge Mann, auch wenn er nicht überzeugt wirkte.

„Aber schwächt uns das nicht?", fragte nun Akers. „Die gegnerischen Mannschaften werden denken, wir sind Schwächlinge. Uns nicht ernst nehmen. Und die Fans ..."

Gänsehaut kroch Olivers Arme hinauf, doch er weigerte sich, sich noch einmal so unterkriegen zu lassen wie während der Saisonvorbereitung.

„Dann zeigen wir ihnen, wie falsch sie liegen", sagte er voller Entschlossenheit. „Wir sind ein geiles Team, Leute, das wissen wir doch alle. Wir waren in den fucking Playoffs! Wer uns nicht ernst nimmt, lernt uns eben auf dem Platz erst recht kennen!"

Ein paar Kollegen klatschten, doch viele schienen nicht überzeugt zu sein. Oliver konnte es ihnen nicht verdenken, ihn selbst hatte ja auch mitgenommen, was in den Preseason-Spielen passiert war. Aber sie würden es schon schaffen. Sie *mussten* es schaffen.

Kurz war es still, und beinahe wagte er zu hoffen, dass sie es für den Moment geschafft hatten. Doch natürlich war es noch nicht vorbei.

„Lasst ihr das einfach so passieren?", fragte Carter, seine Stimme eiskalt, und Oliver atmete langsam und bewusst aus. Natürlich musste der Arsch noch seinen Senf dazugeben. „Ihr wollt doch nicht ernsthaft die hier in der Mannschaft haben?"

Henry nahm die Schultern zurück, doch sonst rührte sich niemand.

Einen Moment lang herrschte Schweigen, dann stand Perez auf. „Willst du erklären, was du damit meinst?"

Carter bedachte ihn mit einem abschätzigen Blick. „Dir gegenüber muss ich mich nicht erklären, Perez. Was willst du eigentlich? Bist du auch so 'ne Schwuchtel wie die beiden?"

Perez reckte kampfeslustig den Kopf. Als wäre das Schimpfwort eine Beschwörungsformel, stand plötzlich Deacon neben Oliver. „Schluss jetzt", sagte er, seine dunkle Stimme endgültig.

„Komm schon, Deacon." Carter drehte sich zu ihm. „Ich weiß genau, dass du dich nicht wohlfühlst mit der Situation."

Oliver fuhr zusammen. Stimmte das? War Deacon nicht okay mit dem, was da zwischen Cookie und ihm passiert war? Er versuchte, den Blick seines Freundes zu erhaschen, doch der sah weiter den Kapitän an. „Womit ich mich nicht wohlfühle, ist, wenn jemand in dieser Mannschaft solche Wörter verwendet", sagte er. „Vor allem gegenüber Kollegen. Meinetwegen kotzt du jeden Tag Zuhause, weil du es scheiße findest, was zwischen Mosley und Cook passiert. Aber in dieser Umkleide und in dieser Mannschaft gehen wir respektvoll miteinander um."

Carter starrte ihn an, dann wandte er sich Colbert zu, der sich bisher abseits gehalten hatte, und warf ihm ein paar schnelle französische Sätze an den Kopf. Colberts Gesichtszüge verhärteten sich und er sah Oliver an. Der fürchtete das Schlimmste, doch dann schüttelte Colbert den Kopf.

„Nein", sagte er. „Ich bin nicht sehr glücklich über das hier, aber ich will gewinnen. Und wenn uns der Mist hilft ..." Er kniff den Mund zusammen und zuckte mit den Schultern.

Entnervt warf Carter die Hände in die Luft und einen Blick über die Schulter, wie um Bestätigung von seinen Unterstützern einzufordern, die sich bisher noch bedeckt hielten. „Ihr könnt doch nicht –", setzte er an, doch Hammond hüstelte leise und Carter fuhr zusammen. Offenbar hatte er die Anwesenheit des Managers ebenso vergessen wie Oliver selbst.

„Carter, haben Sie kurz Zeit?", fragte Hammond, wie immer perfekte, kühle Höflichkeit, doch Oliver ahnte, dass das Gespräch nicht gut für den Kapitän verlaufen würde. Kalte Genugtuung durchflutete für einen Moment seine Adern.

Nach dem Abgang des Managers teilte sich die Aufmerksamkeit des Teams auf, lag nicht mehr ausschließlich auf Henry und ihm. Stattdessen hatten sich Grüppchen gebildet und die Kollegen sprachen leise untereinander. Ein paar hatten auch ihre Handys herausgeholt und starrten auf ihre Displays.

Ratlos sah er zu Henry, der nickte und lächelte. Oliver konnte nicht einschätzen, ob das nun gut verlaufen war oder nicht. Natürlich waren die meisten nicht begeistert, aber das hatten sie ja immer gewusst.

Immerhin war jemand eingeschritten. Perez, Deacon und Hammond hatten für sie Partei ergriffen. Den Rest würden sie einfach nehmen, wie es kam. Und auf dem Platz überzeugen.

WENN UM UNS EIN STURM TOBT

OLIVER

Am Tag der Veröffentlichung ihres Videos hatte das Team ihnen trainingsfrei gegeben, um etwas Ruhe zu haben. Vermutlich das letzte Mal für lange Zeit, dachte er seufzend, denn die Aufregung, die sich in den letzten Wochen auf einem niedrigen, aber konstanten Level gehalten hatte, würde ungeahnte Ausmaße erreichen. Doch noch musste ihn das nicht interessieren. Noch gab es nur ihn und Cookie.

Sie hatten eine Flasche Champagner kaltgestellt, sich ein großes Frühstück nach Hause liefern lassen und saßen nun auf seiner Dachterrasse in der Augustsonne und warteten. Zehn Uhr war der vereinbarte Zeitpunkt gewesen. In den Minuten davor hatten sie bereits damit begonnen, auf Henrys Handy zu starren und den Account des Vereins alle paar Sekunden zu aktualisieren, bis es dann plötzlich da war.

Eine Nachricht von Henry Cook und Oliver Mosley.

Ihr Video. Ihr Interview.

Ihr Outing.

Sie waren offiziell ein Paar, öffentlich und unumkehrbar, und Oliver hielt Henry fest, als der Tränen an seiner Schulter vergoss. Ein halbes Jahrzehnt voller Geheimnisse und Schuldgefühle lag hinter ihm. Die Erleichterung darüber, es nicht mehr als Ballast mit sich herumschleppen zu müssen, übermannte ihn. Auch Oliver selbst vergoss ein Tränchen oder zwei, vor Glück, vor Dankbarkeit. Vor Mitgefühl für Cookie.

Sie saßen auf dem Outdoorsofa, Henrys Rücken an Olivers Brust, vertilgten ihr Frühstück und ihren Champagner und sahen sich das Video an. Wieder und wieder und wieder. Obwohl sie doch beide wussten, was sie gesagt hatten. Es war gut, sich die Versicherung zu holen, dass es wirklich passierte. Und Oliver war fasziniert davon, wie verliebt er aussah – ein Ausdruck, den er bisher noch nicht an sich selbst gekannt hatte.

Beide Handys waren innerhalb von Minuten nach der Veröffentlichung förmlich explodiert, und Oliver hatte seines längst ausgeschaltet. Henry hatte noch seiner Mutter die Info geschickt, dass sie sich das Video jetzt ansehen konnte, und war kurz davor, das Gerät ebenfalls abzuschalten, als ein Videoanruf hereinkam, den er breit grinsend beantwortete.

„Liam!", rief er, champagnerbeschwipst und glückstrunken. „Hey! Guck dir an, wozu deine Ratschläge geführt haben. Von wegen dümmster Mensch, den ich kenne!"

Oliver verstand den Kontext nicht, doch Liam Evans kannte er aus dem College. Also lehnte er sich nach vorn, um ihn besser zu sehen, und machte das Victory-Zeichen.

„Scheiße", sagte Evans in dem trockenen Tonfall, an den Oliver sich noch so gut erinnerte, „seht ihr glücklich aus." Er seufzte und schloss die Augen. „Ich freue mich für euch."

„Du klingst auch so." Henry lachte.

Evans' Gesicht, blass und kantig wie sein ganzer Körper, wirkte in der Tat nicht sehr fröhlich – eher angespannt und entschlossen. „Ja, weil ich mir gleich in die Hose scheiße", sagte er, und noch bevor Henry nach einer Erklärung fragen konnte, atmete er tief durch. „Ich will das auch, Mann. Was ihr habt."

„Sollen wir dir helfen, 'ne Freundin zu finden?", zog Oliver ihn auf, griff nach der Flasche und nahm einen Schluck Champagner, ohne sich um ein Glas zu bemühen.

„Nee", sagte Evans. „Wenn, dann einen Freund."

Das schlug ein wie eine Bombe. Einen Moment lang starrten sie einander schweigend an. Dann lachte Evans und fuhr sich mit einer Hand durch die hellblonden Haare. „O mein Gott, fühlt sich das gut an, es endlich mal zu sagen!"

Henry grinste schwach. „Ja, das Gefühl kenne ich. Aber du – die ganze Zeit schon? Und da hast du nichts gesagt, während ich dir die Ohren vollgeheult habe?"

„Nicht mal meine Mom weiß das von mir", gab Evans zurück. „Ich habe Megaschiss. Aber ich habe auch ein schlechtes Gewissen, weil ihr die ganze Scheiße abbekommen habt die letzten Monate. Ihr müsst das nicht allein machen."

„Alles gut, von uns erfährt niemand was." Oliver war ernst geworden, denn das hier war ein zu großes Thema, um darüber Scherze zu machen. „Du musst niemandem was –"

„Ich *will* aber", unterbrach Evans ihn mit einer Heftigkeit, die ihn selbst zu überraschen schien. „Scheiße, ey. Ihr glaubt nicht, wie mich der Neid auffrisst, wenn ich euch sehe. Ich will das auch. Ich will endlich einen

Mann küssen. 'ne Beziehung haben, die mir was bedeutet. Ganz ehrlich, ich habe keinen Bock mehr zu warten."

Olivers Finger fanden Henrys freie Hand und drückten sie fest. Ja, er hatte das große Los gezogen, das war ihm bewusst. Und auch wenn es sich währenddessen nicht so angefühlt hatte – dieses Glück war alles wert gewesen. „Dann mach mit", sagte er. „Gibt keinen besseren Zeitpunkt. Montag kommt noch ein ausführliches Interview mit uns, die Welle kannst du mitreiten."

Evans nickte, erst langsam, dann immer heftiger. „Ja, Mann. Ich hab die Schnauze voll. Gleich morgen früh sag ich's dem Team. Fuck, ich hoffe, die schmeißen mich nicht raus."

Oliver schnaubte. „Also die *Peaks* werden bald Regenbögen scheißen, so sehr vermarkten die uns. Ich wette, dein Team findet auch eine Möglichkeit, das positiv für sich hinzudrehen. Und wenn nicht positiv, dann wenigstens lukrativ."

„Und ich frage mich, ob es noch andere Kollegen gibt, die gerade das Gleiche überlegen", sagte Henry. „Vielleicht kommen ja noch ein paar dazu. Dann machen wir einen Gruppenchat auf und beglückwünschen uns gegenseitig. Oder bemitleiden. Oder beides, je nachdem."

„Mhm." Evans starrte in die Ferne und Oliver glaubte nicht, dass er auch nur ein Wort von dem gehört hatte, was Henry eben gesagt hatte. Dann lachte er. „Alter, ich fühle mich drei Tonnen leichter, allein schon, mit euch zu reden. Allein, über solche Themen reden zu können. Ich bin schwul!", brüllte er und lachte wieder. „Hätte nie gedacht, dass ich das mal laut sage. Aber es fühlt sich so scheißgut an. Und wenn ich das alles hinter mir habe, dann mache ich mein Handy ein paar Tage aus, lasse mich von allen gernhaben und gehe in einen Gay Club zum Feiern."

Henry grinste breit. „Was du sagen willst, ist also … du lässt dich von allen … am Arsch lecken?"

Oliver stöhnte und schlug nach ihm, und Evans errötete heftig. Henry lachte. „Ich kann nichts dafür! Das ist Momos schlechter Einfluss!"

„Wie schön zu hören, dass ich das bin." Zufrieden grinste Oliver. „Und Evans, viel Glück! Halte uns auf dem Laufenden. Und wenn wir das nächste Mal gegeneinander spielen, dann gehen wir danach einen trinken und stoßen auf uns alle an, ja?"

Mit einem breiten Grinsen und einem tiefen Seufzen nickte Evans. „Deal."

***

HENRY

Der erste NFL-Spieltag war ein Heimspiel für Portland. Gleichzeitig war es das erste Spiel, in dem Deacon die Mannschaft als Kapitän auf den Platz führte.

Sie hatten nie herausgefunden, was Hammond mit Carter besprochen hatte, doch er war seitdem erstaunlich still geworden. Henry war nicht der Typ, der sich mit solchen Dingen lange aufhielt, doch er wusste, dass es Momo große Freude bereitete, sich den Ablauf und Inhalt des Gesprächs vorzustellen. Insgeheim war Henry sicher, dass Carter längst auf der Suche nach einem neuen Team war. Er wünschte ihm von Herzen, dass er noch vor Ende des Sommers erfolgreich damit wäre.

In den sozialen Medien war ihr Video erstaunlich gut angekommen, und das hatte ihnen vieles erleichtert. Liam hatte sich geoutet, nur wenige Tage, nachdem ihr eigenes Video veröffentlicht worden war. Sein Timing war so gut gewesen, dass in den Medien nur ein paar Tage lang über ihn diskutiert worden war, bevor sie notgedrungen wieder über Sportliches hatten sprechen müssen.

Im Team blieb die Stimmung angespannt, und Henry versuchte, sich dadurch nicht verunsichern zu lassen. Natürlich würden sie Zeit brauchen. Natürlich würde Colbert nie ihr größter Fan werden. Auch Carters Grüppchen hielt sie deutlich auf Abstand und machte keine Anstalten, daran bald etwas zu ändern. Doch sie würden sich arrangieren. Footballteams waren groß, es war nicht ungewöhnlich, dass es einzelne Grüppchen gab, die sich nicht grün waren. Die Hauptsache war, dass es sportlich klappte.

Und mit dem Sportlichen ging es heute – endlich – wieder los. Anspannung kribbelte in jeder seiner Fasern. Die Rose City Arena war keine der riesigen Arenen, in denen manche Teams in der NFL spielten, doch gute sechzigtausend Leute passten dennoch hinein. Wenn die alle pfiffen, wäre es ohrenbetäubend laut.

Dank ihrer neuen Connection über Jamie hatten sie zwar die Versicherung, dass zumindest ein Teil der Fanbase ihnen positiv gegenüberstand – doch das war nur ein sehr kleiner Teil des Ganzen.

In ihrer Umkleide herrschte eine Mischung aus Aufregung und Fokus, während sie sich umzogen und auf das Spiel vorbereiteten. Thompson nutzte die Anspannung, die herrschte, um sie mächtig aufzuheizen. „Und wenn gleich gepfiffen wird", sagte er, „na und? Was macht uns das aus? Das zeigt nur, wie sehr wir dem Gegner unter die Haut gehen. Das müssen wir nutzen!" Er schlug sich mit der Faust in die offene Hand. „Vielleicht glauben die, dass wir ängstlich sind, oder verunsichert – aber wir sind das Gegenteil! Wir wissen, dass wir jetzt eine stärkere Einheit sind als in der letzten Saison. Und seht euch an, wie erfolgreich wir da gewesen sind." Unwillkürlich flackerte Henrys Blick zu Carter, der an die Decke starrte und so tat, als ginge ihn das alles gar nichts an.

„Dieses Spiel – diese *Saison* – ist unsere." Thompson klang so überzeugt, dass auch Henry seine Anspannung wieder in den Griff bekam. „Wir haben gezeigt, dass wir auch dann weitermachen, wenn um uns herum der größte Sturm tobt, den die Footballwelt seit Langem gesehen hat. Und wir werden da rausgehen und allen klarmachen, dass die *Peaks* eine Mannschaft sind, die es verdient, ganz oben mitzuspielen!" Jubelrufe wurden laut und verschiedene Spieler klatschten aufmunternd in die Hände.

Henry war sonst kein Wortführer, doch plötzlich hatte er den Drang, etwas zu sagen, und stand abrupt auf. Thompson sah ihn überrascht an und gab ihm mit einer Geste zu verstehen, dass er sprechen durfte.

„Ich weiß, dass Momo und ich für manche von euch vor allem eine Schwäche darstellen", begann er zögerlich, sah in die Gesichter seiner Kollegen, die ihm aufmerksam zuhörten, und schöpfte Mut. „Ich versichere euch, wir sind das Gegenteil. Wir haben erlebt, wie es ist, nicht mehr Football spielen zu können, und wir werden alles tun, um das nicht noch mal zu erleben. Mir hat die Auszeit letzte Saison gezeigt, dass großer Kampfgeist in mir steckt und mehr innere Stärke, als ich je geglaubt hätte. Ich werde diese Saison in jedem einzelnen Spiel so viel von mir in die Waagschale werfen, wie ich nur kann. Ich fokussiere mich komplett auf unseren Erfolg und verspreche euch, alles dafür zu tun, was auch nur irgendwie in meiner Macht steht.“ Er hielt inne und setzte sich dann genauso abrupt wieder hin, wie er aufgestanden war.

Einen Herzschlag lang war es still. Dann fing Akers an zu klatschen und beinahe gleichzeitig fiel Kaminski mit ein, dann Deacon, dann Perez. Als sich erneute Anfeuerungsrufe unter den Applaus mischten, standen sie alle auf und machten sich auf den Weg nach draußen.

„Du bist so heiß, wenn du dominant bist“, raunte Momo in sein Ohr, und Henry schüttelte mit einem kleinen Grinsen den Kopf. „Ich hoffe sehr, dass ich irgendwann erlebe, wie du mal mein Kapitän wirst“, fuhr Momo fort. „Und mich dann rumkommandieren kannst. Ich verspreche dir, ich werde alles machen, was du willst. *Alles*, Cookie.“ Dieser verdammte Scheißkerl hatte ernsthaft die Nerven, ihm Anzüglichkeiten zuzuflüstern, während sie auf dem Weg waren, sich zum ersten Mal der großen Öffentlichkeit zu stellen.

„Wirst du wohl die Fresse halten“, raunte er ebenso leise zurück, denn das Letzte, was er wollte, war, jetzt Aufmerksamkeit auf sie zu ziehen. Davon hätten sie in wenigen Augenblicken ohnehin genug.

Momo zwinkerte und ließ blitzschnell die Zunge über seine Lippen huschen. Als hätten seine Worte Henry nicht ohnehin schon so sehr angemacht, jetzt auch noch das. Es war für sie beide eine Überraschung, wie sehr Oliver es liebte, ihn in den Mund zu nehmen und zu schmecken, doch sie hatten großen Spaß daran, es immer wieder neu zu verifizieren. Momo war von Anfang an gut gewesen, und er lernte schnell.

Henry räusperte sich, um sich selbst daran zu erinnern, dass jetzt wirklich der schlimmstmögliche Zeitpunkt war, um über solche Dinge nachzudenken. Nur wenige Meter vor sich sah er bereits das vom Sonnenschein gleißend helle Spielfeld, auf dem der Ernst des Lebens wartete. Er wusste, dass er schleunigst seine Konzentration wiederfinden musste, gerade nach seinen großen Worten von eben – und er schaffte es fast, auch wenn Momos Worte noch immer in seinen Ohren nachklangen.

Es wurde laut, kaum dass sie auf dem Rasen standen. Damit hatten sie gerechnet. Momo und er hatten viel Zeit damit verbracht, sich gegenseitig auszumalen, wie die Dinge ablaufen und wie sie damit umgehen konnten. Sie wollten unbedingt gewappnet sein. Die Pfiffe waren laut und scharf und sofort suchte sein Blick Momo, der in den letzten Spielen so empfindlich darauf reagiert hatte. Doch der hatte Deacon eingeholt, ihm einen Arm um die Schultern geschlungen und lachte mit ihm, als hörte er sie gar nicht. Henry entspannte sich und lächelte. Ihm konnten die Pfiffe heute ohnehin nichts anhaben. Er hatte sein persönliches Worst-Case-Szenario bereits durchlebt und es überstanden – was sollte ihn da noch schrecken?

Tatsächlich klangen die Pfiffe nach nicht allzu langer Zeit ab und wurden durch Applaus und Anfeuerungsrufe aus der Fankurve ersetzt. Henry nahm das Kinn hoch und winkte ihnen dankbar zu, was zu neuem Applaus führte. Die große Mehrheit des Stadions war stumm – doch was machte das schon.

Er wusste, dass sie Überzeugungsarbeit zu leisten hatten. Dass Skepsis darüber herrschte, wie gut sie ihren Job machen würden. Nicht nur sie sahen sich Anfeindungen gegenüber, sondern auch die Fans ihres Teams. Es war an Momo und ihm, das über die nächsten Spiele hinweg abzubauen.

Und das klappte auch prompt. Gerade zwanzig Minuten waren gespielt, als Momo ihm einen so butterweichen Pass zuspielte, dass Henry ihn unmöglich nicht in die Endzone bringen konnte. Prompt schaffte er den Touchdown und sein Punktekonto für die Saison war eröffnet. Gellende Pfiffe von den mitgereisten gegnerischen Fans quittierten den Erfolg, doch die Heimfans flippten aus vor Jubel und die waren es, auf die es ankam.

Er konnte sich einen Blick nach hinten nicht verkneifen, wo Momo stand und Deacon herzte. Allein der Anblick seines Freunds verschaffte ihm einen weiteren Dopaminschub. Wenn das die nächsten Spiele über so blieb, dann war er optimistisch, was seinen Plan anging, in dieser Saison eine persönliche Bestleistung aufzustellen.

***

Am Ende reichte es nicht zum Sieg. Der Gegner war zu stark und vom frühen Rückstand angestachelt. Doch die Niederlage war knapp und sie hatten es geschafft, beinahe nahtlos an die Dinge anzuknüpfen, die sie in der letzten Saison stark gemacht hatten: fokussiert gemeinsam auf ein Ziel hinzuarbeiten und taktische Disziplin. Nichtsdestotrotz gab es nach dem Abpfiff enttäuschte Pfiffe. Wer die erfolgreichste Saison seit langer Zeit spielte, hatte eine Bringschuld bei den Fans – und wer zwei nicht-hetero Spieler in der Mannschaft hatte, erst recht.

Carter stapfte mit sturmumwölkter Miene vom Feld, doch Deacon kam demonstrativ nach dem Spiel zu Henry und drückte ihn an sich. „Toller Touchdown. Bitte noch viele weitere davon."

Henry lächelte und ließ sich durch die verschwitzten Locken wuscheln. Dann ging sein Blick auf Wanderschaft. Obwohl er eigentlich Momo suchte, blieb er in der Fankurve hängen: Dort wurde eine riesige Regenbogenfahne geschwenkt, die er noch nie zuvor gesehen hatte. Die Fans mussten sie nach der Preseason angeschafft haben. Sein Herz schwoll an vor Dankbarkeit, denn auch wenn es nur ein Symbol war, so stand es doch für Rückhalt und Unterstützung. Auch an Tagen wie heute, wenn nicht einmal ihre beste Leistung genug war.

Keiner der Gegenspieler war zu ihm gekommen, um mit ihm zu sprechen, doch darüber konnte Henry hinwegsehen, obwohl einige ehemalige Teamkollegen unter ihnen waren. Es würde sich schon wieder ergeben. Und wenn nicht, würde er lernen, damit zu leben. Auch Momo war noch für sich, stellte er fest, als er sich nun endlich gestattete, ihn genauer in Augenschein zu nehmen. Wie so oft kurz nach Abpfiff waren seine Augen geschlossen und er sog die Atmosphäre um sich herum ein. Es war eine hinreißende kleine Macke, die Henry schon immer fasziniert hatte. Wie Momo aus dieser halb gedrückten, halb aggressiven Stimmung positive Energie ziehen konnte, war ihm schleierhaft, doch solange es ihm guttat, würde er ihn nicht davon abhalten.

Doch ein wenig stören konnte er ihn schon, und so joggte er über den Platz, bis er hinter seinem Freund stand und ihm die Augen zuhielt. „Wer bin ich?"

„Die Liebe meines Lebens", sagte Momo, ohne jeden Zweifel in der Stimme, und Henrys Glückshormon-Produktion lief prompt auf Hochtouren. Auf gar keinen Fall wollte er ihre Regel schon am ersten Spieltag brechen, doch am liebsten hätte er Momo nach dieser Aussage gepackt und geküsst. Stattdessen atmete er tief durch und lächelte ihn lediglich an.

„Cook? Mosley!" Eine vertraute Stimme erklang hinter ihnen, und Lopes steuerte genau auf sie zu. „Ihr glaubt ja wohl nicht, dass ihr heute ohne Interview davonkommt", sagte sie mit einem ganz untypischen Lächeln. „Das dürfte etwas länger dauern als gewöhnlich. Kommt mit. Mosley, den Herrn da vorn kennst du noch?" Sie zeigte auf einen älteren Reporter mit einem runden Gesicht und sich lichtenden grauen Haaren, der Henry nichts sagte.

Momo zog die Stirn kraus. „Ist das der von letzter Saison?", fragte er dann und Lopes nickte grinsend.

„Der, dem du dein verhängnisvolles Liebesgeständnis gemacht hast." Seit sie die Chance hatte, ihr Outing und die damit verbundenen Reaktionen als großen Sieg für das Team darzustellen, war ihre Laune beinahe durchgängig blendend. Sie machte ihre Sache allerdings auch wirklich gut.

„Ich würde sagen, bei dem fangt ihr an“, sagte Lopes, „und dann arbeitet ihr euch die Reihe durch. Das habt ihr euch selbst eingebrockt.“ Noch ein kleines verschmitztes Grinsen. „Aber immerhin muss ich diesmal nicht dabeibleiben, Cook vertraue ich nämlich.“

„Ey!“ Momo mimte Entrüstung, doch sie war schon davongeeilt, um noch weitere ihrer Kollegen einzufangen und vor Kameras und Mikrofone zu zerren.

„Oliver Mosley, Henry Cook“, sagte der Reporter und konnte sich ein Lächeln nicht verkneifen. „Ein interessanter Auftakt in die neue Saison, doch lassen Sie uns zunächst über etwas anderes reden, bevor wir zum Sportlichen kommen. Vor ein paar Monaten haben Sie uns gesagt, das mit Ihnen beiden wäre eine ganz besondere Liebesgeschichte. Würden Sie das heute anders formulieren?“

Momo lachte trocken und legte Henry den verschwitzten Arm um die Schultern. „Ehrlich gesagt, das war damals definitiv blödes Gelaber von mir. Ich wollte provozieren und hatte keine Sekunde darüber nachgedacht, was eine solche Aussage für Folgen haben könnte. Aber, mal zwischen uns, ich bin noch nie im Leben so froh über ein Interview gewesen.“ Er lächelte. „Da ist eine Wahrheit ans Licht gekommen, von der ich selbst keine Ahnung gehabt habe.“ Er biss sich auf die Lippe, untypisch zögerlich. „Mehr möchte ich eigentlich gar nicht dazu sagen. Aber ich denke, man sieht, wie glücklich ich bin.“

In Henry blühte Glückseligkeit wie eine Blume im Zeitraffer und er zog Momo an sich. Und während Momo so ungewohnt brav war, konnte er doch noch ein bisschen mehr erzählen als nur das, was Lopes’

Skript hergab. Ein paar echte Gefühle zeigen. Er hatte sie schließlich lange genug verstecken müssen.

„Es war alles nicht leicht in den letzten Monaten", sagte er also und lächelte in die Kamera. „Aber ich würde es sofort wieder tun. Dieser Mann hier, und das, was zwischen uns ist, das ist alles wert, was uns passiert ist und noch passieren wird." Und dann, weil es sowieso schon egal war, zog er Momo noch enger an sich und ließ sich von ihm auf die Stirn küssen. „Wo er recht hat, hat er recht. Das mit uns, das ist eine ganz besondere Liebesgeschichte."

TRIGGERWARNUNG

Um allen das bestmögliche Lesererlebnis zu ermögli-
chen, informieren wir im Vorfeld über Inhalte des Bu-
ches, die womöglich triggern:

Alkoholkonsum, Queerfeindlichkeit, inkl. expliziter
Beleidigungen, diskriminierende Sprache und Mob-
bing

DANKSAGUNG

Danke an B und L, mit denen alles angefangen hat.

Danke an Aiden, Anka, Katie, Kim, Koko, Mariella, Max, Michelle, Sonja, Sophie und Tala für eure Zeit und euer tolles Feedback. Ihr habt die Geschichte besser gemacht, ihr ein neues (besseres!) Ende verpasst und mir das Selbstvertrauen gegeben, an mein Schreibtalent zu glauben. Danke auch an Katrina für die erste, so wertvolle Überarbeitung und das rigorose Entfernen meiner allzu üppig verteilten Kommas.

Danke an Carina und Ina vom dp Verlag, die mich unterstützt und betreut haben.

Danke an Mareike, die alle meine Füllwörter aufgespürt und alle Längen herausgekürzt hat, damit der Text noch mal so viel stärker wurde.

Danke, vor allem, an meine beiden